挖掘平鲁
厚重历史文化

传承边塞
淳朴民俗风情

进入尉迟恭
广博的内心世界

探究尉迟恭
超卓的成功密码

陈国昀 著

# 尉迟恭
传奇

山西出版传媒集团
三晋出版社

# 前 言

在所有平鲁人的心中，都有一个历久弥新的记忆。

他们记得，尉迟恭是平鲁人。

他们知道，尉迟恭是平鲁历史名人中的翘楚。

养育出尉迟恭的平鲁是怎样的一片土地？

位于晋北边陲的平鲁是一个小区（县），人口十几万，面积2314平方公里。

平鲁历史悠久，早在旧石器、新石器时代这里就有人类生息繁衍，到了夏商周时期为北狄所居。

隋为鄯阳地，属马邑郡辖。

唐置保大栅，会昌三年（公元843年），为回鹘人居住。也就是说维吾尔族人曾经在平鲁一带繁衍生息。

辽为朔、武二州北境，宁边州的东境。金归鄯阳地。元割其半入武州。这一时期，北方少数民族是这里的霸主。

明初称老军营，屯军驻防。成化十七年（公元1481年）设平房卫，属山西行都司大同府。成化二十一年（公元1485年）设井坪所。

清雍正三年（公元1725年）在撤卫改县时，恶"虏"之称，改"虏"为"鲁"。将平虏卫改为平鲁县，隶属朔平府。

中华人民共和国成立后，平鲁县归察哈尔省。

1952年11月，察哈尔省撤销后平鲁划归山西省雁北行署管辖。

1989年1月朔州市成立后，平鲁划归朔州，并撤县改为平鲁区。

平鲁是我国煤炭生产重要基地，是中外合作经营的第一座露天煤矿——安太堡露天煤矿所在地，是中国改革开放的第一块"试验田"。以长城为界，平鲁与内蒙古接壤，自古以来就是兵家争战之地，也是农耕文明与草原文明碰撞交融之地。

从复杂的历史沿革可知，北方的少数民族匈奴、东胡、鲜卑、突厥、回鹘、蒙古、契丹、鞑靼和满族等大部分在平鲁居住或者统治过。尉迟恭就是鲜卑族人。

这一带的人们，至今称呼父亲叫"大大"。这些，都是鞑靼统治时期留下的历史印记。

无论对于汉民族，还是少数民族而言，平鲁就是前线，就是阵地。

平鲁的历史很复杂，可是记载得又很少，但可以肯定的是各民族你中有我、我中有你，一些民族在拼杀与融合中顽强地生存下来。

这里的故事像黄土地一样厚重、丰富和精彩。平鲁的历史，几乎是华夏民族几千年历史演变的缩影。讲好了平鲁故事，就擦亮了平鲁文化品牌。

平鲁人民豪爽大气、淳朴善良、忠厚仗义。尉迟恭就是平鲁人民的典型代表。

平鲁在2010年8月13日被中国民间文艺家协会命名为"中国门神文化之乡"。纵观平鲁历史，门神文化是平鲁最厚重最珍贵的文化资源，也是最值得挖掘、传承和发扬光大，从而推动文旅产业发展。有华人的地方，就有门神。千百年来，尉迟恭已经成为华夏儿女的家人、亲人。

彪炳史册的大唐帝国令人神往，开国元勋尉迟恭的勋绩至为今人们津津乐道。

尉迟恭在平鲁以及中华大地留下许多传奇故事，有书本的记载，有民间的传说，值得我们去研读、去传颂。

在现代社会，如何去传承尉迟恭文化，这应当是我们思考的渊薮。只有懂得传承的民族，才能汲取历史的养分，为发展提供永续动力。

重要的是，要塑造一个可亲可信的尉迟恭。

让我们走进尉迟恭广博的内心世界，探究他由一个铁匠逆袭成为国公，由人而神的神奇谋略。

陈国昀<br>2023年10月27日

# 目录

... 第一章
001　黑虎神下界

... 第二章
009　追蟒得神鞭

... 第三章
012　铁匠祖师爷

... 第四章
017　力擒乌龙驹

... 第五章
020　刘武周麾下战将

... 第六章
037　三鞭换两锏

... 第七章
042　十字路口的抉择

... 第八章
050　西征出奇兵

... 第九章
056　东征先锋官

... 第十章
069　黑白夫人

| | |
|---|---|
| ...　079 | 第十一章　平定窦建德 |
| ...　096 | 第十二章　讨伐刘黑闼 |
| ...　105 | 第十三章　愚蠢的比武 |
| ...　109 | 第十四章　定唐鞭 |
| ...　114 | 第十五章　玄武门事变第一功 |
| ...　140 | 第十六章　泾阳战突厥 |
| ...　153 | 第十七章　中华门神 |
| ...　158 | 第十八章　冲动是魔鬼 |
| ...　167 | 第十九章　监造寺庙 |
| ...　178 | 第二十章　月夜访白袍 |
| ...　193 | 第二十一章　认父归朝 |
| ...　213 | 第二十二章　鞭断人亡 |
| ...　220 | 后记 |

## 第一章
# 黑虎神下界

## 一

　　沉睡了千余年，醒来后，在浩瀚的星空，他看到宇宙仍在流动，随缘游到了平鲁西部。

　　平鲁位于晋北的内外长城之间，是黄土高原上的土石山区。

　　蒿林山伸出双臂，将上木角村环抱其中。三面皆山，朝东一条山沟中的小路与外界相通。如果不从沟口进入，谁也不知道这里会有一个小山村。

　　这里，确实是一处躲避战乱的世外桃源。

　　蒿林山是黑驼山系的支脉，它的最高峰海拔达2147米。黑驼山将平鲁一个小地方竟然分为两大水系——黄河水系、海河水系。

　　上木角的泉水以及四周的山水，欢唱着流入黄河、海河。

　　水作青罗带，山如碧玉簪。

　　在残酷的抗日战争年代，平鲁以及朔县的党政机关曾经在上木角长期驻扎。一位位人民指战员从这里走出，一份份命令从这里发出，指挥抗日军民取得了一个又一个胜利。

　　日军对这里几次的围剿和突袭都被粉碎。

　　这里，具有天时、地利、人和齐备的有利条件！

这里，还有门神的护佑！

应该说尉迟恭的父母亲很有眼光，他们在烽火连天的战乱中，选择了远离混战的偏僻小村作为藏身之地。

当然，能够寻找到这块风水宝地，与尉迟恭的母亲是下木角人也有一定的关系。

由于常年的颠沛流离，尉迟恭的两个哥哥和一个姐姐都已夭折。眼看已经年过五旬，膝下没有一子一女，尉迟恭的母亲经常到村里的云游寺上香拜佛，祈求送子观音恩赐一子。

隋开皇五年（公元585年）农历六月初六，是一个月明星稀的夜晚。

历史将记住这个日子，平鲁的父老乡亲要记住这个日子。

尉迟恭的父亲在院子里焦躁不安地来回踱步，已经过去一个多时辰了妻子还没有生下孩子，他双手合十，面向北斗祈祷，盼望老天保佑母子平安。就在他祈祷完，微微睁开眼睛的时候，倏然望见自家窑顶上一只金睛黑虎腾空一跃钻入家内。

家中，一道红光闪出。

这道红光照亮了上木角村狭窄的山谷，山谷中回响着尖厉的婴儿哭声。

人都是在哭声中来，在哭声中去。

早已经预示人生就是一场悲剧。

不一样的是人生的过程。

远山的密林里，传来老虎的吼叫声"嗷呜——"，回应着婴儿"啊哇——"的哭声。林中潜伏的野猪、狐狸、黄羊等走兽屏声静气，一动不动地倾听着外面的响动。

这是大老虎与小老虎的对话。

这是上木角这个小山村，乃至平鲁这个塞上小区被世人熟知的开始。

人和其他动物听不懂他们的对话，但是能够感受到威严和霸气。

酣睡中的上木角人，做梦也不会想到，一员虎将诞生了，他将成为大唐的开国元勋；一位赫赫有名的门神出世了，他将成为中华儿女们的守护神。

大山深处的上木角村，从此被世人所铭记。

接生婆喜极而泣大喊道："老爷，夫人生了——是个大胖小子！"

这一年，出生了许多历史名人。

杜如晦，唐朝十八大学士，凌烟阁二十四功臣，唐朝宰相。

丘行恭，唐初的一位功勋卓著的大将。

陆柬之，他与欧、虞、褚并称初唐四大家。

王绩，唐代诗人。

崔珏，唐代诗人。

尉迟恭属蛇。

今天，人们耳熟能详的几个伟人都属蛇。

父亲闭着眼睛，想了好长时间，给他起了名和字，叫尉迟恭，名恭，字敬德。

父亲期望他为人恭敬，敬重道德，恭敬有德。做一个德才兼备、忠厚仁义的好人，平安康泰过一生。

尉迟恭过"百岁岁"时，父母亲在炕上放了毛笔、书本、算盘、推刨、小刀等物品。尉迟恭瞪着澄澈的双眼，瞅了好长时间，最后爬向了小刀，伸出胖嘟嘟的小手，将小刀紧紧地攥在手里。

他的父母亲当时多么希望他拿起毛笔和书本啊！

尉迟恭从襁褓中蹒跚走出，瞪着好奇的眼睛观看着周围的一切。日月经天，江河行地，不知不觉中，他像山坡上的原始林木茁壮成长。

父母亲在家中教他识文断字，启蒙学习四书五经，灌输一些为人处事的道理。尉迟恭逮着书就读，也不管是不是大人指定的书籍，科举考试对于他还是一个遥远的梦想。

习惯思考的尉迟恭，经常向父母亲提出天文地理等各种各样问题。他们便给求知若渴的尉迟恭讲述自然知识、历史故事、名人传说以及兵法常识。

尉迟恭最喜欢看的书是兵书，最喜欢听的故事是武将的英雄故事。

那些英雄人物的故事，在他心中留下了深刻的印象。

事实上，每个人小时候都有这样的经历，羡慕英雄，立志长大后成为英雄，只不过程度不同而已，有的只是想一想，有的矢志不移。

尉迟恭心目中的偶像是忠义神武的关云长。

历史经验证明，主动求知的人，长大后都是人才。

我们的经历也证实，在繁重的学习任务中，能够有精力看课外书的人，都不是平庸之辈。

外面的世界已经发生巨变。就在离上木角不足百公里的地方——长城外，隋朝与突厥打得天昏地暗，最后，隋朝上下其手击败突厥，致使突厥分为东、西两个部落。

在尉迟恭三岁时，正是隋文帝杨坚派杨广、杨俊、杨素带领五十万大军，兵分三路讨伐陈朝的时间。第二年的正月初一，杨广率领的隋军主力乘陈朝欢度新春的时候，迅速渡过长江，包围了建康城（现在的南京）。在决战中，陈朝的军队一触即溃，隋军乘势攻入建康，陈朝灭亡，隋朝基本实现了对全国的统一。

隋文帝进行的一系列政治、经济、军事改革，比如废除九品中正制，开始采用分科取士的方式选拔官员；实行均田制，将国家所有的田地按人头分配给百姓耕种。这些与上木角民众没有任何关系。

他们，不知有汉，何论魏晋。

在大山的护佑中，他们过着自食其力的世外桃源生活。

上木角的村民，开办陶瓷作坊，种植莜麦、荞麦、豌豆、胡麻、黍子、谷子，纺织棉布，酿造家酒、陈醋，虽然是粗布笨碗，家家却是和睦相处，洋溢着知足、温馨、和善的乐观氛围。

据民间传说和许多书籍记载，尉迟恭从小就是一个黑不溜秋的胖小伙子。他睡在炭堆里，母亲都分辨不出来，只好用手摸，柔软的便是自己的孩子。

尉迟恭的幼年，隋朝社会安定，民富国强，文化繁荣，呈现出后世称道的"开皇之治"。

祥和的日子总是显得短暂。隋炀帝即位后，大兴土木，营建东京洛阳。十之四五的征发民夫死去。随着劳役、兵役加重和政治的腐败，山东、河南、河北、山西、陕西、江淮等地爆发了大规模的叛乱与起义。

尉迟恭的父母亲跋山涉水寻找到隐居之地，为的是后代子孙远离刀光剑影，过上自耕自足的田园生活。他们绝对想不到，现实与自己的愿望相反——在尉迟恭以后的人生岁月中不仅投身激烈的战争，而且成长为一位声名显赫的战将。

按照现在的行政区划，尉迟恭的籍贯应该是：山西省朔州市平鲁区下水头乡上木角村。

上木角村，古代称上无忌、上无极村。

历史的记载，稀少而隐晦。在上木角村里，蕴藏着许多秘密和传说，像谜语，似云雾。

需要我们尽心竭力去探索。

上木角村，曾经溪流潺潺，林木葱葱，飞禽走兽徜徉其间。秃鹫在猛虎的头顶上滑翔而过。小猫守在泉水边，等待着靠边的金鱼。花朵上的露珠，映照出蓝天白云，猫尾轻轻一扫，露珠里的蓝天白云碎落一地。

在十年九旱的黄土高原，难得有如此佳境。

亿万年前，剧烈的地壳运动，将上木角以南的大片森林埋葬地下，形成了现在平鲁南部丰富的煤炭资源。上木角一带的花草树木意外地遗留下来。

西北风裹着黄土，飘落在上木角周围。长年累月的堆积，积淀成肥沃而厚重的黄土地。

黄土地，中华民族的胎盘，孕育了炎黄子孙。

上木角的村民们便世世代代在这里耕耘、生息、繁衍……

尉迟恭，是上木角的儿子。

上木角，是黄土地的骄子。

尉迟恭的出生，为上木角村以后发展文旅产业提供了无限可能。

家乡的人们在尉迟恭的庇护下，一定能过上富庶的幸福生活。

## 二

按照陕西白云寺善正大师的预测，上木角村只要能打出一百眼井，就能出一位帝王。

这位大师也看上了上木角峰峦奇秀、草木葳蕤、禽鸟嬉戏的自然美景，长期住在村里的云游寺讲经说法。

为了让人们相信他的预言，善正大师领着村里的耆宿登上村北的鞍子梁，指点上木角村的江山和风水：蒿林山山势就是一条龙脉，蜿蜒曲折气势宏伟，在村后与龙虎山结穴。前有照，后有靠，藏风聚水，王气聚集在此，打出百眼井时，必出帝王。

上木角村的男女老幼欣喜若狂，出了帝王，我们就是皇亲国戚，有祖祖辈辈享受不完的荣华富贵。

他们锹挖镢刨，披星戴月，挥汗如雨，九十九眼井都冒出了澄澈的清泉，挖到第一百眼时，开始是泥土，下面是乱石，再挖下去竟然是磐石。换地方再挖，还是如此。

上木角的父老乡亲们拖着疲乏的身体躺在乱石旁，一个个垂头丧气、无精打采，眼看到手的荣华富贵溜走了。

善正大师好言相劝道:"各位乡老,莫要气馁,出不了帝王,但有这九十九眼井,一定能出公侯将相。"

幸亏没有打出一百眼井,万幸没有出了帝王。

你用脚指头想一想:当时的帝王能够容忍上木角出现一个后备帝王吗?

假如谶言成真,上木角的男女老幼能不被剿灭吗?恐怕那峁巍逶迤的山岭都要被铲平。

我们有鄂国公、门神尉迟恭足矣!

## 三

日子红红火火,庄稼青青黄黄。

命运的车轮无情而有序地转动。

在尉迟恭十二岁时,他的父母亲相继辞世。在村里乡亲和下木角舅舅的帮助下,将父母亲葬于龟背梁。

如今,尉迟恭家的祖坟地依稀可见几冢坟茔。令人称奇的是背靠大山、三面环沟的坟地,千百年来三十多亩的黄土地没有被雨水冲刷变小。懂风水的先生说此坟是天马嘶风格局。无意中,尉迟恭的祖先占了如此风水宝地,真是福人占福地。只不过原来配置的石人、石狮、石羊、石碑和供桌荡然无存。

如今,千余年过去了,人走窑在。尉迟恭幼年时居住过的三间石窑,塌毁两间,一间傲然保持着沧桑的原貌。院内经常有蛇虫出没,谁也不敢随意进入。出于对鄂国公的敬重和门神的虔诚,人们从来没有在这里居住,小孩子也不敢在院里玩耍。

古老的榆树,风蚀的石阶,恣意生长的野草,与古朴的石窑构成了一幅边塞风情图。

尉迟恭流着伤心的泪水,跟着舅舅,一步三回头地来到了下木角村。

干重活年龄小,做农活又不会,舅舅安排尉迟恭给财主家放牛。尉迟恭的饭量比同龄人大很多,他碰到自己喜欢吃的莜面窝窝,一顿能吃三大笼。财主却很高兴,说受苦人就得能吃,吃不行,你就干不动,我雇长工就是要雇能吃能喝的。

尉迟恭在放牛之余,主动帮着东家干一些杂活。他的勤快和朴实,给娘舅家里的人们留下了良好的印象。

一天傍晚，尉迟恭放牛归来，正赶着牛群在河边饮水，碰上了几个村里的地痞流氓在调戏观音寺提水的尼姑。

"来，让大哥和你一起舁。细皮嫩肉的，让哥哥亲一口，每天给你挑水。"为首的"三白眼"说着就要抱尼姑。

几个同伙嘻嘻哈哈笑作一团。

看着他们不知羞耻地动手动脚，尉迟恭大喝一声："住手！"手里紧攥着放牛鞭圆睁虎眼，怒目而视。

"小牛倌，你这个死爹没娘的孤儿、穷小子，敢坏老大的好事——弟兄们，上，扒了这小子的皮。"站在"三白眼"身后的"大板牙"扯着哑嗓子大喊大叫。

穷困成了罪过。欺人弱、笑人穷、怕人有、妒人富，这是多少人的劣根性啊！

"三白眼"的拳头跟着喊叫声擂向尉迟恭的面颊，后面的地痞一拥而上。尉迟恭抓住冲来的拳头，反手一拧，"咔"的一声，"三白眼"手腕脱臼。尉迟恭顺手将其摔倒。他飞腿一扫，两个地痞仰面倒地。剩下的几个面面相觑，谁也不敢上前。

尉迟恭虽然年龄小，但是身强体壮天生雄力。"三白眼"瞅着自己不是尉迟恭的对手，耷拉着胳膊，带着手下灰溜溜走了。

小尼姑走到尉迟恭面前，双手合十："阿弥陀佛，多谢施主！"两片红云早已飞上脸颊。

尉迟恭只是憨笑，不知如何作答。

称霸一方的地痞能咽得下这口气吗？明的不行，来暗的；动武的不行，用文的。

过了几天，"三白眼"满脸堆笑对尉迟恭又抱拳又哈腰："我们有眼不识泰山，不知道兄弟如此英武。趁着今天好天气，中午我们在村东头大榆树下摆一桌酒席，一来是赔罪，二来是想结交尉迟兄弟为生死朋友。你一定要赏脸啊。"

"男子汉大丈夫不计较这些小事。"尉迟恭像一个成年人一样大度地挥挥手，"不打不相识，好的，我一定去。"

大榆树下有一口枯井，赖皮们在枯井上铺上破席，破席上盖了一块红毯子，是为上座。枯井前安放了一张方桌，上面摆满了酒肉菜肴。尉迟恭只要坐到红毯子上，必定掉到枯井里，到时候众人一起将土块乱石砸到枯井里，尉迟恭你这个"黑圪旦"到阴曹地府吃喝去吧。

如意算盘打得"啪啪"响。

中午，尉迟恭赶回牛群，按时赴约。他大步流星走到上座，一屁股坐到红毯子上，稳稳当当地坐在那里，拿起酒杯与几个人觥筹交错，痛痛快快地吃喝起来。

那几个地痞面面相觑，相觑完了支支吾吾地请尉迟恭吃喝，边吃喝边心里盘算怎么这个家伙还不掉下去？

尉迟恭吃饱喝足，抹了一把嘴："谢谢各位！后响还要放牛，我先走了，等开了工钱，改日我请各位弟兄。"

"三白眼"望着尉迟恭转过街角，急忙拉起红毯子，揭开破席，眼前的景象让他目瞪口呆——一条碗口粗的蟒蛇盘在井口，将井口堵得严严实实。那蟒蛇张开血盆大口，吐出血红的信子，倏地立起身子……

众地痞撒腿便跑。

尉迟恭，一个天生英武的少年，勤快，敦厚，正直，仗义，受到人们的喜爱。他的一生，注定不会平凡，在即将征战沙场前，他得到了上天什么样的礼物呢？

## 第二章
# 追蟒得神鞭

放牛是尉迟恭少年时期的营生。

他想进私塾,交不起学费。他想学李密牛角挂书,没有那样的条件,自然也没有杨素那样的高官赏识他。

为了生存下去,只好放牛。

夏季的一天上午,他又赶着牛群来到下木角村西的桦林山。

桦树的皮肤洁白细腻,宛如白衣仙子。树干上,睁着一只只洞察世界的眼睛,看风云变幻,望世道轮换。

尉迟恭经常剥一些薄薄的桦树皮,在孤独的夜晚,趴在炕上写父母亲教过的名言警句:

居上位而不骄,在下位而不忧。

大人者,与天地合其德,与日月合其明,与四时合其序,与鬼神合其吉凶。

先天而天弗违,后天而奉天时。

上不怨天,下不尤人。故君子居易以俟命,小人行险以侥幸。

……

有时候他边写边朗诵。

朗诵着,便泪流满面,他想念只与自己生活十来年的父母亲。

哭着,哭着,尉迟恭就睡着了,他毕竟还是一个孩子。

人总是在痛苦中成长，在磨炼中强大。

钢刀总是在用劲的磨砺中变得锋利无比。

在饥饿、寒冷、病痛、贫穷、挫折、孤独、失落、误会、疲倦、恐慌中成长起来的人，才是一个真正成熟的人。

请对照以上十种困难，你是否都经历过？如果没有，你还需要继续修炼。

历史无数次证明，一帆风顺的人，最后将一事无成。特别是那些少年神童和风流才子，骄傲自满，目空一切，最后在复杂的社会上碰得鼻青脸肿，落得孤芳自赏、郁郁寡欢。只有经过磨难的人，才能走得稳健，走得长远，成就一番事业。

第二天，继续放牛。

山上花草繁盛，泉水清澈，山坡上有黄芪、麦冬、甘草、天麻、山丹丹、蒲公英、山韭菜等几十种中草药，牛儿吃上保健祛病，活蹦乱跳，肉质鲜嫩而清香。

对面山坡上的老羊倌，一声清脆的羊鞭过后，唱起了山曲：

……八月十五月儿圆，西瓜月饼供老天。西瓜红来月饼甜，谁跟光棍来团圆……

尉迟恭抬头望了望被白云洗得瓦蓝的天空。几只山鹰在优雅地翱翔，划出美丽的曲线。他羡慕地笑了笑，拿起砍刀劈那些枯枝干树，这是他每天自愿给东家干的活，背回去烧火做饭。

"救命啊……"

忽然传来一声呼救。尉迟恭停下砍刀，寻声望去。山坡下，一个小男孩正在拼命奔跑，后面一条碗口粗的黑蟒吐着血红的信子紧追不舍。尉迟恭飞跑过去，眼看黑蟒就要追上孩子了，他把手中的砍刀砸向黑蟒。

黑蟒被砍刀击伤，扭头窜入草中。

尉迟恭奋力向黑蟒追去，他要打死这个残害人们的冷血动物。

黑蟒日晒太阳精华、夜吸月亮光泽，是一条成精蟒蛇。它已经吞噬了九十九个童男童女，再吃一个，就可以变化成人形，在深山老林修炼成仙。

黑蟒拼命逃窜，尉迟恭舍命追赶。黑蟒窜过土坎，尉迟恭一跃而过；黑蟒钻入灌木中，尉迟恭迂回赶上；黑蟒窜进乱石沟，尉迟恭跳入沟中。黑蟒眼瞅着被尉迟恭追得无路可逃，慌忙钻入乱石中的一个洞里。尉迟恭疾步向前，一把抓住蟒尾，使劲将蟒拽出，那黑蟒折回头就朝尉迟恭咬来，尉迟恭顺势将蟒摔到青石上。

"叭！"的一声，火花四溅，山崩地裂的巨响，震得尉迟恭两耳"嗡嗡"直响，虎口阵阵发麻。他定了定神，注目凝视，手里握着的竟然是一柄黑油油沉甸甸的九节钢鞭。

好人有好报，富贵险中求！苍天赐给他一件称心的武器——在以后刀光剑影的岁月里，他手执这把钢鞭驰骋疆场殪敌歼贼，书写了自己传奇的一生。

时近中午，尉迟恭手拿钢鞭，肩背干柴，赶着牛群往回走。走到村边碾压庄稼的场地，看到一个碌碡，他想试一试钢鞭的威力。尉迟恭放下干柴，手擎钢鞭用劲甩下，"当"的一声，碌碡一分为二，一半缓缓地滚向场边，一半不知去向。

尉迟恭端详着手中的钢鞭，笑得合不拢嘴。自己的运气这么好！

几天后，人们在蒜瓣沟村找到了那一半碌碡，此后蒜瓣沟村有人叫算半沟，也叫破碌碡村。

老东家问他哪儿来的钢鞭？

尉迟恭挠挠头，不知说什么好。实话实说谁相信？于是他只好说是捡来的。

老东家给他用尺子量了一下钢鞭，鞭长三尺七寸。上秤一量，重四十二斤。

尉迟恭长大了，他不想继续放牛。他不能走放牛挣了钱，娶媳妇，养下儿子继续放牛，长大了再娶媳妇，孙子再放牛这样的老路。

牛倌与牛倌不一样。正因为不一样，尉迟恭没有一辈子放牛。

一辈子放牛的牛倌永远突破不了阶层固化，永远是受剥削、受压迫的贫苦大众。

尉迟恭当然不懂阶级划分和阶级斗争，想不到团结穷人起来闹革命。他只想走出大山，寻找机会，改变自己的命运。

他的出路在哪里？好心人都劝尉迟恭学一门手艺，以后不愁过光景。学好了，可以发展壮大。

尉迟恭自己也不知道该学什么手艺，他只想走出山村，走向外面精彩的世界。他此时绝对想不到，学艺为他奠定了高超武功的基础，自己从此走向为李唐夺取江山冲锋陷阵的战场，直至成为国公，成为门神。

舞台大了，机会就多。

具有这样的勇武神力，学一门什么手艺好呢？

## 第三章
# 铁匠祖师爷

## 一

尉迟恭在思索自己的出路时，他的舅舅也在考虑外甥的前途。眼看着尉迟恭一年年长大了，成了一个大小伙子，总不能继续放牛。在兵荒马乱的年代，一个无依无靠的平民百姓能做什么呢？

读书求功名这条路想也不用想，种地当农民没有土地想当当不成，只好出去学一门手艺，将来有一个活路。

学什么手艺呢？隋朝末年，天下动荡，狼烟四起，朝廷军队到处围剿起义的农民军，结果是越剿越多。野火烧不尽，春风吹又生。起义的地方势力占山为王，为了争夺地盘大打出手。战争和死亡笼罩在人们的心头，天下苍生苦熬在朝不保夕的动荡不安之中。

在鸡犬不宁的岁月里，只有两门行当吃香——铁匠铺和棺材铺。古代都是冷兵器战争，打仗的武器——枪、戟、棍、钺、叉、镗、钩、槊、环、刀、剑、拐、斧、鞭、锏、锤、棒、杵……都是铁匠铺生产。这些武器打死人就要买棺材安葬。还有相当一部分因买不起棺材，用席子一卷草草掩埋或者抛尸荒野。

舅舅综合考虑尉迟恭的身体、力气和特长，决定让他学铁匠。

马邑有一家铁匠铺遐迩闻名。舅舅便托人请铁匠铺的苏师傅收尉迟恭为徒。苏师傅听了来人对尉迟恭的介绍欣然允诺。

尉迟恭开启了自己的铁匠生涯。他的师傅、他的师兄弟以及他本人此时做梦也想不到的是，尉迟恭以后会成为铁匠的祖师爷。现在广东佛山市有专为祭祀铁匠祖师爷尉迟恭的庙宇——国公古庙。该庙建于明代，清朝多次修葺扩建。庙门上的对联表达了对尉迟恭工匠精神的赞颂：夺稍宣威传武烈，范金垂法仰神工。

成为铁匠祖师爷那是成名后的事，现在他还是一穷二白的孤儿。尉迟恭手执钢鞭，肩背行李，从下木角出发，沿着黑虎庙梁一路疾走，前往马邑拜师学艺。

时近中午，一轮红日当天。热风扑面，暑气蒸人，万里乾坤如甑，酷阳炙烤着大地，白花花的路面烫得脚板生疼，天地间宛如一个大蒸笼，尉迟恭走得又困又饿，他瞅见路边树荫下有一块大石头，想躺在上面歇息一会儿再走。

刚躺下，尉迟恭就鼾声如雷，进入了甜蜜的梦乡。

黑虎庙梁林木葱茏，地势险要，鸟兽出没其间。一群野狼尾随尉迟恭来到巨石旁，它们冷静地观察了周围的地形，绕着石头转了一圈，确认尉迟恭熟睡无疑，准备发动进攻。

这是狼的特性，它们尊重对手，在进攻前一定要了解试探对手，在确有把握的情况下，争取一招毙命或速战速决。所以，野狼的战斗很少失败。

这一次，它们失算了。

头狼龇开尖锐的獠牙，刚要扑到尉迟恭身上，刹那间，尉迟恭元神出现，石头上跃起一只金睛黑虎，怒吼一声，百兽惊惧，狼群见状落荒而逃。

这一幕被几个砍柴的乡民看见了。

尉迟恭收拾好行李正要走，几个乡民围过来，口称天神，跪倒在地纳头便拜。

尉迟恭异常惊讶："各位老乡，这是为何？哪里有天神？"

大家七嘴八舌诉说了刚才的见闻。

尉迟恭抱拳还礼："各位老乡快快请起，恐怕是你们人老眼花，看错了吧，哪里有什么老虎、野狼？我还要赶路，再会！"

尉迟恭看不到自己黑虎现身，可是黑虎庙梁下井坪村的百姓们相信神虎临凡。这件事越传越神、越说越玄，一致认为是神虎下凡了，保护黎民百姓，福佑井坪风调雨顺富贵吉祥。

唐朝贞观十七年（公元643年）二月二十八日，唐太宗李世民为表彰开国功勋，命阎立本在凌烟阁绘制了二十四位功臣的画像，尉迟恭名列第七，是武将的第一位。家乡人民听到这个消息后，经井坪的乡贤倡议、豪绅赞助，在井坪修建黑虎庙。

黑虎庙就修建在黑虎庙梁，庙宇气势雄伟，瑰丽壮观，鎏金铜瓦，檐枋彩画，楹联匾额一应俱全。院内栽植松柏树木，常年钟声悠扬，香烟缭绕。根据乡民回忆，正殿彩塑尉迟恭手执钢鞭神像，威风凛凛、栩栩如生。

家乡人民长期祭祀供奉尉迟恭，期望他保佑家乡风调雨顺，人民平安健康。同时在六月初六——尉迟恭生日这一天在黑虎庙举办庙会，开展一系列祭拜和商贸活动。

六月六庙会是民俗的盛宴，在长城内外赫赫有名。庙会期间敬神、祈雨、唱戏、杂耍、牲口买卖、农产品交易、日用百货展销等。后来鉴于规模的扩大，庙会举办地点也由黑虎庙转移到了马路、街道和居民区。届时长城内外商贾云集，四面八方杂耍会聚，亲朋好友欢聚一堂，是平鲁区乃至周边规模最大的群众性集会盛节。庙会和集市交易融为一体，成为人们敬祀神灵、文化娱乐、贸易往来和交流感情的综合性社会活动。

井坪六月六庙会世代延续、传承和发展，历久不衰，形成了自己独特的边塞风俗特色。

## 二

尉迟恭身强体壮勤快实在，他从拉风匣的三师傅干起，一直做到抡大锤的二师傅。无论酷暑严冬，还是狂风骤雨，尉迟恭经受着烟熏火燎，忍耐着火星灼烧。他抡起四十多斤重的铁锤，准确地打在师傅叫锤的点上，既不能打偏，也不能用力不匀。苏师傅把自己打铁的手艺倾囊相授。

尉迟恭此时已经是青春少年，气宇轩昂、相貌堂堂，一张方脸黑里透红、红里透亮，亮中见神，神采奕奕。前庭饱满开阔，浓眉下一双虎眼目光灼灼，鼻梁挺直刚毅，大嘴方正宽厚，下颌方圆，大耳厚实，满脸络腮胡。

几年后，苏师傅又将自己的闺女苏斌许配给尉迟恭。苏师傅年老体弱，退居二线，铁匠铺让尉迟恭领着众徒弟经营。

男人们长得不帅、不白，没有钱财，也不要气馁，只要你拥有正直的人品、勤劳的精神，一样可以娶到好媳妇。

这一段时间，应该是尉迟恭最幸福的时期之一。一个孤儿终于成了家，贤惠的妻子温柔体贴，吃饭穿衣有人管，缝缝补补有人做，白天晚上俩人说说笑笑不再孤单。还有稳定的铁匠铺门店，不用四处漂泊找营生，生意也不错，小日子是芝麻开花节节高。

数年下来，尉迟恭的铁匠手艺声名远播，庄户人加工农具的络绎不绝，特别是政府军和起义军都是大额订单。尉迟恭重新装修店面，增加了几台打铁器具，采购了许多生铁废铜，准备大干一番。

左邻右舍闲暇时，有的来帮忙，有的串门拉呱。

有个邻居问铁匠铺的徒弟为啥学铁匠？那个徒弟说，学会铁匠，挣了钱，娶媳妇，也开一个铁匠铺，让儿子也学铁匠，有一门手艺，不愁混口饭吃。

邻居问铁匠铺子小师傅为什么当铁匠？小师傅憨憨一笑："手艺人受人尊敬。人们离不开铁匠，日常用品需要我们加工，用坏的也要我们修补。"

人们与尉迟恭探讨开铁匠铺的前程，尉迟恭说打造趁手的武器，装备军队，让将士们拿上保家卫国。

尉迟恭铁匠铺的收入像暑天里的温度计——直线上升。可是，许多黎民百姓依然生活在穷困之中，尤其是临近科举考试的穷书生，凑不够上京赶考的路费急得焦头烂额。

马邑郡一位姓陈的书生此时就为赶考的盘缠愁得整日茶饭不思唉声叹气。这天夜里，陈秀才苦读着四书五经，念诵之间睡意袭来，爬在书桌上沉沉睡去。

睡梦中，一位鹤发童颜的仙人飘然而至，微笑着告诉他大可不必为上京赶考路费发愁，书房的隔壁就是钱库。你趁夜深无人之际，撬开墙过去借些钱来，不误考取功名。仙人拂尘一扬，阵阵清凉的香风吹过，陈秀才猛然惊醒，看到窗外暗夜沉沉，四周阒静无声，方知是神仙点拨。

陈秀才砸开墙壁，举灯进屋观看，果然是满地钱柜。他刚要打开柜子取钱，一个执戟金甲武士出现在他面前："敢问贵客，你有取钱帖子吗？"

"没，没，没有——"秀才惊恐万状，结结巴巴低声回应。

金甲武士朗声说到："财神有令，必须拿上尉迟恭的钱帖才能取钱。"说完，武士将他赶出了钱库。

次日凌晨，天刚蒙蒙亮，陈秀才急匆匆来到铁匠铺，说明借钱缘由，求尉迟恭给他写一个钱帖，借钱五百。

"哈哈哈——"尉迟恭听了秀才的述说大笑起来，"我哪有什么存款在钱庄当铺，就是几个现款都装修店铺进了原料。花费太大，还向别人借了一些。"

尉迟恭自幼羡慕尊敬读书人，瞧见秀才确实需钱急用，拍了拍秀才的肩膀，诚恳地说："写帖子没用。我现在也没有现款。过一两天，我铺子有了收入，你先拿着，不误上京赶考。"

陈秀才急出了眼泪："尉迟师傅，我不要借钱，只要你给我写一个帖子。"

尉迟恭心想这个书呆子，真是读书太多迷了心窍，做梦的事还相信。也罢，给他写一个。

当天深夜，陈秀才拿着尉迟恭写的帖子，又从墙洞穿过，来到钱库，将帖子递给金甲武士。武士拿过帖子细看一遍，笑着说："是尉迟将军的帖子。"给秀才取了五百钱，将帖子放入钱柜中。

尉迟恭有了钢鞭，打铁锤炼了体质，能不能得到一匹驰骋疆场的良驹呢？

第四章
# 力擒乌龙驹

　　尉迟恭在铁匠铺时，听说距离马邑不远处的神头海，每天晚上有一匹海马出来祸害老百姓的庄稼。人们面对神驹束手无策，任由海马糟蹋。

　　一个月光如银的晚上，尉迟恭让村民领着悄悄来到海马出没的神头海边。夜深人定之时，澄碧的神头海倏然响起"啪啪"的击水声。转瞬间，水面分开，一匹高头大马跃出水面。那马抖了抖身上的水珠，撒开四蹄直奔金黄的麦田。

　　尉迟恭定睛细看，海马浑身乌黑，头小眼亮，身长一丈，高七尺有余，马鬃乌亮，马尾垂地，果然是世间少有的神驹。

　　从天而降的惊喜，让尉迟恭无比激动，深邃的虎目闪闪发亮。

　　"管它海马、龙马、野马，擒了这宝马，为我所用。"尉迟恭心中想定。他屏声静气绕到海马后面，一跃而起抱住海马的脖子。

　　海马猛然受惊拖着尉迟恭一路狂奔。尉迟恭顺势跃上马背，紧攥马鬃，脚踢马肚，在阡陌上快意驰骋。海马感觉到疾跑摔不下尉迟恭，就来了一招腾空后仰，尉迟恭双手抓紧马鬃，紧贴马背，与马浑然一体。海马前蹄落地，又来一招，后蹄尥蹶，想把尉迟恭闪下去，尉迟恭双腿紧箍马肚，身体后躺，保持平衡，任凭海马前腾后踢左闪右晃，尉迟恭犹如贴在马背上的一块膏药安然无恙。

海马又生一计，奔入田边的柳树林，想在奔跑中让柳树把尉迟恭撞下去。

尉迟恭双腿紧紧夹住海马的肚皮，右手扭住一大把鬃毛，瞅准海马蹭过来的一棵大柳树，左手使劲抱住。海马无法向前奔跑，只好绕着树转起来。转了好几圈，大柳树被尉迟恭吱吱扭扭拧成了麻花。海马浑身冒汗，体乏腿软，再也没有力气走动了，它回头朝着尉迟恭"咳咳咳——"叫了几声，站在原地不动了。

这是海马心服口服的标志，它终于承认尉迟恭是它的主人，它愿意陪伴尉迟恭驰骋疆场出生入死。

浪再高，也在船底；山再高，也在脚底。

胆大的骑龙骑虎，胆小的骑驴骑牛。

自古骏马配将军，美女配英雄。

带路的村民欢叫着跑回村，告诉人们这个好消息。

朔州老乡霍之珺（清顺治十五年进士）曾作《龙马》诗一首赞叹道：

百战勋名盛，

奔驰汗马劳。

边风吹雁塞，

池水跃龙涛。

海底毓灵久，

飞腾逐电光。

千年神变化，

骏骨死犹香。

龙马精神是中华民族自古以来崇尚的刚健、威武、升腾的自强不息的进取精神。

尉迟恭骑着乌龙驹回到家里，兴高采烈地向家里人介绍擒获宝马的经过，真像跌倒捡了个元宝——运气实在好。

苏师傅摸着乌龙驹乌黑油亮的毛发，赞不绝口："鼻大耳小，蹄厚颈短，浑身充满精气神，宝马，良驹，世所罕见啊！"

尉迟恭先得神鞭，再得良驹，具备了征战沙场的良好条件。

苏师傅在夜深人静时，常常瞅见尉迟恭在院中练武到晨曦渐露。一招一式，那么有模有样。

心中的疑问始终未解——他是从哪儿学的武术？

在隋末狼烟四起而又英雄辈出的年代，练就一身好功夫，"不求闻达于诸侯"，可以"苟全性命于乱世"，保存自己，消灭敌人，只要坚持到战争的结束，就可以笑到最后。

有了温柔贤惠的妻子,经营着收入可观的铁匠铺,出行有宝马,护身有钢鞭,小日子过得甜甜蜜蜜恩恩爱爱,这是多少人梦寐以求的光景啊,作为一个孤儿应该是心满意足了。

尉迟恭文化不高,但志向远大。他不是熬日头顾小家的平庸之辈,他认为男子汉大丈夫就要纵横天下建功立业。

不怕学问浅,就怕志气短。

此时的尉迟恭虽然没有"为天地立心,为生民立命,为往圣继绝学,为万世开太平"的宏愿,但是他有一颗参军报国、济世为民的雄心。

在烽烟四起的动乱年代,尉迟恭不想经商办企业,每天提心吊胆挣钱,也不想花钱买个衙门小官员,平庸度日,他想参军,从士兵干起当上威风凛凛的将军。

我要做将军!

天地间,回响着巨大的吼声。

旋风刮败叶,流水淌残花。尉迟恭不想在一个小地方虚度光阴,他像许多有志青年一样,要突破阶层,要奋发向上。

理当树立拏云志,岂能永做山中汉。

身处底层苦苦奋斗的人们,当你迷茫彷徨,看不到出头之日时,从尉迟恭的行动中寻找一些启示吧。

尉迟恭迈上征程,他要在广阔的天地间龙腾虎跃,成就一番事业。

铁匠和铁匠不一样。正因为不一样,马邑少了一位铁匠名师,平鲁出了一位历史名人,李世民有了救命恩人,大唐多了一位开国元勋。

尉迟恭临走时,仿照自己的钢鞭,又打造了一把九节镔铁鞭。尉迟恭把这一对鞭称为雌雄双鞭。雌鞭比雄鞭轻四斤二两。他告诉自己那贤惠的妻子苏斌:"我这一走不知什么时候才能回来。儿子长大了要来寻我,就让他拿上这把雌鞭与我相认。"

隋朝末年,那是一个鬼哭神嚎天地暗、龙愁虎怕日光昏的时代。尉迟恭背上行囊,脚踏乱世之路,参加了什么队伍呢?

## 第五章
# 刘武周麾下战将

## 一

瘦藤缠老树,古渡摆苍河。

尉迟恭昼行夜宿,栉风沐雨,在千年古迹、万载仙踪上,一路向东。恰似蛟龙离远岛,势如猛虎走山川。

男儿立志出乡关,报答国家哪肯还。埋骨岂须桑梓地,人生到处有青山。

上木角的山里娃,平鲁的优秀青年,从此开启了波澜壮阔的一生。

尉迟恭打听到河北高阳一带反王蜂起,隋朝官军大量招兵买马,他来到高阳参加了政府军。

当时,尉迟恭从军有两条选择:

一是参加隋朝的官军,二是投奔起义军。

尉迟恭参加隋朝的政府军,充分说明他是一个具有正统思想的人,也是一个决心为国家尽心竭力奉献的人。

最起码,他此时没有反叛思想。他的血液里流淌着山区人民祈盼和平、和睦相处、与人为善的淳朴基因。

尉迟恭文化不高,却眼光独到。读书参加科举考试,自己错过了最好的学习时光,何况那不是自己的特长。不能习文,只好从武,在乱世中求功名，从军是一条不错的选择。他辞别了师傅和妻儿，不再打铁了，要去参军。

最为可贵的是，他有不怕死的精神！

发生了战争，敢不敢报名上前线？这是面对每一个人的拷问！

历史真会开玩笑，不再打铁的尉迟恭却成了铁匠的祖师爷。那些祖祖辈辈打铁的人，却是他的徒子徒孙。

和平年代读书学习取得文凭谋求一份职业，战争岁月横扫千军攻城略地夺得军功就是最高的文凭。

尉迟恭如果一辈子打铁，一定是个出类拔萃的好铁匠。儿子跟着他学艺，还会成为一名好铁匠。假若评选职称公开公平公正的话很可能评上技师、工程师一类。但是，尉迟恭相信自己是当将军的料。

还是那句话，你认为自己是什么人，你就能成为什么人。

尉迟恭的奋斗史、成功史，值得青年人借鉴、学习。

重新认识一位有血有肉、可亲可信、一步步成长起来的平民英雄。

走进尉迟恭的内心世界，与他一起经历腥风血雨，一起高兴或者痛苦，为自己辉煌的未来汲取丰富的营养。

隋大业十二年（公元616年），尉迟恭三十一岁，到高阳参军。河北一带，已经是起义的重灾区。反叛与起义，产生了蝴蝶效应。一只亚马逊的蝴蝶煽动了一下翅膀，引起得克萨斯州一场龙卷风。一场起义，引起了许多响应，各地纷纷举兵造反。

从军后，尉迟恭所在的军队主要是围剿土匪和起义军。当时高阳动荡不安，有王须拔、赵万海、魏刀儿、宋金刚等义军占山为王到处抢掠。

隋炀帝东征高句丽返回，尉迟恭奉诏接驾，他带领一千多军兵前往幽州迎接隋炀帝。当时幽州一带的起义军翟松柏、刘宝强等拥兵数万，占据州郡，阻断交通要道。尉迟恭亲率一百多兵卒，与其展开激战，俘虏敌军五万多人、战马三千多匹，大获全胜。

尉迟恭又参与镇压王须拔等人的战争。在战斗中勇猛顽强，屡立战功，一级一级被擢升为五品朝散大夫。"大业末，从军于高阳，讨捕群贼，以武勇称，累授朝散大夫"。（《旧唐书》）

这个"五品朝散大夫"是个什么官职？

隋朝的朝散大夫为从五品下，是一个中偏下的散官官阶。散官是有官名而无职事的官称。朝散大夫一直是中国古代文阶官制度，文官第十三阶，有品阶、有俸禄，但是没有任何实权，是一个荣誉称号，无实际职务。

不管有没有实权，尉迟恭在不到一年的时间里已经从士兵升迁为军官，证明了他超凡的战斗能力。

但是到了隋大业十三年（公元617年）三月，尉迟恭又投奔了刘武周，担任偏将。为什么在擢拔几个月后，尉迟恭离开政府军投奔起义军？

很可能有以下几个原因：

一是政府军腐败涣散，没有发展前途；

二是上级嫉贤妒能，排挤打压；

三是刘武周派人拉拢，承诺给其高官厚禄；

四是全国各地纷纷起义，十八路反王，六十四处烟尘一拥而起攻城掠地。尉迟恭看到隋朝气数已尽，认为不值得为其卖命。

历史的魅力就在于有许多解不开的谜团。每个人都可以凭自己的观点、见识作出判断。

总之，有心人是不会平凡度过一生的，无论男女老少，他们总会抓住命运之马的缰绳，然后跃上马背，在广袤的大地上纵横驰骋。

## 二

尉迟恭的成名之战是日抢三关、夜夺五寨。

此时尉迟恭是刘武周大军的先锋官。

刘武周是河间景城（今河北省泊头市交河镇）人，出生于豪富之家。年轻时逞强好斗，喜结交豪侠，他的兄长刘山伯经常责骂他："你不择友而交，整日厮混，不务正业，最终会毁灭我们家族的。"刘武周长期与父兄不和，离家前往洛阳，投奔隋太仆杨义臣。

隋炀帝征讨高句丽时，他跟随杨义臣随军出征，在战斗中敢打敢拼，建立军功，授正六品散职武官，任建节校尉，东征班师后，被任命到马邑郡做鹰扬府校尉。

名将杨义臣奉隋炀帝诏令带领从高句丽返回的一万余队伍讨伐河北的起义军。尉迟恭此时就在杨义臣的队伍里。杨义臣善于用兵，连续剿灭了四支规模较大的起义军，毙伤俘虏数十万人。但是，隋炀帝不相信各地有这么多起义的反王和义军，以为是杨义臣虚报浮夸，听信内史侍郎虞世基的谗言，召回了杨义臣，让他坐了冷板凳。窦建德等河北的起义军又死灰复燃。

面对隋末群雄竞起的纷乱形势，刘武周权欲熏心，也想自立为王。不久与马邑郡太守小妾私通之事败露，在隋炀帝大业十三年（公元617年）二月，他先下手为强，雇用杀手杀死太守王仁恭，自称天兴皇帝，改年号为天兴，起兵反抗隋朝。

马邑历史上第一次诞生了皇帝。

刘武周善于演说和收买人心，他历数王仁恭任太守期间贪污受贿腐败堕落的罪行，挥舞着大手，煽动灾民说："郡内仓库粮食发霉腐烂也不赈济灾民。隋炀帝横征暴敛，穷兵黩武，不顾民众死活。现在各地纷纷起来造反，我们也不为无道昏君卖命了，我们要做自己命运的主人。"随后，他下令开仓济贫，释放关押的犯人，几日内就召集兵马两万多人。

可怜王仁恭一代名将，以六十岁的高龄、二品官的爵位，担任马邑郡四品官的职务，朝廷为的是让他镇守边塞保国安民，最后却落得个惨死他乡。

为了巩固皇位，刘武周投靠突厥，成为突厥的附庸国，始毕可汗赐予刘武周"定杨可汗"的称号，送他"狼头纛"。意思很明确，那就是平定杨家。这个杨家当然是指隋朝皇帝。

"纛"是古代帝王或者将帅身后的大旗。

刘武周称帝后，在突厥的帮助下，带兵攻打雁门关，围城百余日。雁门郡丞陈孝意闭关拒守，后来粮尽援绝，部下张伦暗杀了陈孝意，开关投降刘武周。

拿下南控中原、北扼大漠的中华第一关，刘武周名声大噪。

雁门关因每年大雁往飞其间而得名。雁门关一条狭谷险道，两侧层峦叠嶂，怪石凌空，是"三关冲要无双地，九寨尊崇第一关"。历史上，匈奴、突厥、回纥、鲜卑、契丹、女真、蒙古等少数民族都曾在雁门关与中原守军浴血鏖战。和平时期雁门关是著名的商道，见证了古代边贸的兴衰，成就了晋商的辉煌。

易州起义军领袖宋金刚与魏刀儿联合，与另一支起义军窦建德厮杀。两家数万人都不是窦建德的对手，被窦建德打败。宋金刚听闻刘武周在马邑郡登基称帝，广纳贤才，在北方一带声势浩大，率领四千余众向西投奔老乡刘武周，进一步扩充了刘武周的势力。

刘武周素闻宋金刚善于用兵，得之甚喜，分一半财产给他，封宋金刚为宋王，主抓军事。还把自己国色天香、风姿绰约的妹妹嫁给他。宋金刚爽快地休去原配妻子，欢欢喜喜地娶上了刘武周的妹妹。

宋金刚是春风得意，财色双收。

原来大业十三年（公元617年）六月初五，万事俱备，太原留守李渊在晋阳誓师，竖起绛白旗帜，发布了声讨隋炀帝杨广的檄文。

檄文中说杨广"是非好佞，拒谏信谗。巡幸无度，穷兵极武，亲离众叛。十分天下，九为盗贼"。李渊目睹"四海波振而冰泮，五岳尘飞而土崩"的颓废局面，决定"举勤王之师，废昏立明。放后主于江都，复先帝之鸿绩"。宣布废黜杨广，拥立在长安的代王杨侑为皇帝。他听从李世民等人的建议，采取"废皇帝而立代王，兴义兵以檄郡县，改旗帜以示突厥"的策略。

如此举兵顺应了传统和人心，占领了政治制高点，做到挟天子以令诸侯，达到了名正言顺，为反叛披上一件正义与合法的外衣。檄文传播天下，号召各郡县响应，最大限度减少敌对势力，团结一切可以团结的力量，组成最广泛的统一战线，许多城池开门迎接，做到了不战而屈人之兵，用最小的代价实现自己的目标。

此时天下已经发生巨变。李渊派刘文静出使突厥，李渊在亲笔书信中请求始毕可汗给予援助。

要想成大事者，要勇于求人帮忙。主动求人并不丢脸。相反，主动求人是自信。只有主动求人，才能获得更多的机会和资源。

开始不怕丢脸，以后才能有脸。

开始要脸的人，最后都没了脸面。

这就是生存的辩证法，这也是残酷的现实。

李渊一方面需要突厥的支持，另一方面需要与突厥建立友好关系。他并不需要太多的物资援助，主要是营造一个稳定的后方。

李渊大军一路军纪严明、秋毫无犯，地方豪强和官员纷纷归顺。所到之处开仓赈粮，附近的青壮年纷纷参军，月余部众便增加数万人。

为了收拢人心，李渊沿途大肆封官许愿。有一天，居然封赏了一千多官员，不包括封赏七十岁以上老人的散官。

当时民间流传一句顺口溜：想当官，找李渊！

河西战役、霍邑战役、河东战役，李渊陆续取得胜利。

李渊的部队越打越多，从出征时不到三万，已经发展到二十五万。

大军势如破竹，历时四个多月，胜利攻取长安。

长安民众夹道欢迎。"三秦士庶衣冠子弟、郡县长吏豪族、弟兄老幼，相携来者如市"，人们将虔诚与顺服的目光投向李渊，祈盼得到他的庇护。

进城后，李渊约法十二章。

汉高祖刘邦只不过约法三章。

立杨侑为隋恭帝，自封为唐王。从此，李渊独揽朝政大权。

李渊占领了长安，具有重大的象征意义，这是隋朝的首都。

这里也是秦始皇、刘邦、刘秀、杨坚的帝都。

以后，大概率就是李渊的首都。

李渊虽然实力不是最强大的起义军，他举旗起事时兵力不到三万，还给留守晋阳的李元吉留下一部分兵力，但是手下人才济济，内有精明强干的儿子和女儿、女婿，外有刘文静、裴寂、刘弘基、殷开山、长孙顺德、唐俭、温大雅、雷永吉等文臣武将。

他的女儿即后来的平阳公主在鄠县收编了好几股实力强大的起义军，召集七万多军队，扫清了长安城部分外围。李渊后来给女儿的部队一个特别的番号"娘子军"。

这应该是历史上最早具有正规番号的娘子军。

谁说女子不如男？花木兰故事代代传。

李渊在太原举兵后，柴绍和平阳公主受到通缉。平阳公主在危急的时刻，没有担忧自己的个人安危，也没有儿女情长，她让丈夫一个人去太原投奔李渊，她决定留下来，招募义军，配合父亲拿下长安。

娘子关——就是因为平阳公主曾率领娘子军驻守于此而得名。

一家人龙凤呈祥，英武超人。是基因，还是历练？

特别是李渊有一个贤内助——窦夫人，她既有战略眼光，又能帮助丈夫化险为夷。在隋炀帝怀疑李渊的时候，她劝丈夫把自己获得的几匹骐骥送给隋炀帝，建议李渊装作沉湎于游猎，一副平庸度日的做派。

李渊起兵时，还有倾家相助的商人——武士彟。

武则天就是武士彟的女儿。

关陇的贵族集团，早已仇视隋炀帝剥夺他们封妻荫子的特权，杨玄敢率先起兵反叛。各地民众苦于隋炀帝的横征暴敛和繁重徭役，纷纷聚众起义。李渊作为关陇贵族核心集团的一员，顺应人心，推举新的代理人，代替隋炀帝。

李渊没有打出反隋的旗号，遥尊杨侑为皇帝。一方面他怕树大招风，受到各方面的攻击；另一方面为了避免内部发生分歧，因为他的下属许多都是隋朝的官吏。李渊向世人证实，自己代表绝大多数人的利益，反对的是隋炀帝，不是隋朝。

特别申明，自己举兵的目的是稳定天下，修文德，止干戈。

可见，李渊是一个城府深、有谋略的人。

他明白出头的椽子先烂。其实，宇文士及早在五年前就建议李渊起兵夺取天下，他笑而不语。李渊冷静观察天下大势，作出胸无大志的样子，实则韬光养晦，等到各地反王互相残杀，元气大伤时，他果断出手进军帝都。

变色龙最可怕。这些伪装高手将自己融入普通环境之中，逃避对手的打击，逐渐接近自己的猎物。

此时，瓦岗军李密给李渊来信，信中说："与兄派流虽异，根系本同。自唯虚薄，为四海英雄共推盟主。所望左提右挈，勠力同心，执子婴于咸阳，殪商辛于牧野，岂不盛哉！"以刘邦和周武王自居，把李渊当作手下。李密的"天下舍我其谁"自傲，是有其强大的实力作为后盾，此时的瓦岗军是兵力最强大的起义军。

李渊只好隐忍，他给李密回信说："吾虽庸劣，幸承余绪，出为八使，入典六屯，颠而不扶，通贤所责。所以大会义兵，和亲北狄，共匡天下，志在尊隋。天生烝民，必有司牧。当今为牧，非子而谁！老夫年逾知命，愿不及此。欣戴大弟，攀鳞附翼，唯弟早膺图箓，以宁兆民！宗盟之长，属籍见容，复封于唐，斯荣足矣。殪商辛于牧野，所不忍言；执子婴于咸阳，未敢闻命。汾晋左右，尚须安辑；盟津之会，未暇卜期。"（《资治通鉴·隋纪八》）

李密高兴地对手下说："唐公已经推让了，这天下以后就是咱们的了。"

此时的隋炀帝，龟缩在江都，采取"鸵鸟政策"，既不管首都长安的失守，也不问陪都洛阳的境况。他除了怨恨关陇贵族集团的背叛和百姓的犯上作乱外，每天沉迷于酒色歌舞，过上了醉生梦死的生活。有一天，他照着镜子，看着自己俊秀的面容顾影自怜："好头颈，谁当斫之？"绝望的神情把萧皇后吓得心惊肉跳。

有人向隋炀帝报告江都以及各地反叛情况，隋炀帝竟然把报告者杀了。萧皇后无奈地说："天下事一朝至此，无可救者，何用言之，徒令帝忧耳。"

不要说那些破事了，让皇帝听了耳烦，事情到了这一步没救了。

也就是，报喜不报忧，或者什么也不用报。

青蛙现象，使隋炀帝一步步走向灭亡。

把一只青蛙放在凉水锅里，慢慢加热，青蛙不会跳出锅外。水温逐渐升高，青蛙已经没有能力跳出锅外，青蛙最后被煮死了。

在商议夺取天下的朝会上，宋金刚侃侃而谈：

自大业七年始，天灾叠加沉重的战争负担，使得百姓无以为生。义军领袖王薄率先在山东的邹平起义，反叛隋朝，唱出著名的《无向辽东浪死歌》。特别是隋王朝内部高官——杨玄感，因家族遭隋炀帝猜忌，在河南浚县起兵，直攻洛阳。隋炀帝陷入内忧外患之中。

隋炀帝横征暴敛、荒淫无道，长期乱政、穷尽民力，早已不得民心，强征大量青壮年男丁入伍或服徭役，农业生产失去劳力，田地荒芜。各地官吏贪腐堕落不务正事，借机鱼肉百姓，最终使得百姓不得不聚众为盗以求生存。

当今天下，各地豪杰纷纷揭竿而起，占山为王，图谋霸业。马邑地处军事要地，北靠突厥，南临中原，正是龙兴之地。晋阳表里山河，战略地位极为重要。首先出兵占领三晋，招纳贤才，广积粮草，稳定局面，获取民众拥护；而后分兵两路，一路东出太行、逐鹿中原，一路西渡黄河、攻取长安。顺我者昌逆我者亡，各地割据势力定会纷纷归顺，到时候全国一统，大王帝业可成。

刘武周接受宋金刚"入图晋阳，南向以争天下"的建议。任命宋金刚为领兵元帅、尉迟恭为先锋，率兵三万南侵并州。

这是一个宋金刚版的"隆中对"，对天下大势分析得头头是道，切中要害。真是光屁股坐板凳——有板有眼。

可惜的是宋金刚不是诸葛亮，刘武周也不是刘备。李世民却是比曹、孙都要精悍的对手。

第二年三月宇文化及在江都率禁卫军造反。当叛军攻进皇宫后，隋炀帝问他们："你们为什么要犯上作乱？"

"陛下违弃宗庙，巡游不息。外勤征讨，内极奢淫，使丁壮尽于矢刃，女弱填于沟壑。四民丧业，盗贼蜂起，专任佞谀，饰非拒谏，何谓无罪？"他们全面准确地概括了隋炀帝的失误和罪过。

隋炀帝知道自己的末日已经来临。他想，作为一个皇帝要死得体面，不能被乱刀砍杀。他先向宫女要自己以前准备好的毒药，可是保管毒药的宫女早已跑得不知去向。他又解下练巾，让叛军勒死自己。

所有的女人们都跑了，只有萧皇后陪伴在他身边，一个纯粹的女人会刻骨铭心地爱着让她流泪、让她开心的男人。

萧皇后后来受到窦建德的礼遇，送她到突厥与义诚公主团聚，李世民大破突厥后，迎萧皇后回长安，给予周到的照顾，享年八十病逝，与杨广葬在一起——江都杨陵。

隋大业十四年（公元618年）三月十一日是隋炀帝杨广的忌日，实际上也是隋帝国的忌日。隋炀帝的死亡，标志着隋朝的消亡。各地的起义军站在了同一起跑线上，就看谁是最后的撞线者。

自古以来，天下大事，分分合合。夏一统，春秋战国纷乱；秦统一，三国魏晋南北朝战乱；隋朝统一天下，两朝后天下大乱。

隋炀帝殒命后，宇文化及带领他们拥立的秦王浩以及十万禁卫军从江都启程，踏上了返回家乡长安的征途。他们在河南遭遇了瓦岗军的阻拦。

洛阳的群臣已经拥立越王侗为新皇帝，年号叫皇泰。此时洛阳的隋军与瓦岗军已经打得难解难分。面对宇文化及的突然出现，皇泰主采取一石二鸟之计，许李密高官厚禄，派他率领瓦岗军剿灭宇文化及的禁卫军。李密看破了皇泰主的诡计，但是他别无选择，他想把宇文化及剿灭后，再拿下洛阳，此时他也需要与皇泰主方面讲和，稳定自己的后方，以免两面受敌。

没有永远的敌人，只有永远的利益。

这是一次势均力敌的大决战。双方都是身经百战的精锐部队。战役的结果是两败俱伤。

十万禁卫军大战后只剩两万，宇文化及返回长安的梦想破灭了。他带着残兵败将和隋朝的百官只能向河北方向逃窜，逃到魏县驻扎下来。虽然大势已去，但是宇文化及也想过把皇帝瘾。他将秦王浩毒死，自己登基称帝，国号为"许"。

宇文化及占据的地盘是窦建德的势力范围。他先是受到唐军的袭击，逃到聊城。窦建德亲率大军攻破聊城，他穿着孝服拜见萧皇后，口中称臣，凭吊隋炀帝。这就是一种政治伎俩、政治姿态。

窦建德将杀死隋炀帝的一干元凶处决后，把宇文化及和他的两个儿子押到襄国城处死。

作为隋炀帝姨弟的李渊，得知此重大消息，在公元618年五月逼隋恭帝杨侑禅让，毫不犹豫地称帝，建都长安，国号为唐，年号为武德，史称唐高祖。立李建成为太子，李世民为秦王，李元吉为齐王。

民间的谶语：东海十八子，八井唤三军，手持双白鲨，头上戴紫云。预兆李姓当为皇帝。李渊登基前，当然要表演一番。有杨侑的禅让，李渊的再三推辞。有大臣们上奏求情，李渊声色俱厉地责骂，心腹们声泪俱下，拿着玉玺以死相逼。最后，李渊被逼无奈，只好勉为其难地坐在龙椅上，接受满朝文武的参拜。

常看历史的人，都熟悉这一套把戏。但是，确实需要认真地演一回，不然的话，人们会说各种各样的怪话、闲话。

参加演出的人，各取所需，实现了双赢。李渊当上了皇帝，大臣们官升一级，甚至不止一级。

李渊早已具备称帝的实力，也有此野心。他不想当出头鸟，更不想冒险行事，一直在韬光养晦，他在等一个合适的契机，以免让人们说三道四。

你们已经动手干了，我为什么不能干？

在这个世界上，实力和道德，经常是两码事。

历史上，率先起兵造反的最后都没有成功——这是一个有趣而又值得深思的现象。

任何政治人物的成功都绝非偶然。

需要天时地利人和，需要攻城略地的实力，需要顺势而为的眼光，需要治国理政的能力。

李渊的祖父李虎，佐周有功，被追封为"唐国公"，爵位传至李渊。另外，"唐"及"唐国"均出自山西，其封地、辖境都在今山西境内，李氏又源于尧的理官，自然也根在山西，当时袭封唐国公的李渊又留守晋阳，因此李唐肇基在山西。所以，李渊建国就称唐朝。

李渊将隋朝的郡县制改为州县制，各郡太守一律改任州刺史。阴阳家按五行推算，唐朝属"土德"，以黄色为最高贵的颜色。

李渊称帝，在中国历史上也是少有的顺风顺水。

成大事，还是从天时、地利、人和说起吧。

天时：隋末天下大乱，官不理政，民不聊生，各路反王整天混战，隋炀帝沉醉在酒色歌舞之中，过一天是一天。给李渊谋取帝位创造了可乘之机。

地利：李渊是关陇贵族，又是太原的唐国公，对两地的山川道路十分熟悉。从山西打到陕西，犹如在自家地盘上创业。

人和：许诺给突厥财物，稳定了后方；给李密戴高帽子，哄得他高兴了，东都的隋军主力他给挡住了；燕赵大地的隋军，被窦建德牵制住了；淮南的隋军，与杜伏威厮杀在一起，无暇西顾；长安的精兵，派去平定西部反叛的李轨、薛举；李渊一路封官许愿人人高兴，都盼着李渊早点登基称帝，自己也水涨船高官升几级。

许多割据势力无意之中给李渊做了帮手，当了助攻，而且不要管饭，不用发工资，不必救死扶伤搞抚恤。都是舍生忘死，尽心竭力的志愿者。

刘武周羡慕嫉妒恨，干着急没办法。

宋金刚有看法没办法。

尉迟恭攥着拳头想办法。

公元618年是中国历史上最奇葩的年份，这一年，据不完全统计天下有二十多个年号，也就是说有二十多个皇帝。

那年头，时髦的是造反，职业就是打架，创业的都是皇帝。

这一年是隋炀帝杨广的大业十四年，同时也是隋恭帝杨侑的义宁二年，还是唐高祖李渊的武德元年。

东都的越王杨侗也在这一年被王世充拥立为帝，又称皇泰元年。陇西的秦帝薛举称秦兴二年，河西的凉帝李轨称安乐元年，马邑的定杨可汗刘武周称天兴二年，朔方的梁帝梁师都称永隆二年，河北的夏王窦建德称五凤元年，魏县的许帝宇文化及称天寿元年，江南的梁帝萧铣称鸣凤二年，东南的楚帝林士弘称太平三年……

无情的历史只承认其中的一个年号。

由此，拉开了二百八十九年大唐王朝的序幕，开启了中华民族历史上最值得骄傲的时代之一。诗歌、书法、绘画、乐舞、雕塑、建筑，在当时的世界处于最高水平，是中华文明的一个高峰。

某些领域，至今无法超越。

大唐的影响，一直持续到现在，还将延续到未来……

## 三

天下大乱，群雄并起，都在称王称帝争夺地盘图谋霸业。

刘武周也想夺取天下谋取霸业，当上货真价实的"天兴皇帝"。

利益，巨大的利益，才有驱动人们的魔力，这就是这个世界的真实面目，极其的残酷，却异常的真实。

刘武周夺取天下的战争，一路高歌猛进。

尉迟恭率领五千兵马，由马邑出发，一路抢关夺寨所向无敌。

第一关是石岭关。守将王天龙在城下摆开阵势要与尉迟恭决一死战。尉迟恭催马跃出，王天龙举刀便砍。尉迟恭挺槊将王天龙手中刀"当"的一声打飞，王天龙觉得自己手臂酸麻，手中大刀不知去向。尉迟恭回槊将王天龙刺于马下，众士兵一看主帅已亡，四散溃逃，尉迟恭带兵抢入关内。

第二关是赤塘关。石岭关的溃散逃兵逃到赤塘关，大叫开门，告知尉迟恭夺了石岭关，杀死了王将军。守关军士刚打开城门，尉迟恭已经纵马赶到，带领将士冲入关内，一条马槊左扫右挑上下翻飞，碰着的非死即伤。

守将王天虎听到报告，恨得咬牙切齿，心窝里如利刃狂捅，满腹中似钢刀乱搅，他刚刚披挂上阵，迎面撞上尉迟恭，一个刀劈华山砍下来，尉迟恭撩开大刀，将槊刺向王天虎心窝，顺手甩出几丈远，砸倒一片兵士。

在冷兵器时代，臂力就是本领。

尉迟恭的马槊是定做的，重量八十一斤。他听说自己老乡关公的青龙偃月刀是八十二斤，出于对关圣人的尊敬和作为后辈的谦虚，尉迟恭打造了八十一斤马战重武器。

因此，许多帝王感叹，千军易得一将难求！

尉迟恭带领将士如同狼入羊群，奋勇冲杀，赤塘关的兵将竞相逃命。

拿下赤塘关后，时近中午，尉迟恭命令将士边吃干粮边行军，趁士气高涨攻取第三关。

第三关是天门关。尉迟恭驻马立于关下，他抬眼望去，残阳的余晖涂抹在城墙上，镀上一片血色。墙面上，布满青苔，留下了时间的痕迹，岁月的沧桑。守将王天寿听到尉迟恭半天之内杀了他的两位兄长，甚是害怕。他命令军兵紧闭城门，准备雷木滚石，防止尉迟恭攻城。

城上城下军兵怒目对视，有着赴死的坚决，也有着告别的伤感。每个人只能听到自己急促的心跳声。天地间霎时寂静下来，仿佛在等待着命运之神的召唤。

领兵元帅宋金刚随后赶到，他下令骑兵放箭，掩护步兵架设云梯攻城。城上守军滚木石块一齐砸下，沉闷的喊杀与短促的嘶吼使山河颤抖。宋金刚亲自擂鼓助威，冲锋的呐喊声一浪高过一浪，一支支利箭从宋金刚耳畔呼啸而过，惨叫声四起，满目血肉横飞。箭矢穿透战甲，滚木砸碎脑袋，飞溅的血污在空中抛洒，士兵伤亡惨重。

尉迟恭看到如此强攻不是办法，他让宋金刚指挥士兵在东、南、西三面佯攻，自己单人独骑绕到北城墙后，这里城墙傍山修建，靠山脊处墙体偏低。

天门关的城墙很像平鲁凤凰城北城墙。

凤凰城是闻名遐迩的一座塞外古城。东、西、南三面修建了高大的城墙，北面在北固山修建了低矮的城墙。山上建有儒、释、道各种庙宇和道观。凤凰城是城中有山，山中有城，距离上木角五十公里，是一座戍边军事古镇，尉迟恭曾经跟随舅舅来此赶过庙会。

尉迟恭纵马来到低矮处，抽出钢鞭，猛抽抱月乌龙驹，大喊一声："上！"抱月乌龙驹不愧是宝马良驹，四蹄生风跃上城墙。尉迟恭手舞马槊，杀开一条血路，冲到南城门，杀退守门军兵，打开城门。宋金刚率大军一齐掩杀进来。王天寿急忙拍马逃向城外，尉迟恭随后赶上，挺槊就刺，王天寿不敢还手，来了一个马底藏身，哪知尉迟恭的马快，此时已经超出王天寿的马头，尉迟恭回身将槊尾扎向王天寿的后背，王天寿口吐鲜血，栽下马来。剩下的兵将见守关总兵已死，纷纷缴械投降。

频繁的战斗显示出尉迟恭超越常人的智慧和素质。面对困难，他不是呈匹夫之勇强攻，而是想办法减少士兵的伤亡，获得自己的胜利。

这样的人，将会给对手带来巨大的危险和打击。

尉迟恭一鼓作气带领将士，连夜夺了五座营寨。

日抢三关夜夺五寨后，尉迟恭一路向南势如破竹，先后拿下了榆次、平遥、介州（今山西介休）、吕州（今山西霍县）等地，自晋州（今山西临汾）以北的城镇全部沦陷。

三晋大地，由北向南，都患了恐黑症——见到黑脸、黑马的尉迟恭不是望风而逃就是就地投降。

李渊派出太常少侍李仲文、右仆射裴寂迎战尉迟恭。两军在浍州（今山西翼城）相遇，如同海洋中巨浪相撞，隆隆回音响彻天宇。

鼓声号大作，纛旗在风中猎猎呼喊。尉迟恭挥舞马槊，一马当先冲入敌阵。长剑与大刀飞舞，士兵的头颅滚落在地。密集箭矢如蝗虫过境，空气中飘散着血腥气。不屈的英魂在空中嘶吼，血红的眼睛闪动着仇恨。

大地上尸横遍野，一个个鲜活的生命化为乌有。血流成河，土壤早已成了红褐色，鲜血顺着花瓣流淌，分不清是残阳还是鲜血染红了大地……

裴寂、李仲文逃回长安。

刘武周随后率领大军兵临晋阳城下。并州总管齐王李元吉张皇失措不敢迎战，带着妻妾趁夜色掩护逃出晋阳，跑回长安。

军政大事交给李元吉，你就需要担心了，没有对的时候。

他的特长和爱好就是打猎、抢民女、玩杀人游戏。

刘武周不费吹灰之力占据晋阳。巡视着昔日李唐的龙兴之地，刘武周昂首阔步，踌躇满志，不到半年时间，三晋大地一半土地归己所有。坐在州衙的太师椅上，犹如把三晋坐在屁股底下，他给宋金刚和尉迟恭发布了乘胜前进扩大战果的命令。

谁也没有注意到，马邑郡丞李靖哪里去了。

"天兴"举国上下陶醉在胜利当中，李靖装作囚犯前往长安，要告发李渊谋反。可是，他走到长安时，关中已经大乱，无法前行，他被守军当作真的囚犯关押在囹圄中。

如果刘武周重用了李靖，让尉迟恭与李靖南征北战，那将是一种什么样的结局？

历史只有结果，没有如果。

李渊当时要处斩李靖，李世民认定李靖是不世出之名将，从鬼头刀下救出李靖。

李靖——韩擒虎的外甥，世人称其有王佐之才。

得民心者得天下。

得人才者得天下。

两句话都对，都很重要。

刘武周在汾阳宫和晋阳宫获取了大量的金银财宝，还有花容月貌、冰肌玉肤、千娇百媚的美女，他没有忘记自己的主子，他挑选汾阳宫红粉佳丽和奇珍异宝送给了始毕可汗。始毕可汗喜笑颜开，全部笑纳，回赠给他一些战马。

求人帮忙一定要送礼。在中国传统文化中，礼物代表着一种尊重和感激。有时对方口头上说不要，但内心深处还是希望得到礼物。送礼不仅是一种表达感激的方式，更是一种维系关系的方式。

不仅刘武周，李渊、李世民、窦建德、高开道、梁师都等都给突厥送过礼。

几天后，捷报传来，尉迟恭又攻克了浍州、绛州（今山西新绛）和龙门，俘虏唐朝右骁卫大将军刘弘基。

唐高祖李渊看到尉迟恭如此骁勇善战，刘武周大军兵锋日盛，他召开会议商讨对策。大部分人建议放弃河东之地，守护好关中。派去的官兵打败了，守城的不是阵亡就是逃跑，再战，凶多吉少，怕有亡国的危险。

李渊自己也觉得皇帝刚当一年，屁股还没有坐稳，绝不能蛋打鸡飞一场空。凭黄河天险，守住河西一带，还能做皇帝。大臣们也是这样想，保住现有地盘，无论面积大小，都可以当朝廷的高官。

反正此时皇帝多得是，各管一方，相安无事，都能过把皇帝瘾。

究竟以后谁能一统天下？只好走一步看一步。

在这关键时刻，胸怀鸿鹄之志的李世民站起来，他环视了一圈这些平时高谈阔论自命清高的谋臣，脸上露出难以名状的神色。

李世民力谏父皇："晋阳王业所基，国之根本。河东殷实，京邑所资，若举而弃之，臣窃愤恨。愿假精兵三万，必能平殄武周，克复汾晋。"

危急时候，还得靠二公子。

沧海横流显砥柱，万山磅礴看主峰。

唐武德二年（公元619年）十一月，北风呼啸，大雪纷飞，北方大地银装素裹，滴水成冰。秦王李世民乘黄河结冰的有利时机，带兵从龙门渡过黄河，驻扎在柏壁（今山西新绛西南），采取坚壁挫锐的战术，与尉迟恭对峙。

李世民采取的战术，用一个字概况就是"熬"。

熬，是一个忍耐和痛苦的过程。

熬，也是一种艺术。

贵为王子、手握重兵的李世民都在熬，我们有时候更应该熬了。要心甘情愿地熬，脚踏实地地熬，宵衣旰食地熬。在熬中提升自己，在熬中加强修炼，在熬中等待时机，等待瓜熟蒂落。年轻人要熬，中年人要熬，老年人也需要熬。直到熬得云开日出见光明。

黄河以东的州县遭抢劫后，征集不到粮食。李世民发布告示晓谕百姓，百姓听说秦王李世民率军前来，归顺的人日益增加，唐军逐渐征收到粮食，满足了军粮需求。李世民瞅准机会，就派出小股部队抄掠袭扰，大军则深壁高垒闭门不战。

寒冷冻住了黄河，冻住了黄土地，却冻不住生命，冻不住李世民求胜的希望。有冬的孕育，才有春的碧绿，夏的灿烂，秋的收获。

他利用正确的战术，不战则已，战则必胜，每次都有俘获。

在柏壁，李世民阻挡住了尉迟恭继续扩张的势头，也遏制住了宋金刚"南向以争天下"的图谋。

几次小胜后，李世民手下的将领纷纷请求与尉迟恭决战。

就像我们曾经看过的战争电影，一个连长握着拳头说："团长，战士们士气高涨，都写了请战书。"一位营长跨前一步，愤怒地说："团长，敌人太嚣张了，打吧！"此时，团长和政委低着头，在地上走着对角线踱步，踱了一会儿，团长终于抬起头，看了一眼政委，缓缓说道："不能打。"

政委深深地点了点头，表示赞同。

后来剧情的发展，正如团长所料，确实不能打，打了就会失败或者中了圈套。

李世民没有政委，他谁都没有看，决定不打，继续坚守。

并州，"襟四塞之要冲，控五原之都邑"，已经有2000多年建城史。唐代并州城与京都长安、东都洛阳，并称"三都"。历史上许多皇帝都与这座城市有着密切的关系，因此被称为龙城——龙兴之地。

刘武周在并州城凝视着全国地形图。他的目光先落在长安，又移在洛阳，最后盯住江都，脸上露出了胜利者的微笑。不久的将来，天下是我"定杨可汗"的，大臣们将在皇宫中低头听从我的教诲，我在龙椅上发出指挥全国的敕令。

刘武周坐在晋阳宫温暖如春的殿堂里，品着"蒙顶茶"，观赏着"金丝鸟"，侍女们捶着大腿，舞姬们在舒缓的乐曲里翩翩起舞。在老陈醋的佐味下，刘武周品尝地方名吃醪糟、蒸饺和灌肠。隔几天，刘武周听一听大秧歌，到汾河晚渡、烈石寒泉、巽水烟波、崛㠛山红叶、土堂神柏、天门积雪、蒙山晓月等古八景看一看。他在悠然自得的享受中，等待着尉迟恭继续传来捷报。

刘武周找到了成功的钥匙，可是有人把锁给换了。

李世民与尉迟恭相持之间无法决出胜负，李渊在十二月，派自己的堂弟、永安王李孝基进攻杀死县令聚众造反的吕崇茂，意图从侧面配合李世民的攻势。吕崇茂向宋金刚求援，宋金刚派尉迟恭、寻相救援。

李孝基腹背受敌，打了败仗。永安王李孝基、工部尚书独孤怀恩、陕州总管于筠、内侍侍郎唐俭和行军总管刘世让全部被尉迟恭俘获。

这是一支阵容豪华的俘虏，里边尽是唐朝高官。

尉迟恭派兵将俘虏押解给宋金刚报捷。

李渊深刻认识到不除掉威猛剽悍的尉迟恭，唐王朝就得不到安宁。

李世民仍然坚守不战，李渊也没有催促，他相信自己二公子的雄才大略，一定是在等待时机。他在后方做一些力所能及的事情。他秘密派出使臣潜入夏县，把诏书和财宝交给吕崇茂。吕崇茂看到诏书上让他除掉尉迟恭，赦免他的罪行，还任命他做夏州刺史。吕崇茂动心了，认为这是一本万利的好事。他告诉使臣，感谢唐高祖的信任和重用，决心不负重托，保证完成任务。只不过这个尉迟恭膂力过人，骁勇善战，需要找个机会，以智取胜。

有钱能使鬼推磨，有权能使磨推鬼。

吕崇茂心机诡秘，他在寻找万无一失的良机。

心是个口袋，装的东西少叫心灵，装得多一点叫心眼，装得很多叫心计，装得最多时叫心机。

吕崇茂就装得太多——当县令、做刺史、杀恩人……

不管李渊是不是用的反间计，尉迟恭听到了风声，他非常愤恨，我不顾生死帮你打败唐军，协助你守卫城池，你恩将仇报，竟然谋害我，是可忍孰不可忍，尉迟恭捏碎手中的水杯，带领副将赶到吕崇茂官邸。

吕崇茂看到尉迟恭怒气冲冲而来，不知何故。急忙离座媚笑着问："不知尉迟将军大驾光临，有何见教？"

"你们密谋的好事，还要问我？"尉迟恭手握钢鞭，铁青着脸逼视着吕崇茂。

"好事？"吕崇茂无暇顾及尉迟恭的嘲讽，他在急遽思索着是不是自己与李渊的密谋已经泄露。

吕崇茂挤出满脸假笑，拱手搭讪："尉迟将军劳苦功高，我正要设宴犒劳，小事一桩，算不得'好事'，我还要重重酬谢将军啊！"

吕崇茂转头问左右："你们说是吧，尉迟将军救了夏县，我们要报答这救命之恩，明天从库中取出金银财宝，送给尉迟将军。"

人生如戏全靠演技。吕崇茂嘻嘻哈哈，吹吹拍拍，一个业余演员的演技漏洞百出。

"你这酒宴，恐怕是鸿门宴……"尉迟恭话音未落，一鞭砸向吕崇茂的脑袋。

吕崇茂的手下抱着脑袋逃跑了。

如此是非之地不可久留，尉迟恭率部离开夏县，返回浍州。

命运只负责发牌，玩牌必须靠我们自己。

这一段时间，李世民的小股部队四处出击，宋金刚士气渐渐低落。李世民抓住战机，率领秦琼、程咬金等将士小胜了几次。

撤回浍州的路上，尉迟恭心情郁闷，一言不发。

怀有凌云壮志的人们，要永不言败。暂时工作、职务、收入等方面的不称心，都将迎来改变。因为这是一个日新月异不断巨变的世界。

太阳每一天都是新的。

你一定要相信这些肺腑之言。

低迷是腾飞的起点，失落是荣耀的开始。

身后的队伍迤逦前行，纷乱的心思如乌云密布的天空，今后的征战中，他还能够所向无敌、战无不胜吗？

## 第六章
# 三鞭换两锏

　　唐军的探子打听到尉迟恭撤退的行军路线，李世民派遣秦叔宝和殷开山在尉迟恭必经之路美良川埋伏。尉迟恭领着军兵走到美良川时已经人困马乏。猛然间伏兵四起，喊杀声震天，秦叔宝一马当先，带领将士奋勇冲杀。尉迟恭抵挡不住落荒而逃，其他军兵丢盔弃甲夺命逃跑，被斩杀士卒两千多人。

　　美良川一战，规模不大却意义重大！

　　打破了尉迟恭攻无不克、战无不胜的神话。

　　伟大的思想家马克思说过："人要学会走路，也要学会摔跤。而且只有经过摔跤，才能学会走路。"

　　李渊接到捷报非常高兴，他奖励了秦叔宝大量财宝，还说了许多感谢的话。

　　秦琼，字叔宝。这个人在武功上始终压尉迟恭一头。俩人恩恩怨怨一辈子，成为中国历史上相处时间最长的朋友，到现在哥儿俩还把守在大众门口，不辞辛劳地为炎黄子孙守正驱邪护佑平安。

　　人逢喜事精神爽，李渊满面春风，兴致高昂，他要下去视察军队，鼓舞士气，却差一点乐极生悲丢了性命。

　　前一段时间，工部尚书独孤怀恩数日攻打不下蒲坂，士兵伤亡严重，被李渊下敕书指责。独孤怀恩听说李渊在朝廷多次嘲笑他带兵无能，他看到自己官职难保，就与部将元君宝策划叛唐。

尉迟恭击败唐军，俘虏了唐俭、独孤怀恩等人。独孤怀恩后悔没有及时谋反，如今又要将牢底坐穿。李世民率军在美良川大败尉迟恭后，独孤怀恩趁机逃回长安，李渊恢复了他的官职，命令他继续攻打坚守蒲州的隋将王行本。

一个参与密谋叛唐的犯人，在郁闷中竟然向难友说了独孤怀恩的想法。人啊，别把自己的秘密告诉别人，有些人，面前心连心，背后动脑筋。

管住自己的嘴巴！永远多听少说。这就是为什么我们有一个嘴巴两个耳朵的原因。

与独孤怀恩同时被俘的唐俭，从犯人口中获知了独孤怀恩和元君宝的阴谋，慌忙向尉迟恭请求，说自己逃跑了影响太大，你让刘世让逃跑回去告诉李渊，独孤怀恩要谋反。

抓住的敌人，向自己求情帮忙，还要救主子的命。

天下还有这样的好事？

正常情况下，我盼不得早日整死敌方首领，事半功倍，取得战争的胜利。

既然你们自己相互残杀，那更好，我袖手旁观，坐收渔翁之利。

尉迟恭不是一个普通人，他没有按照普通人的思维去处置。

尉迟恭竟然同意了唐俭的请求。

有人说我也想帮人，但是我无权势、无实力，等有权、有钱再帮人。今天我告诉你，即使身无分文也能行善积德帮助他人。既为自己广积人脉，也可荫及后代子孙。

经常微笑；

赞扬他人；

学会鼓掌；

问候亲朋；

看破不说破；

主动让座；

放低身段；

原谅别人的过错；

多听少说；

礼貌待人；

给弱者尊严；

及时感恩；

随缘放生；

引导人向善；

祝福遇见的人；

……

还有许多，自己琢磨去吧……

尉迟恭从小就乐于助人。

谁也猜不透尉迟恭当时是怎样想的？是痛恨两面三刀的叛徒，还是为自己留一条后路？

总之，他送给了李唐一份厚礼。

这是一份货真价实的厚礼，它足以改变李渊的命运，影响历史的走向。

王行本坚守无望，打开城门投降。独孤怀恩率军进驻蒲州，开始筹划自己的谋反大业。

李渊决定首先到蒲州巡视。他一路风尘仆仆，带领侍卫及随从，来到黄河边。唐高祖李渊的左脚已经登上战船，恰在此时，刘世让骑马飞奔而至，大呼唐高祖留步，有重要军情禀报。

李渊收回了迈上船的脚。

李渊听后大惊："我能免于死，真是老天有眼。"

人们常说，真命天子。看来，想做一个皇帝，还真得有那命。

唐高祖传令让独孤怀恩前来听命。独孤怀恩不知道自己的图谋已经败露，兴冲冲前来接驾。结果，独孤怀恩和元君宝到了李渊帐内，就被就地斩杀。

独孤怀恩是李渊母亲弟弟的儿子，属于姑舅亲、辈辈亲的亲戚关系。独孤家族出了三个皇后，被人们嘲笑阴盛阳衰。独孤怀恩为了证明独孤家族男儿的血性和本领铤而走险。

李渊应该从这件事中得到两个教训：一是不能背后讥笑人；二是亲戚不能代替信任。

一个人成就一番事业，自己必须有高尚的品行、卓越的才能、坚韧的精神，还要有极佳的运气。

许多征兆预示着战局的优势向唐朝倾斜。

李世民带领的唐军与宋金刚率领的天兴军在浍州（今山西翼城）对阵。

秦叔宝是李世民的先锋官，尉迟恭是宋金刚的先锋官。

李世民再三叮嘱秦叔宝，我一定要一个活着的尉迟恭。

秦叔宝理解李世民的良苦用心，何况他自己也对这个黑圪旦充满好感。

此时，秦叔宝无论如何不会想到，自己从此将与尉迟恭长久相伴。

至今已经风雨同舟逾千年，还将形影不离几百年、几千年、几万年……

尉迟恭在阵前喊话，上一次你们偷袭，不是光明正大的决战，这次我要与秦叔宝单打独斗，决一胜负。

秦叔宝笑呵呵策马出阵："好！就依尉迟将军主意。咱们到绵山下那块平地，尽情厮杀。"

两个人在绵山脚下大战了三天三夜不分胜负。

第四天，俩人又在阵前相遇。秦叔宝说咱俩在马上已经大战了几百回合不分胜负，我建议咱们下马步战，不知尉迟将军意下如何？

尉迟恭是痛快人，立即答应下马步战。

在马上作战秦叔宝使的是罗家枪，尉迟恭使的是丈八马槊。步战秦叔宝使用的是瓦面金装熟铜锏，尉迟恭手拿九节镔铁鞭。

宋金刚几次斥责尉迟恭在阵上不尽力，是不是念及旧情不忍对秦叔宝下手？要他尽快取胜，打败李唐军队。

听了秦叔宝的建议，尉迟恭心想各为其主，今天仗着自己的神鞭一定要打败秦叔宝。他对秦琼说："咱们步战我有一个省事的办法，我先打你一鞭，然后你再打我一锏，以此决出胜负。"

"你我皆是血肉之躯，这么重的兵器打在身上，不死也是重伤，对谁也没有好处。咱们俩不如比赛开石。"秦叔宝否定了尉迟恭的建议，提出了自己的主张。

尉迟恭一听正合自己的特长，早年在家乡一鞭将碌碡打成两半，开石还不是小菜一碟。

两个人打马来到一堆巨石前，各自选定一块巨石，讲明以打开石头的次数定输赢。

俩人用石头剪子布决出是秦叔宝先打。

秦叔宝的两把锏加起来是72斤。他高举双锏，大喊一声："开！"巨石轰然开裂。不愧是天蓬下凡，真有千斤之力啊！

尉迟恭的单鞭是42斤，重量上不占优势，他在心中默默祈祷：老天助我，让我一鞭砸开石头，胜了秦叔宝。只见尉迟恭双手握鞭，怒喝一声："开！"钢鞭击在巨石上，冒起一片火星，石头却纹丝不动。他又举鞭砸向巨石，石头上留下一道白痕。尉迟恭心中一急，两次没有砸开巨石，难道自己要输吗？他气沉丹田，拼尽全身力气，大喝一声："开！"巨石碎石四溅，裂成两半。

这黑圪旦臂力惊人，真有神力。秦叔宝原来想自己双锏开石比尉迟恭单鞭有把握，可以智胜黑大汉，想不到尉迟恭凭单鞭还能开石。他为尉迟恭竖起了大拇指，赞佩尉迟恭的神勇和耿直。

秦叔宝微笑着拱手道："今天你我开石比胜负，我两锏，你三鞭，打了个平手，咱们改日再会！"

"三鞭换两锏，惭愧，秦二哥果然仗义，你我后会有期！"尉迟恭抱拳还礼。俩人各自策马回归本营。

两个孤傲的灵魂，在血雨腥风的年代，找到了知音。

几个月后，老天安排尉迟恭与秦叔宝做了战友，一同成为秦王李世民的麾下名将。俩人做了门神后，因为三鞭换两锏的缘故，秦叔宝位居上首，尉迟恭屈居下首。

尉迟恭面对英武的李世民，还有义薄云天的秦叔宝，他将作出怎样的人生抉择？

第七章
# 十字路口的抉择

## 一

　　李世民看到宋金刚粮草缺乏，军心不稳，指挥小股部队四处进攻。他派唐将秦武通攻打蒲州。蒲州守将支撑不住，派人向宋金刚求救。宋金刚派尉迟恭和寻相前去援助。李世民料定援兵必走安邑，他亲自带领三千骑兵在安邑迎头痛击尉迟恭的兵马。这一次，尉迟恭手下军兵除战死外，全部被俘。尉迟恭和寻相俩人逃脱。

　　谁的人生没有曲折？人生就像心电图，不会平静如水，一帆风顺。

　　面对节节胜利，将领们请求与宋金刚和尉迟恭决战，李世民说："宋金刚、尉迟恭孤军深入，麾下精兵猛将众多，刘武周占据晋阳，与宋金刚成犄角之势。宋金刚的军队没有后援，靠掠夺补充军需，他们才想速战。我们还要坚守不出，养精蓄锐，挫败他的锐气。咱们分兵攻打汾州（今山西汾阳）、隰州（今山西隰县），骚扰敌军的要害之地。他们粮尽无计可施，自然会退军。我们要等待最佳的追击战机，眼下我们不宜与敌决战。"

　　武德三年（公元620年）正月，唐将秦武通击败王行本，王行本献蒲州投降。随后，唐将李仲文占据汾州，切断了刘武周供应宋金刚的粮草通道。

武德三年(公元620年)四月十四日,与唐军相持约5个月的宋金刚军终因粮秣断绝,靠抢掠难以为继,被迫以尉迟恭为后卫,宋金刚领着疲惫之师向北撤退。

在柏壁养精蓄锐的唐军,等待的就是天兴军撤退的这一刻。

李世民指挥大军急速追击,一昼夜急行军二百多里,大大小小打了几十仗。至吕州追上逃军,大败其军。到了高壁岭,总管刘弘基抓住李世民的马缰劝道:"秦王追击逃敌到了这里,已经取得了胜利,功劳很大了。将士们饥饿疲惫,你自己也没有休息,不妨在此休整扎营,等到兵马粮草都齐备了,然后再进击也不晚。"

李世民拉起马缰,果断地说:"宋金刚坚持不下去才逃跑,他现在已经军心涣散。战机难得,放过很容易,我们一定要趁此机会消灭他。如果我们滞留不前,让宋金刚喘息过来,就不能轻易打败他了。我们尽心竭力效忠朝廷,怎么能只顾惜自己的身体呢?"说罢,李世民打马继续追击,将士们也不再吵嚷疲劳和饥饿。唐军在雀鼠谷追上宋金刚,一天之内发起八次战斗全部胜利,斩俘天兴军数万,缴获大量马匹战车和军需物资。

当夜,在雀鼠谷西原宿营,李世民已经两天没有吃东西,三天不卸盔甲。

确实如伟大领袖毛主席说的那样:"革命不是请客吃饭,不是做文章,不是绘画绣花,不能那样雅致,那样从容不迫,文质彬彬,那样温良恭俭让。"

武德三年(公元620年)四月末,宋金刚带领残兵败将败退到介州。李世民带兵赶到介州城外,将古城团团围住。宋金刚稍加休整,决心与李世民决一死战,以雪数次失败之辱。他孤注一掷,让二万人马倾巢而出,在西门背对城墙排列一字长蛇阵,南北长七里。李世民派秦叔宝等大将正面出战,长蛇阵首尾呼应,宋金刚指挥将士乘机反扑,唐军不得不退却。

李世民又使用自己惯用的战术——阵后突袭。

事实证明,不管为帅为将还是为兵,要想胜人一筹,总得有自己的绝招。

骑兵的马蹄发出沉重的巨响,一股黑流奔涌而来,扬起的尘土遮天蔽日,令人望而生畏,毛骨悚然。倏然,喊杀声四起,城墙下充满了刀剑相击的声响,紧接着传出惨叫声。空气中弥漫着呛人的血腥味。李世民率领精骑从宋金刚背后袭击,将长蛇阵从中截为两节。

男儿事在杀斗场，胆似熊罴目如狼。生若为男即杀人，不教男躯裹女心。

长蛇变成了死蛇。

李世民挥舞帅旗两面夹击，宋金刚的军兵弃甲曳兵溃不成军。唐军斩杀三千余人，余者四散奔逃。

宋金刚知道大势已去，未敢回介州，带领几个随从径直逃到突厥。

刘武周得知宋金刚兵败，大为惊恐，放弃并州也逃往突厥。

刘武周和宋金刚逃到突厥后，求突厥借兵给他们，想重整旗鼓讨伐李唐。此时，始毕可汗病逝，因其子什钵苾年幼，不能继任汗位，任命为泥步设，由其弟俟利弗设继位，号处罗可汗。处罗可汗生性残暴，续娶已嫁父兄两代的隋朝义成公主为妻。处罗可汗看到刘武周和宋金刚已经成为孤家寡人，没有利用价值，便命手下推出去砍了。

叛国投敌认贼作父自古有几个落得好下场？

刘武周毕竟是一代帝王，他被突厥杀害后，他的部下偷走尸体，在幽州云岭村东部建造地下墓穴，清一色青砖磨缝。墓地依山面水，这里通风向阳，地势平缓，树木葱郁，在今北京市房山区云岭村东面的西山脚下。1967年修建京原公路时，为开辟路基，已把坟茔破坏。

争名夺利几时休？

早起迟眠不自由。

骑着驴骡想骏马，

官居宰相望王侯。

衣食无忧盼长寿，

就怕阎王把魂勾。

权势富贵到极致，

更无一个肯回头。

## 二

宋金刚逃走了。

刘武周也逃走了。

做人要有底线：可以走矮门，不可进狗洞。

尉迟恭没有像宋金刚和刘武周一样逃走，他更没有投奔突厥的打算。

尉迟恭收拾残兵败将退回到介州。

尉迟恭整顿军马，紧闭城门，嘱托寻相带领士卒昼夜守护城池。他把自己关在屋里，不许任何人打扰。

他在闭门思过吗？

不是，他在选择自己的出路。

问天下豪杰，谁是我的真主？！

人的一生，难免遇到十字路口，每个人都面临着选择。

做官、经商、科研、学艺、当兵、打工、种地、出家、写作、讨吃……

永远记住，选择大于努力！

自己的顶头上司一个也不在了，固守孤城前程难料，从此以后一切事情都要自己拿主意。近万军兵和民众都在眼巴巴看着自己，何去何从要尽快作出决断。

尉迟恭为什么不逃、不战、不降？

他在等什么？

他在想什么？

李世民将介州团团围住，他没有急于攻城，他知道那样会增加无谓的伤亡，他心里想的是如何把尉迟恭这员骁勇善战的名将收归麾下，和平解放介州。

主战者未必勇，主和者未必怯。

李世民召集幕僚商议如何招降尉迟恭。众人议来议去、推来推去，谁也没有好办法，谁也不愿意进介州城游说尉迟恭。李世民制止了众人的高谈阔论，他说只要这两人肯去就可让尉迟恭放心归降。

一个是李渊的堂侄——李道玄，武德元年唐高祖就封他为淮阳王、右千牛卫大将军，他性格谨慎敦厚，为人举止文雅；另一个是参军宇文士及，宇文化及的弟弟，隋炀帝的驸马，武德二年投奔李渊，并进献了金环。

这两个人很有代表性，从此可以看出李世民确实知人善任。李道玄代表皇上，说话具有权威性；宇文士及是归降过来的人士，具有示范意义。

双方谈判内容我们不得而知，但结果是皆大欢喜。尉迟恭率领寻相等手下兵马八千余人归降了李世民，尉迟恭被任命为秦王府右一统军，旧部不改编不解散，仍由尉迟恭统领。李世民兵不血刃得了介州和永安。

李世民的豪气干云、人格魅力和高风亮节征服了尉迟恭。

尉迟恭高超的识人眼光征服了无数人。

当时，那么多反王，那么多霸主，更有无数权势冲天的枭雄，尉迟恭心甘情愿地选择跟李世民这个青年人走，我们不得不佩服！

人生，最有效的资本是声誉，它二十四小时不停为我们工作。

李世民大摆宴席庆贺胜利，同时，也为尉迟恭接风洗尘。同坐一桌的有秦叔宝、程咬金等唐军将领，还有曾经被尉迟恭打败和俘虏的唐军高官，大家欢聚一堂，频频举杯，宴会高潮一浪高过一浪。

此时，谁也没有关注寻相落落寡欢的窘态，他被尉迟恭巨大的光环笼罩，人们忽视了他的存在。

在唐军一直不得志的寻相，多年后的一个意外举动，给尉迟恭带来了牢狱之灾。

由此看来，官兵一致，思想建军是多么重要。

公元620年，尉迟恭35岁，李世民23岁，尉迟恭比李世民大12岁。尉迟恭对李世民的文韬武略、宽容大度、思贤若渴品行早有耳闻，今日同坐一桌更有切身感受，他十分庆幸自己抉择得果断正确。

尉迟恭撤回介州要的就是这个效果。

逃跑——能逃到哪里？逃到突厥死路一条，投靠其他反王前途迷茫。

死战——自己区区八千残兵败将哪里是李世民大军的对手。

固守——外无援兵内无粮草，只能坐以待毙。

尉迟恭要选择一位明主，一位可以追随终生的领导。他放眼寰宇，倒是有十几个皇帝和反王，经验和直觉告诉他，只有李世民德才兼备堪称一代明主。

人生啊，十字路口的抉择是何等的重要！

如果你是尉迟恭，你将如何抉择？

尉迟恭还是你心目中黑脸虬须、横眉怒目、粗手大脚的莽汉吗？

尉迟恭还是你心目中蛮横鲁笨、嗜血成性、有勇无谋的猛将吗？

尉迟恭的政治判断力，能够打满分。

后来发生的玄武门事变，他的政治执行力，也能打满分。

李世民登基后，尉迟恭在朝廷中做官，他的政治领悟力，不及格。

隋末唐初是一个名将辈出的时代。尉迟恭单纯论武功，至多属于中流。

隋唐十八条好汉李元霸、宇文成都、裴元庆、雄阔海、伍云召、伍天锡、罗成、杨林、魏文通、尚师徒、新文礼、定彦平、韩擒虎、邱瑞、梁世泰、秦琼、尉迟恭、单雄信。

看看他们的结局。

李元霸的兵器是一对擂鼓瓮金锤，是当年汉朝马超的先祖伏波将军马援使的，共重800斤。历史上就只有这两个人使得动。李元霸锤震四平山后被雷击而死。

宇文成都被李元霸撕为两半。

裴元庆被尚师徒设计炸死在庆坠山。

雄阔海死在扬州千斤闸下，被压成肉泥。

伍云召是春秋五霸时名将伍子胥的后人。兵器丈八蛇矛160斤，扬州比武时被高句丽大将左雄没尾驹的尾巴扫死。

伍天锡被李元霸一锤打死在扬州城外。

罗成兵器丈八滚云枪，重240斤。李建成、李元吉带兵攻打明州时，罗成马陷淤泥河，被刘黑闼乱箭射死。

杨林的兵器为一对水火囚龙棒，重300斤。扬州城外与罗成大战，死在罗成回马枪下。

魏文通的兵器是青龙刀。攻打瓦岗寨时被王伯当射死。

尚师徒的兵器提炉枪120斤，死后被秦琼所得。瓦岗军攻打临阳关，尚师徒失关自杀。

新文礼在瓦岗军攻打红泥关时，被秦琼打倒在地，让众将剁为肉酱。

定彦平是在杨林攻打瓦岗寨时，与杨林大战四十回合，被杨林甩手棒打成重伤而亡。

韩擒虎因积劳成疾，不治而卒，终年五十五岁。他的外甥——李靖，后来成为唐朝战神。

邱瑞在瓦岗军攻打临阳关时被尚师徒杀死。

梁世泰被伍天锡打死在扬州城外。

秦叔宝病休在家。

单雄信跟随王世充，兵败后被秦王李世民斩杀。

尉迟恭在好汉排名中十七位，可是他笑到了最后。单靠武功和蛮干，他能成功吗？

尉迟恭是悍将吗？

不是。假若是悍将，他必定死于乱箭。李元霸、宇文成都、裴元庆称得上是悍将。

尉迟恭是猛将吗？

不是。如果只是一位猛将，他早已死于刀剑之下。雄阔海、伍云召、伍天锡应该是猛将。

尉迟恭是儒将吗？

不是。翻遍隋唐历史，找不出尉迟恭考取功名和熟读兵书的记载。杨林、魏文通具有儒将风度。

倘若非要给尉迟恭定性，我想他应该是一员"智将"。这是尉迟恭智慧的密码。

尉迟恭远大的眼光、超人的胆识、机智的策略，让他一步步走向成功。他和李世民是历史上少见的黄金组合。

许多书里，将尉迟恭描写成一名猛将，一名莽汉。这不是一个全面的尉迟恭，也不是一个真实的尉迟恭。在乱世中建功立业，保全性命，没有德智忠勇仁义廉等综合素质，那是不可想象的。

以后的故事，也证明了这一点。

李世民将尉迟恭的队伍和自己的亲兵编在一起。许多将领怀疑尉迟恭是不是真降，担心李世民的安全。李世民大度地说："昔萧王推赤心置人腹中，并能毕命，今委任敬德，又何疑也？"他相信尉迟恭是真心投靠自己的。这就是李世民天生的识人本领。

李世民四岁的时候，家里来了一位自称会相面的先生，对其父李渊说："您是贵人，而且您有贵子。"当见到李世民时，先生竟说："龙凤之姿，天日之表，等到二十岁时，必能济世安民。"李渊便采"济世安民"之义为儿子取名为"世民"。

尉迟恭不管别人耻笑他是投降变节，还是趋炎附势，他首先要考虑自己以及手下将士们的生存以及发展。

最优秀的老师，是生存。

最强大的诱惑，是发展。

人最大的运气不是捡到钱，而是遇到一个带着你不断成长的人。

既然选择了远方，便只顾风雨兼程，既然目标是地平线，留给世界的只能是背影……

李世民收复了晋阳全境，班师回朝。

跟对人，才能做对事。有眼光的人去菜市场买菜，跟在精明的大妈后面，等她认真地讨价还价后，只说一句："老板，照她的价格，给我也来三斤。"

风来疏竹，风过而竹不留声；雁渡寒潭，雁去而潭不留影。尉迟恭的抉择，看似平淡无奇，在历史的长河中不胜枚举，但是，这次抉择留下了极深的印记，决定了尉迟恭一生的成败和荣辱，给人们许多启示。

拿得起、放得下，站得高、看得远。

处于和平时期的人们不会懂得，战乱年代，最考验人的不是武功、地位、财富，而是智商和名声。

无数的征战才刚刚开始，命运之神向尉迟恭露出了微笑。他如果此时去抽签，一定是上上签；如果去算卦，一定是谦卦。

以前，一切归零。

从介州，重新起步。

从此，尉迟恭开启了自己波澜壮阔的一生。

尉迟恭跟着李世民将铸就哪些彪炳史册的辉煌战绩？

## 第八章
# 西征出奇兵

　　隋朝末年，大江南北狼烟四起。身为隋朝金城郡校尉的薛举在隋大业十三年（公元617年）四月，趁势起兵。自称西秦霸王，年号秦兴。同年七月，在兰州称帝，修建豪华宫殿，设立祖宗祠堂。立长子薛仁杲为太子，封为齐王。封次子薛仁越为晋王。

　　从两个儿子的封王名称看，薛举的雄心壮志确实不小。

　　秦始皇和项羽是他的偶像，他是秦始皇的粉丝。薛举要建立一个像大秦帝国一样一统天下的强大帝国。

　　薛举身材魁梧，骁勇善射，确实有项羽之勇。他家产殷实，出手大方，喜欢结交天下豪杰，称雄于西北地区。不久，薛仁杲攻克秦州后，薛举迁都秦州。

　　公元618年五月，李渊在长安逼杨侑禅位，自己当上了皇帝，建立唐朝。

　　岂有此理！你李渊不像岷山羌的酋长钟利俗等人率众归降，竟敢称王称帝！

　　一山不能容二虎，除非一公和一母。

　　雄心勃勃的薛举，卧榻之侧岂容他人鼾睡。自己肩负秦始皇的遗命，要做华夏霸主，怎么又出了个皇帝？

　　这年代他妈的啥都缺，就是不缺皇帝。

薛举稳定了西部地方势力，决心按照秦始皇当年的战略举措——向东扩张。

骄狂的开始，就意味着胜利的终结。

他的第一个剿灭目标就是李渊。

薛举派太子薛仁杲率主力，攻取了关中的扶风郡，俘获众多，兵力达到二十万，兵峰直指长安。

李渊派秦王李世民率军迎战薛仁杲。

第一次交锋李世民指挥尉迟恭等大将奋勇冲杀，打了一个突击战，李世民大胜，薛仁杲退回陇西，唐军一直追击到陇山。

薛举决定御驾亲征，他率领西秦国全部主力，翻越陇山，进击关中泾阳，屯驻于折墌（今甘肃泾川东北）。

李世民率唐军退守高墌（今陕西长武县北）。连日苦战，李世民病倒了。尉迟恭每天伺卫左右，期盼着他病情的好转。李世民传令，所有将士坚守不战。他知道薛举远道而来，运送粮草困难。他要避敌锐气，等待敌军粮草不济撤退时，再给予追击。

刘文静受不了薛举父子的辱骂和挑衅。凭着自己是李渊晋阳举兵的功臣以及与李世民的铁杆关系，未经李世民许可，擅自带兵出城交战，结果大败，宗罗睺被杀，刘弘基等人被俘，兵卒大部伤亡。李世民在尉迟恭的保护下，退回长安。

薛举占领高墌，他将唐军士兵的尸体垒成墙，当作掩体。

人类源于动物界这一事实，决定着人类永远也摆脱不了兽性。在兽类中，只有人为了贪婪毒杀同类。

所谓的霸业，就是一具有名的尸体躺在无数无名的尸体上。

薛举的眼光，贪婪地遥望着东南方的长安城。

李渊的目光，忧郁地眺望着西北方的高墌城。

俩人的目光在中途相碰，刹那间电光火花，幻化成华夏版图。

正当薛举修整完毕，准备向长安大举进攻时，突患急病而亡。

西秦霸王在人世间画上了句号，只好去阎王那里折腾。


葡萄美酒夜光杯，欲饮琵琶马上催。

醉卧沙场君莫笑，古来征战几人回？


薛仁杲在战场上继位，相当于"秦二世"。他勇猛雄壮，暴戾恣睢，号称"万人敌"。

人的长相分两种：好看和难看。薛仁杲的长相不是好看，也不是难看，属于好难看的一种。可能是嫉妒心理作祟，他经常对俘虏施以断舌、割鼻、割耳等毁容酷刑。

他是有理想、没道德，有文化、没纪律的复合型人才。

薛仁杲带着自己剽悍的骑兵部队，进行了多次战斗，接连攻取了几座城池。战败秦州总管窦轨后，薛仁杲围攻泾阳，唐将刘感誓死不降，与薛仁杲展开殊死搏杀。城中粮尽后，刘感杀了自己的战马，把肉分给将士们吃，自己舀了一碗汤，拌了一些木屑，吃了下去。

此时，李渊的堂弟李叔良带领援军赶到。薛仁杲看到泾阳城久攻不下，就使了调虎离山之计。他对外说自己粮尽了，要退兵。派高墌城的人前来报信，说薛仁杲准备退兵，我们做内应，举城投降唐朝。李叔良让刘感带兵前去接应。刘感来到高墌城下，看到城门紧闭，根本不像投降的样子，他下令火烧城门，突然城上浇下水来。刘感马上明白这是一个陷阱，他命令前队做后队，后队为前队，步兵先撤，他率领骑兵断后。此时，薛仁杲带领骑兵部队呼啸而至，大败唐军，刘感被俘。

薛仁杲对刘感做思想工作，先从自己统一天下的壮志说起，接着展示了军力的强大，以及必胜的信心，最后说，你要想活命，就配合我，按照我说的办。事情办好了，日后我给你加官进爵。

刘感点头同意。

薛仁杲带着刘感来到泾阳城下，让刘感对城里的守军喊话，让他们开门投降。

刘感扯开嗓子喊道："我是刘感。秦王李世民已经率领数十万大军前来增援，大家一定要坚守到底……"

薛仁杲万万没有想到，这个骨瘦如柴的刘感，竟然不怕死！

天底下真有特殊材料制成的人。视死如归，杀身成仁，向生而死。

薛仁杲大怒，抓回刘感，埋住他的双脚，乱箭射杀，刘感至死大骂不止。薛仁杲一直记着刘感犀利而鄙视的眼神。他的手下将领甚至表现出敬佩之情。

杀人如麻的大漠将领居然会佩服这个败军之将。

我可以决定每一个人的生死，你们都应该畏惧我、顺从我。刘感算什么？我杀他如同捏死一只蚂蚁。

薛仁杲简单的思维不会明白，许多事情靠武力和权威解决不了。相反，人格魅力、感情投资、共同理想更有效。薛仁杲至死都没有明白这个道理。后来，薛仁杲战败。李渊派人找到刘感的尸骸，以礼厚葬，赐给他家人田宅财物。

为有牺牲多壮志，敢教日月换新天。

唐高祖李渊命令秦王李世民再次带兵出征，进军到高墌附近安营扎寨。薛仁杲派大将几次挑战，李世民坚守营垒不战。

高墌城，距离长安不足三百里。

尉迟恭等将领纷纷请战，李世民说："我们刚打了败仗，士气低落，不宜马上决战。敌军连续攻城略地，兵将骄横自满，目空一切，藐视我军，想和我们速战速决。我们要避敌锋芒，坚守营寨，等待敌军没有耐心、士气低迷之时，突然发动袭击，一定能大获全胜。"

双方一直相持了六十多天。

可见，为帅为将，只有雄心、信心、细心、诚心、虚心还不够，还需要耐心。

有多少心，就能成多少事；谁的心多，谁就是王者。

薛仁杲军队的粮草捉襟见肘，部下忍受不了饥饿，开始投降和逃跑。

李世民命令军队在浅水原扎营，引诱薛仁杲部下出战，薛军果然猛烈进攻。但是，李世民还是紧闭营垒，让敌军疲于奔命。他在等待敌军大营后方腾起的烟雾。

此时，尉迟恭带领着一千铁蹄静悄悄绕过敌军大营，直插其后背。

无边无际的沙漠像黄色的大海，狂风袭来，沙粒飞扬，沙丘随风涌动，天地间变成了橙红色。几株光秃的胡杨在凛冽的西北风中瑟瑟发抖。将士们呼出的气，在眉毛上、胡子上凝结成雪霜。

走马川行雪海边，平沙莽莽黄入天。

马毛带雪汗气蒸，五花连钱旋作冰。

沙尘暴扫荡过的大漠，难觅行人以及动物的踪迹。尉迟恭凭经验搜索前进到一座高山旁。

薛仁杲大军营帐的三面都是岿巍的大山，看来此人确实有些军事才能，懂得布阵安营之道。

尉迟恭留两个军士看护战马，命令兵士们下马步行上山。山路忽隐忽现，像一条长蛇在草木中爬行。他们顶着刺骨的寒风爬上山顶时，面前是陡峭的绝壁。

斜阳映照着双方的军营，旗蠹在风沙中狂舞，发出阵阵怒吼声，犹如进军的号令。

尉迟恭让将士们挽结长绳,他第一个攀绳滑下悬崖。片刻后,将士们已经聚集在崖底,尉迟恭挥鞭一呼,众人冲向薛军大寨。

一股浓烟在薛仁杲大营腾空而起。

尉迟恭救出被俘的刘弘基等人,带领突击队在薛军背后奋力砍杀。

薛仁杲看到腹背受敌,急忙命令撤退。

李世民命令大军一起向敌军掩杀过来。唐军喊杀声惊天动地,好似滔天巨浪滚涌而来。薛仁杲的部队四散溃逃。

薛仁杲逃回折墌城。

《孙子兵法》:"凡战者,以正合,以奇胜。故善出奇者,无穷如天地,不竭如江海。"

夕阳如一枚蛋黄跌到沙丘后时,李世民率先带领骑兵从四面包围了城池,使散兵无法逃回城内。半夜,守城的将领看到坚守无望,偷跑出来,投降了唐军。士兵们瞅见将官投降,也三三两两相随投向唐营。羊群效应在这里见效了。头羊往哪里跑,后面的羊就跟着去哪里。

折墌城门已经无人看守。

薛仁杲决战无兵,逃跑无路,只好率领文武百官出城投降。李世民受降一万多精兵。他按照原来的建制,仍然让薛仁杲的部将统领,并且与他们一起打猎、游玩。

报复的办法有多种,不一定以怨报怨,以德报怨技高一筹。

处事的方法也很多,不一定非白即黑,还有灰色。

运用之妙,存乎一心。

李世民登门拜访了褚亮,他说:"这几年,你伺候薛仁杲,难为老先生了。"

褚亮面露愧色,尴尬地笑了笑,顾左右而言他:"好在秦王率义师前来,关陇人们得救了。"

李世民劝说他们父子跟随自己回长安任职。褚亮欣然同意,他说秦王礼贤下士,胸怀宽阔,自己得到了新生。褚亮让儿子褚遂良拜见了李世民,请李世民给予任用。当下,李世民让褚遂良到秦王府担任了铠曹参军。从此开始,褚遂良一生忠贞不渝地效忠李世民。

关陇地区是长安的肘腋,是唐朝的后背。至此,西北大片土地归唐朝所有,李渊有了一个稳定的大后方。

薛仁杲被押解回长安，交由李渊处置。

李渊很清楚对于这种人如何处置。在长安城的闹市，薛仁杲被斩首示众。

薛举活着的时候经常教训薛仁杲："凭你的能力和谋略可以做成大事，但是你的性格暴躁，对人严酷，不会笼络人心，不能知人善任，恐怕落得众叛亲离。切记改正自己缺点，扬长避短，创建一番事业。不要毁坏咱们的家族和国家，你一定要当心啊！"

薛举不幸言中。

做父母是个专业性很强的职业，可大部分的父母未经任何培训就上岗了。做父母，一要以身作则，二要从小抓起。

薛仁杲其实就是除了好事，什么都干；除了脸，什么都要的这种人。

西秦国在二世也亡国，历史有时候真的是惊人地相似。

李世民于二十八年后，到泾阳巡视战马基地，回忆峥嵘岁月，感慨沧桑变迁，写下了诗一首：

昔年怀壮气，提戈初仗节。

心随朗日高，志与秋霜洁。

移锋惊电起，转战长河决。

营碎落星沉，阵卷横云裂。

一挥氛沴静，再举鲸鲵灭。

于兹俯旧原，属目驻华轩。

沉沙无故迹，灭灶有残痕。

浪霞穿水净，峰雾抱莲昏。

世途亟流易，人事殊今昔。

长想眺前踪，抚躬聊自适。

尉迟恭经过严酷战火的历练，已经成长为一名出类拔萃的名将，在李唐王朝的统一战争中，他将继续担负什么重任？

## 第九章 东征先锋官

### 一

在李世民平定晋阳和陇西的时候，王世充和窦建德等地方势力趁机扩充力量抢夺地盘，成为雄霸一方的诸侯。

为了天下安宁，必须统一天下；为了长久和平，必须进行战争。

在稳定了后方、平定了周边割据势力后，李渊开始了战略进攻。

究竟拿谁先开刀？是先打势力相对弱小的高开道、窦建德，还是先打兵多将广、地大物博的王世充？大部分朝廷官员建议先灭高开道，再打窦建德，最后围剿王世充。

理由很简单：

软柿子好捏；

首战告捷，利于鼓舞士气；

积小胜为大胜，逐步实现统一华夏目标。

李世民建议首先剿灭王世充。平定了王世充，具有震慑效应，其他弱小的割据势力可以不战而降。集中力量铲除了最大的王世充势力集团，天下大势明朗，再无大仗、恶仗，统一华夏是水到渠成的事情。反过来说，先打小股反王，将士疲于奔命，反贼东躲西藏，难以斩草除根。几股大势力，趁机收兵买马，就地做大，日后更加难以剿灭。

李世民虽然不是一个马克思主义者，但是，他懂得马克思主义的活的灵魂，就在于具体地分析具体的情况，实事求是地解决实际问题。

真理往往掌握在少数人手中。

当然，这里面也有李世民敢于碰硬、不畏强敌、喜欢接受挑战的性格因素和霸气作风。

这就是"二八定律"：百分之二十的少数，决定百分之八十的多数。分析问题和处理问题要抓住关键少数。

李渊听从了李世民的意见。

唐武德三年（公元620年）七月，李渊令李世民为大元帅，尉迟恭为先锋，统兵十万讨伐王世充。

知己知彼，百战不殆。让我们和李世民一起去了解一下王世充吧。

王世充，字行满，姓支，是西域的胡人。小时候寄居在陕西临潼，王世充的祖父早逝，他的祖母改嫁到了王家，他改为姓王。王世充喜欢研究兵法，懂一些经史子集，爱好卜卦算命和天文历法。

在隋文帝杨坚执政期间，王世充凭借军功升为兵部员外郎。隋炀帝杨广继位后，被提拔为江都丞。他暗自结交各地豪杰，讲义气，施恩惠，收买人心，甚至将在押罪犯释放出来，以自己的恩泽树立威信。

隋大业十年（公元614年），王世充利用骄兵之计，大胜齐郡人孟让，斩首万余级，俘虏十万多人。此战，奠定了王世充称霸中原的基础。

隋大业十一年（公元615年），隋炀帝再次到北方巡游。依附隋朝的东突厥始毕可汗，突然翻脸，率领骑兵数十万，将隋炀帝围困于雁门城（今山西代县）中。隋炀帝紧急向各地发出勤王文书，王世充在江都听到召唤，立即点起全部兵马，日夜不脱盔甲，蓬头垢面地奔向雁门解救了隋炀帝。

隋大业十三年（公元617年）七月，瓦岗军李密猛攻东都洛阳，隋炀帝任命王世充任援洛大军的总指挥。

在王世充与李密打得难解难分之时，宇文化及带着十几万大军来了。

危机也是时机。

隋朝内史令元文都等人向皇泰主杨侗上疏建议，赦免李密，任为高官，命他讨伐宇文化及，让他们互相残杀，两败俱伤。李密的将士贪图我们的官爵赏赐，到时候加以离间，李密、王世充都可各个击破。

杨侗认为此计甚好，随即下诏任命李密为太尉、尚书令、东南道大行台行军元帅，封魏国公。命他先讨平宇文化及再入朝辅政，其用兵机略，一禀魏公节度。

李密与宇文化及展开了殊死搏杀。几番征战下来，宇文化及宇的队伍死伤惨重，投降、逃亡的不少，长安是回不去了，只能带着残部两万人继续北上，进抵魏县。

王世充抓住李密与宇文化及两败俱伤的契机，将瓦岗军一举击败。

李密是当时最有希望统一天下的领军人物。他富有谋略，懂得用兵，饱读诗书，学养见识超群。因"牛角挂书"天下闻名。他手下兵多将广，地盘地大物博，粮草供应充足，开始打了不少胜仗。

李密心高气傲，不能采纳良策和忠言，没有采取正确的战略方针。

开始，他没有进军隋朝兵力空虚的长安，在洛阳与隋军苦战；后来，没让宇文化及回关中与李渊拼杀，而是堵其归路，与其展开血战，导致两败俱伤；最后，在处于劣势的情况下，又与王世充正面决战，将瓦岗军问鼎天下的实力全部葬送。

他杀害让位给自己的恩人——瓦岗军首领翟让。当他将利刃刺向翟让肉体时，名誉的尖刀同时刺向他。恩将仇报、过河拆桥、忘本负义，这些是时人对他的评价。品行有了污点，许多人失去对他的信任，不再与他合作。

同时，孤傲的性格决定了他必然失败的命运。

错误的决策，加速了李密失败的步伐，特别是阻挡宇文化及带兵回长安，是李密犯下最愚蠢的错误。他不懂"归师勿遏、穷寇勿迫"的深奥道理。

李密失败后投靠了李渊。

李渊见到李密很高兴，拉着他的手，称他为弟。李渊任命李密为邢国公、光禄卿——相当于国宴厨师长——管吃喝的官职。这个官职与李密内心的期望落差相当大，当不上宰相，至少应该在三省六部任职吧。咋能让我干后勤，伺候人？

李渊是何等聪慧之人，心想怎么可能给你品行恶劣的败军之主高官厚禄！

李密总以为自己了不起，可是李渊认为他只是一只"蒿箭"——用蒿草做的箭。

随同李密一起投靠李渊的魏征，毛遂自荐要去黎阳劝降瓦岗寨军师徐茂公。李渊便任命魏征为秘书丞前往黎阳。徐茂公愿意归降，但是他要将黎阳的土地、人口、军队、马匹等等登记造册，献给李密，由魏公自己亲自呈献。

徐茂公说："如果以我自己的名义献给李唐，就是背叛了主公。看到主公失败了，人走茶凉，落井下石，自己去邀功求宠，这种背信弃义、为人耻笑的事情我不做。"

李渊听后大加赞赏："徐茂公不背德、不邀功，真纯臣也！"当即将皇姓赐予徐茂公。

所以，在隋唐的历史上，徐世勣即徐茂公，后来叫李世勣、李茂公。

李密每天伺候那些自己瞧不起的人，内心极度不满，自己好歹是牛角挂过书、瓦岗称过孤的著名人物。

他和王伯当密议后决定叛唐。

他向李渊上奏："臣无功枉受爵禄，闲坐在京师，一直无所报效，中原英雄豪杰多为臣之旧部，请让臣前往收抚。凭借我大唐国威，平定王世充也易如反掌。"

李渊亲自设宴为李密等人饯行。

李密想借口离开长安，重新起兵打天下。

李密带领兵马走到稠桑时，接到李渊的诏令，让部队慢行，他一个人回长安接受新任务。

让我返回长安？那不是送死吗？！

现在就反了他娘的。李密已经听不进贾闰甫、王伯当等人的劝谏了，他略施小计占领了桃林县。

熊州行军总管盛彦师准确判断出李密想出人不意，经襄城投奔张善相的意图，带领几千兵马在邢公山设伏。

李密带领王伯当等两万兵马走到河南嵩县邢公山被唐军伏兵射杀。

历史跟李密开了一个黑色的玩笑，他遭受厄运的乱石滩就叫邢公厄。

李密死时，年仅三十七岁。王伯当始终守护在李密身边，一同被杀。

不近人情，举足尽是危机；不体世态，一生俱成梦境。

李密错误估计了天下大势。

李渊一统天下只是时间问题。自己兵微将寡，没有根据地，没有粮草，没有盟友，再度崛起那是黄粱美梦。

尤其是粮草，外行谈战术，内行谈粮草。没有粮草，你拿什么养兵。饭都吃不上，还怎么打仗？人家根本不用和你拼杀，困你、耗你就能把你拖死。

李密认不清自己能力。在如日中天时，都没有成就一番事业。实践证明，他不是真命天子，也不是称霸一方的枭雄。只能在人家手下打杂，聊以度日，看书，练字，喝茶，打牌，说笑一下别人，也让别人笑笑自己，有时间写写回忆录。

一个人，即使不能完全把控自然规律、社会规律、人生规律，也要略知一二。不然的话，你会四处碰壁，碰得鼻青脸肿。

有些人不学习规律，也不服别人的指教，只服南墙。

王世充全部占领了李密原来的地盘，势力范围从洛阳一城迅速扩展到整个河南。还得到了李密的部下秦叔宝、程咬金、罗士信、裴仁基、单雄信等名臣大将。

王世充击败李密后，皇泰主杨侗封王世充为太尉。王世充开放太尉府大门，凡自以为有文武之才者、有治国之方者、有未雪之冤者，均可随时入府陈述。

他在太尉府外面立了三块牌子：一块写着"求文学才识堪济时务者"，一块写着"求武勇智略能摧锋陷敌者"，一块写着"求身有冤滞拥抑不伸者"。一派广纳贤才、畅通民意的气象。

其实，这一切都是表面现象，都是为了收买人心，为了他登基称帝作准备。经过时间的检验，王世充口惠而实不至。

留守东都的越王杨侗在隋炀帝被杀之后被拥立为皇帝，即皇泰主，实际上只是一个傀儡。王世充派人对皇泰主说，应该给王世充加九锡。皇泰主借口王世充未立新功，不应加九锡。

九锡，九种礼器的合称，皇帝赏赐给有功之臣的礼器，是一种地位的标志。九种特赐用物分别是：车马、衣服、乐县、朱户、纳陛、虎贲、斧钺、弓矢、秬鬯。

王莽、曹操、司马昭、孙权、桓玄都曾被授九锡，后来不是篡位就是称帝。"加九锡"已经成为权臣夺权的代名词。

此时的洛阳，一切都是王世充说了算。王世充强行给自己加了九锡，自封郑王。离称帝又近了一步。

为了尽快登基，王世充令人捕获了大量飞鸟，给每只鸟的脖子上系上一道符，上面写的符语是"王世充当为皇帝"，造成社会舆论，为他的称帝之举披上天命的外衣。

老百姓相信这些奇异现象，他们认为这是老天爷的旨意，必须顺从和拥护。

许多篡位登基者，喜欢这样做，实践证明效果很好。

地位上去了，舆论造好了，可以登基称帝了。

公元619年，一场禅位大典在洛阳城内举行。作为隋炀帝的孙子，在位仅一年的杨侗被迫将皇位让给了王世充。王世充自立称帝，国号郑，年号开明。

东都洛阳当时非常繁华，已经成为隋朝的政治、经济、文化的中心。王世充志得意满，随心所欲，想吃肉吃肉，想喝酒喝酒；想喝茶水喝茶水，想喝糖水喝糖水；想看艳舞看艳舞，想搂美女搂美女。

既然年号叫"开明"，王世充就要表现得开明。

王世充想当个好皇帝，篡位初期，他丝毫不摆皇帝架子，经常轻骑简从在洛阳城内视察，他对百姓们说："以往的皇帝高坐在宫廷里头，无法了解民间的情况。

我王世充不是贪恋皇位，目的是要挽救艰危的时局，我现在对每件事情都要亲自处理，听你们评论朝政得失。"

后来，人们发现，王世充只是做做样子，搞形式主义，口惠而实不至。

从性格、修养和才能上说，王世充不是当皇帝的料，至多做一个守疆官吏。史书记载他是一个"话痨"："世充每听朝，必殷勤诲谕，言辞重复，千端万绪，百司奉事，疲于听受。"

当皇帝，那是金口玉言，怎么可以啰啰嗦嗦、喋喋不休。这不是传销讲课，也不是幼儿园当老师。

私盐贩子程咬金评价王世充："器度浅狭，而多妄语，好为诅誓，此乃老巫妪耳。"

古代盐业是国家管制物品。在隋唐时期，贩卖一石以上食盐，就要处以死刑。但是，贩卖食盐是暴利行业，胆大的人总敢妄为。敢作敢当敢说的程咬金，选择这个行业，不愧是混世魔王。

自知者明，知人者智。人活一辈子要避免三个错误：智小而谋大，力弱而任重，德薄而位尊。

在王世充称帝不久，最先燃起反隋烽火的起义军首领王薄归降了唐朝，随后被任命为齐州总管。给杨广收尸并厚葬的江都通守陈棱，也归降了唐朝，李渊将江都郡改为扬州，任命陈棱为扬州总管。

王世充如果能够扬长避短，知人善任，未雨绸缪，先发制人，制定正确的路线方针政策，也是有可能问鼎天下的人物。

历史只有结果，没有如果。

他的性格决定了他的命运。

李世民与王世充的大战首先在慈涧展开。王世充大败，手下大将燕琪被俘。

王世充看到唐军来势凶猛，只好放弃慈涧，退缩到都城洛阳。

李世民随后分拨人马攻打洛阳外围的郡县，三个月的时间，郑国各地守将竟然纷纷不战而降。洛阳周围郡县全部落入李世民手中，洛阳成了一座孤城。河南大片土地被李世民占领。

王世充依据洛阳坚固的城池，闭门不战。

在李世民率兵围困洛阳期间，突然发生了一件始料不及的事情。

也许是因为刀光剑影的害怕、疲于奔命的辛苦，或者是多年的不得志，尉迟恭的老乡寻相在一个星光暗淡的晚上带人逃跑了！一直对尉迟恭心怀嫉妒的屈突通和殷开山，听到这个消息，马上带人把尉迟恭捆起来投入监狱。

一丝月光从狭窄的窗户挤进来，照在牢房的草铺上。尉迟恭站在窗边，双手叉腰，紧绷着脸，抬头遥望墨蓝色夜空，凝神注视着薄雾后面的圆月。

"寻相为什么要逃跑？为什么逃跑时不告诉自己一声？"

朋友圈很重要啊！

难怪有的人通过你交往的朋友来评价你。

华夏大地烽烟四起，跑到哪里有净土？

除非成仙飞到月亮上。

凉宵烟霭外，三五玉蟾秋。

也许，此时月亮上的吴刚在砍树，嫦娥在喂兔。那里没有战乱，没有陷害，没有权谋，没有口蜜腹剑，没有阿谀奉承。那里风和景明，恬静舒雅，神人各得其所，人们悠然自得地劳作、生活。

来世要做月亮人！

不要以为熟悉的人就会善待你，熟悉的人有时候比陌生人还可怕。职场中，往往是高层次的人鼓励你、同层次的人诋毁你、低层次的人羡慕你。

是李世民下令抓的自己，还是屈突通擅自做的主张？自己的一生到此为止了吗？尉迟恭此时像初二三的月亮——不明不白。

共看明月应垂泪，一夜乡心五处同。

寻相，我的老乡，你跑到了哪里？

薄雾飘过，月亮宛如玉盘挂在当空，银色的月光洒满大地。

能受大磨真铁汉，不遭人嫉是庸才。

自古英雄多炼狱，从来富贵入凡尘。

醉生梦死谁成器，破马长枪定乾坤。

屈突通是隋朝武将，因镇压起义军有功，授左骁卫大将军。李渊攻克长安后，投降了唐朝。屈突通归降后，奉命到河东城下招降隋将尧君素。尧君素态度坚决："公为国大臣，主上委公以关中，代王付公以社稷，奈何负国生降，乃更为人作说客邪！公所乘马，即代王所赐也，公何面目乘之哉！"屈突通叹息道："吁，君素，我力屈而来！"

尧君素嘲讽道："屈老，你力屈了，我的力未屈。你不要枉费口舌了，我要和李唐血战到底。"

屈突通像自己的姓氏一样"屈"了，但是尧君素要以君子正气抵御李渊。

屈突通与尉迟恭一样都是降将,但是两人在李世民心中的地位不一样。屈突通要以另外一种方式取得李世民的信任。

像他这种表忠心的人,说小话,告黑状,传谣言,在如今的职场中随处可见,各位一定要严加防范。

如果有一天领导对你的态度突然变了,你还莫名其妙,相信吧,有人在领导耳边吹风了。

世界上,最强大的风不是台风,而是耳边风、枕头风!

如何以正压邪,抵制煽风点火的小人,没有现成的公式,你要因人制宜,因地制宜,尽快绝地求生,反败为胜。

屈突通和殷开山对李世民说:"寻相晚上带人逃跑了。这个人是尉迟恭的老乡,又是尉迟恭的心腹。尉迟恭走投无路投降了咱们,其实他和寻相一样,早就想叛逃。尉迟恭勇猛彪悍,现在被我们抓住下了大牢,一定更有怨气。留下他是个后患,他如果投靠了敌人更是麻烦,请秦王下令现在就处决了他。"

"愚蠢!你们的脑袋被驴踢了,还是让门夹了?"李世民怒不可遏,他完全不同意他们的看法:"尉迟恭和寻相是一样的人吗?你们错了。尉迟恭要想跑早跑了,根本不用等到现在。他是真心实意地投奔我。"

他当即下令屈突通和殷开山释放尉迟恭,并向尉迟恭赔礼道歉。

"让尉迟恭来我的卧室。"李世民平复了一下情绪,挥挥手让两人出去了。

事情常常很简单,复杂的是人的脑袋。

尉迟恭想跑,为什么不同寻相一起跑?

尉迟恭想跑,早带着寻相跑了。

寻相逃跑尉迟恭根本不知道,如果他知道了,一定不会让寻相偷跑。寻相深知尉迟恭的为人,所以,他只好带心腹偷偷逃跑。

人各有志不可强求。寻相从此隐姓埋名,浪迹江湖。他没有投奔其他反王,也没有回家乡,他想让人们忘记自己。他要远离腥风血雨的战争和尔虞我诈的政坛,凭自己的一身武功浪迹在人生地不熟的江南,行到水穷处,坐看云起时。享受悠然自得的人生。虽然他湮没在历史的长河里,史书中没有他的记载,但是,寻相得到了人生的另一种收获。

长河流岁千秋过,笑问世间谁常客。但愿老死花酒间,不愿鞠躬车马前。

尉迟恭走进李世民的卧室后,看到桌子上放着一堆黄金。李世民拉着尉迟恭的手说:"他们不明真相误会了你,请你不要介意。我是不会听信谗言的。咱俩意气相投，一直是推心置腹相处，这你是知道的。如果你真的想走，拿上这些黄金作为路费，算是我对你的一点报答。"（"丈夫以意气相期，勿以小疑介意。寡人终不听谗言以害忠良，公宜体之。必应欲去，今以此物相资，表一时共事之情也。"《旧唐书》卷十八）

这哪里是让拿上路费离开？分明是最高级的挽留。

李世民笼络人心的手段，不得不佩服高人一等。

尉迟恭热泪盈眶，双拳一抱，跪倒在地："我尉迟敬德是个粗人，不会说话。秦王对我有知遇之恩，今生今世我不离秦王左右。"

李世民急忙拉起尉迟恭，诚恳地说："我了解你，咱们永远是肝胆相照的好兄弟。"

李世民给尉迟恭倒了一杯水，递给他："喝口水吧，委屈你了。以后，不要在意人们的闲话，他们有嘴，不一定有脑。"

尉迟恭双手接过杯，猛喝了一口，用手背擦了擦眼泪，开心地笑了。

他的手掌太粗糙了，有的地方皲裂破皮。这都是以前手持铁锤打铁、后来挥舞鞭槊留下的伤痕。

张牙舞爪的人，往往是脆弱的。因为真正强大的人，是自信的，自信就会温和，温和就会坚定。

李世民懂得"南风效应"。人都有尊重和友爱的需要。尤其像尉迟恭这样出身贫苦的孤儿，更珍惜人间的情义。粗暴的打骂和严厉的惩罚，只会让人产生逆反心理，造成破坏性的后果。

南风与北风比赛，看谁能把路上行人的大衣吹掉。北风吹来冰冷的飓风，想把大衣掀掉，结果行人感到寒风刺骨，把大衣裹得更紧了。南风徐徐吹拂，送来温暖的热风，行人浑身冒汗，很快解开扣子，脱掉了大衣。

过了几天，李世民和徐茂公带了几百名亲兵到北邙山观察洛阳城内情况，被郑军士兵发现。王世充得到消息后，立即亲率两万兵马前来袭击，郑军骁将单雄信一马当先："唐童，拿命来！"吼声连同带刺的狼牙棒在耳边飞舞，单雄信跃马直取李世民。

徐茂公上前扯住单雄信的战袍，看在结拜弟兄的面子上，让他放过李世民。单雄信拔刀割断战袍，与徐茂公"割袍断义"后，继续追赶李世民。

李世民虽然久经沙场弓马娴熟，但是远非单雄信的对手。单雄信手使七十斤的金顶枣阳槊，胯下闪电乌龙驹，号称"飞将"，是五省绿林总瓢把子。李世民抵挡不住单雄信的拼命砍杀，只好拍马奔逃。

尉迟恭正在附近河湾洗马，他听到山上喊声震天，来不及备鞍挂甲，单衣赤脚，手持铁鞭纵马赶到。眼看单雄信的金顶枣阳槊砸向李世民，就在这性命攸关之际，尉迟恭大喝一声："休伤我主，敬德来也！"举鞭挡开单雄信的槊，两人打在一处。两个回合后，尉迟恭抓住单雄信的枣阳槊，挥鞭将单雄信打于马下。

单雄信被副将救回军营。

尉迟恭放过单雄信，领头杀开一条血路，保护李世民冲出重围。

这时，徐茂公带领唐军援兵赶到，尉迟恭率领援兵返身冲向敌阵，将对方的马槊夺过，反刺向敌军，临阵摧空，万人无敌，左冲右突如入无人之境。活捉郑军将领陈智略，斩杀敌军千余，俘虏六千多人，剩余溃逃回洛阳城。

王世充偷鸡不成反蚀把米。兵力一天比一天少了，士气一天比一天低了。

战后，李世民赐给尉迟恭金银一篚，拉着尉迟恭粗糙的大手深情地说："你的老乡寻相逃跑后，许多人都说你要反叛我，我不相信他们的猜疑。我知道你是个忠厚仗义之人，所以我保护你，重用你，把你留在身边。没想到回报来得这么快，是将军今天救了我。"（"比众人证公必叛，天诱我意，独保明之，福善有征，何相报之速也！"（《旧唐书·卷六十八列传第十八》）

尉迟恭激动地点点头，眼中闪烁着泪花。此时，他能说什么呢？无言就是最好的表达。士为知己者死！后来李世民对尉迟恭的倚重日益增加。

谁是我们的朋友？谁是我们的敌人？这个问题是革命的首要问题。

这是千古伟人毛主席告诉我们的至理名言。

一千年后，明朝朔州兵备道周于德凭吊尉迟恭的古宅时有感而发：

　　戟如攒棘剑如林，

　　百战英雄国士心。

　　共事一时投义气，

　　结交原不问黄金。

## 二

李世民开始对洛阳城进行攻击。

洛阳是王世充的老巢,城内兵马充足,轻重武器一应俱全。当时最强大的武器飞石大炮、强弓弩箭给唐军造成了重大伤亡。大炮飞石重五十斤,掷二百步;八弓弩箭如车辐,镞如巨斧,射五百步;杀伤力极强。

这些都是当时全世界最先进的火箭和重炮。

进攻了几天毫无所获,枉送了一些兵士的性命。

敌人防卫力量雄厚,守城器件先进,不能再强行攻城了。李世民根据战场局势作出了正确的决断。

李世民命令军兵修筑工事,在洛阳城四周深挖沟壕,围困洛阳,要把王世充困死、饿死。

洛阳缺粮的形势一天比一天恶化,老百姓吃完城内的草根树叶后,只好把泥土混上些米屑做成饼来吃,城内饿死的人堆满街道。当年城内的老百姓有三万家,当下连三千家都不到。

那时的真实情况就是,城里的人想出去,城外的人想进来。

从古至今,不停地演绎围城。

李世民也感到压力山大,唐军从武德三年七月出关,连续作战已经半年多。洛阳久攻不下,将士疲惫不堪,人人思念家乡想撤退回家。李世民不想功亏一篑,号令军中说:"今大举而来,当一劳永逸。东方诸州已望风款服,唯洛阳孤城,势不能久,功在垂成,奈何弃之而去!"乃下令军中曰:"洛阳未破,师必不还,敢言班师者斩!"

何人不爱牡丹花,占断城中好物华。

疑是洛川神女作,千娇万态破朝霞。

洛阳,美丽、富饶的洛阳,我一定要拿下你!

尉迟恭坚定地支持李世民的决断,他经常给李世民提出合理建议。尉迟恭带领玄甲军对增援敌军进行毁灭性打击,每一次战斗,他都冲锋在前,斩将夺旗,奋不顾身,立下许多战功。他带兵昼夜巡视洛阳城门,防止王世充仓皇出逃。

洛阳的粮食快吃完了。

守在城里何时是个头?

老子也曾经是纵横大江南北的英雄，被你一个乳臭未干的黄毛小子逼成这样？

奶奶的，是可忍孰不可忍！

王世充决定在断粮前全力一搏，击败李世民，杀开一条血路，祈盼能重现上次战胜李密的奇迹。

王世充想赌一把。

赌徒是成不了大事的。何况，军事、政治不是赌徒能玩得转的。

这场决战，从性质上说，没有正义和非正义，没有对错，只有胜负。

历史上的许多战争大抵如此，都说自己是正义的一方。特别是一些侵略战争，标榜自己是复仇、维护和平、解救人民。

胜利者将问鼎天下，失败者将一无所有。

胜利者书写自己的历史，倡导礼义廉耻，孝悌忠信。失败者留给世人茶余饭后的谈笑，有的命归黄泉，有的沦为贱民。

两军在洛阳城下血战，王世充和李世民都亲自上阵，王世充在此战中斗志极高，死战不退，给唐军造成很大伤亡。

这一战，是王世充主动发起的最后一次决战，也是唐郑之战中最惨烈的一战。

双方的将士都怀着决一死战的万丈豪情，血红的眼里蓄满仇恨，手中挥舞着卷刃的刀枪，拼命砍杀。一片一片的兵士倒毙于血泊之中，后面的军兵踏着尸体继续冲杀。洛阳城下躺着数万具尸体，每一具尸体不是残肢断臂，就是脑浆四溅。血水横流，泥土变成了紫红色。战马打着响鼻，嗅着满面血污的主人。随着痛苦的呻吟声，骑士向坐骑投去最后难舍的一瞥。

郑军为了生存舍命拼杀，还是难以冲破包围圈，最后仍然不敌唐军，在战死七千多人后不得不撤回洛阳。

《孙子兵法》说，知胜有五：知可以战与不可以战者胜，识众寡之用者胜，上下同欲者胜，以虞待不虞者胜，将能而君不御者胜。此五者，知胜之道也。李世民几乎全部具备，他的胜利不是偶然。

金雕从乌云中俯冲而下，在低空盘旋着，划出优美的曲线，尖厉的叫声惊起一群乌鸦。细心鸟瞰后，确认安全无虞，落在尸骸上，收起宽大的翅膀，傲视周遭一番，尖锐的巨喙撕扯着滴血的肉体，享受着人类赐予的美味。

几十只野狗狂奔而来，它们早已在北邙山上瞭望到人类的自相残杀，瘪瘪的肚皮迎来充足的食物。生物界真是一个奇妙的循环。

饕餮盛宴正在欢快地进行中，天空中，墨黑的乌云翻滚而来。霎时，闪电撕裂厚实的乌云，雷霆由远而近滚滚而来，在洛阳城上骤然炸响，大地急遽颤动。飓风在洛阳城外狂飙。雨滴借着风势砸向地面，犹如瀑布坠落。耀眼的闪电，斩灭了魑魅魍魉；怒吼的雷声，击碎了招摇撞骗；瓢泼大雨，洗净了道貌岸然的虚伪。赤色的水流，在沟壑里澎湃。

　　飞禽走兽面对自然界的威严，心惊肉跳，纷纷逃向自己的避风港。

　　天地不仁，以万物为刍狗；圣人不仁，以百姓为刍狗。天地之间，其犹橐龠乎？虚而不屈，动而愈出。

　　困守洛阳的王世充比李世民压力更大，他紧急向曹州的宋义王孟海公求救，盼望他带领三朵铿锵玫瑰，击败尉迟恭，救自己于水火之中。

　　尉迟恭能够战胜这三朵铿锵玫瑰吗？

## 第十章
# 黑白夫人

## 一

王世充损兵折将，每天愁苦万分，度日如年。这一天早上，正在长吁短叹，盼望援军到来。忽军士来报，说曹州宋义王孟海公领兵来到。

王世充急忙出营来接，手牵着手走回皇宫。

后边，跟着孟海公的三位夫人，以及五万兵马。

孟海公边走边欣赏着洛阳城绮丽的风光，频频向欢迎大臣拱手致意。他感觉到这是上天给他的一个吉祥的预示，自己功成名就，王世充苦尽甘来。

一行人来到皇宫内坐定。

王世充感激地说："宋义王不辞劳苦，前来助我抵御唐军，他日大功告成，我要重重酬谢王兄！"

"小弟来迟，郑王受苦了！不知近来王兄与唐军战况如何？"王世充将连日来屡战屡败的情况细说一遍。

孟海公挥掌一拍桌子："王兄，不要忧愁。待小弟明日率将士们踏平唐军，扫灭来犯敌寇，让郑国臣民安安稳稳过日子。"

王世充在御花园为孟海公摆酒接风。

孟海公笑逐颜开，与王世充手下将领频频举杯，他相信自己三位夫人高强的武功，平定唐军就在一两日之内。

他想不到，一两日以后自己就成了光棍汉。

次日天明，孟海公升帐，他环视众将，大声问："今天哪一位将军前去出战？"

一员女将跨前一步："大王，妾身愿往。"

众人看去，原来是孟海公二夫人黑氏。

"好！我们等你得胜归来。"

黑夫人手提两口宝刀，上马出营，带领军兵来到阵前讨战。

唐军哨官飞报进营："敌军有员女将在外叫战，请令定夺。"

程咬金听见是位女将，急忙说："女流之辈，不劳各位大哥，小将去会会她。"拿起板斧就走。

李世民叮嘱道："女将出战，要十分小心在意。"

"殿下放心，我给你立马擒拿过来。"嘿嘿一笑提斧上马。

程咬金来至阵前，果然看见一员黑脸女将，高声叫道："黑妞，你是来寻老公么？看我如意不如意？"

黑夫人柳眉倒竖，不禁大怒："哪里来的油嘴滑舌丑八怪，宝刀劈烂你的臭嘴。"说罢，双刀并起，直向程咬金劈来。程咬金举斧相迎，大战二十余合不分胜负，黑夫人回马就走。

程咬金不知是计，边追边喊："哥哥正好与你玩耍，为何就走了？"

黑夫人瞟眼看到程咬金赶近，取出流星锤，回身一锤打来。程咬金躲闪不及，打中肩膀。大叫一声："哎哟，不好！"急忙跑回营中。

黑夫人返回阵前又来讨战。

军士报入营中，李世民四顾众将："此女将厉害，谁去出阵？"

尉迟恭双拳一抱："小将愿往。"

他提起马槊跑至阵前，看见一位女将，虽然肤色黝黑，却生得俊俏，笑呵呵地说："黑娘子，你是女流之辈，怎么动刀动枪上阵？我不忍杀你，快叫你那男人出来送死。"

黑夫人闻言大怒："唐军难道没有一个能打的将军，都是些油嘴滑舌的匹夫。"说着举双刀杀来。尉迟恭举起马槊挡开。交战未及十合，黑氏拨马就走。

尉迟恭随后赶来，黑夫人又取出流星锤打来。尉迟恭手疾眼快，把马槊一绕，那锤索就缠在槊上。尉迟恭用力一拉，把黑夫人拉过来，一把捉在马上。

这两个人相遇，接下来不是事故就是故事。

尉迟恭回营禀告李世民："女将擒在营外。"

"尉迟将军辛苦了！你先回军帐歇息。我们商议后，再发落这位黑女将。"徐茂公说着，送走了尉迟恭，边走边频频给李世民使眼色。

程咬金听见，捂着肩膀大叫："哎吆，疼死我了。末将要报仇！不要啰唆了，杀了她。我去监斩。"

徐茂公赶紧摆手："监斩用不着你。如今有好事一件，要你去做。"

程咬金问："什么好事？"

徐茂公笑嘻嘻地说："成人之美——擒来的女将与尉迟恭有姻缘之分。你去劝她顺从了，就算你大大功劳。"

"好！我就会说媒，这就去。"

李世民鼓励程咬金："程王兄去做媒人，孤家做主婚，军师择了吉日，尽早给尉迟将军成亲。"

程咬金给黑夫人松了绑，与家将一起把黑夫人带到尉迟恭军帐中。

"程将军，今日什么风，把你吹到这里来？"平时程咬金极少与尉迟恭来往，两人之间多少有一些别扭。程咬金经常煽动他人与尉迟恭闹纠纷，他躲在旁边看热闹。此次，程咬金突然造访，尉迟恭深感意外。

看着程咬金一本正经的样子，尉迟恭拱拱手，嘿嘿一笑："怎么还把败军女将带来了？"

"黑圪旦，真是狗子尿到你头上，冲起你的瞎运气。主公让我与你做媒，将黑夫人赏给你做老婆，你这下可享福了。"程咬金点着尉迟恭的脑门大咧咧地笑骂。

尉迟恭满脸堆笑："承主公好意，将军热心做媒，但不知黑夫人意下如何？麻烦程将军为我多多美言几句，若肯顺从，你的大恩，我没齿不忘。"

程咬金挖苦道："亏你的老脸，不知羞耻，能说出这样话来。你先去摆一桌酒席。"

"好哩！"尉迟恭答应一声高高兴兴去了。

程咬金叫家将把黑夫人推过来，虚张声势地说："你可知道我们这里规矩？擒来的男将可以赦免，女将都是要杀头的。也是你有造化，我主公有好生之德。那个拿你的尉迟恭是个光棍，让你做他老婆。今天我来做媒人，我主公做个主婚。你们黑对黑，谁也不要嫌谁，是一对绝好夫妻，以后生一群黑孩子……"

话未说完，黑夫人照程咬金脸上扇了一个巴掌。他不曾提防，捂着脸大叫："啊呀！好疼，你不愿意可以说，为什么动手就打？"跺着脚又骂道："你这贼婆娘，世上哪有打媒人的？谁还敢娶你？天生的寡妇。"

程咬金越骂越气，抬起手就要抽黑夫人，猛然想起李世民和徐茂公的嘱托，把手又放在自己脸上揉起来，喉结动了动，咽下了那份屈辱与疼痛。

家将低头窃笑，使劲憋住没出声。程咬金动手就要打家将，猛然听到黑夫人怒骂。

"你这油嘴滑舌的匹夫，把老娘看做什么人？奴家是宋义王的爱姬，今天不幸被你们擒了，要杀就杀，怎么能说出如此不要脸的话？"黑夫人回转头来，看见帐篷边上挂着一口宝刀，走上前，就要去抢刀。程咬金同家将一齐拿住，依旧把黑夫人绑了。

尉迟恭在帐后听得喧嚷，心里已经明白了几分，走出来说道："程将军，她既不肯成亲，不必强求。我看算了吧。"

"放你娘的臭屁！这一巴掌难道白挨吗？我这媒人一定要当到底。"程咬金放下手，脸上留着四个指头印，他已经闻到了酒肉的香味，抽了抽鼻子，瞪起眼珠子，怒气冲天叫嚷："我去喝酒。你去成亲。你是打铁的，她今天就是一块生铁，也要把她烧红打软。你是明媒正娶，不要怕，快拉她去后帐入洞房。"

程咬金的精神激励人们，做事情，特别是做好事，不要怕难看和丢人，要矢志不渝干下去。

尉迟恭听完欢喜不已。赶紧叫手下妥当伺候，请程将军入席吃喝。他将黑夫人拖到后帐来。

黑夫人问："你拉我到这里做什么？"

"我要与你成亲。"尉迟恭搓着手讪笑着，眼睛里满是柔情。

"你看过谁家捆绑着成亲？快给我松绑。"

"嗯，夫人说得是。"尉迟恭急忙给黑夫人松了绑。

谁知黑夫人一松绑，就说："尉迟恭，老娘我是有丈夫的。我的丈夫是宋义王孟海公。你不要胡思乱想了，好好送我出营去。你要娶我，老娘是断断不从。你若要动手，老娘今天就与你以死相拼。"

尉迟恭何曾怕过吓唬，一时豪气冲天："我尉迟恭就是遇到山中猛虎，海中蛟龙，把它捉回来，也要驯服软。何况你这小小娘子！况且，程将军做媒，秦王主婚，我是明媒正娶。"说着就上前抓黑夫人。黑夫人拼命推攘。你推我扯，两个人争斗了一阵，黑夫人被尉迟恭抱住，往床上一扔，趁势压在身上。

黑夫人两只拳头照尉迟恭劈头盖脸打来。尉迟恭一手将黑夫人双拳捏住，一手解她衣裤。黑夫人使劲乱扭身体，胡乱挣扎。片时，衣裤早已被尉迟恭解开。折腾了一番，黑夫人已经累得精疲力竭，气喘吁吁。她无可奈何地闭上眼睛，眼角滑出两滴泪水。

尉迟恭吻干了她的泪水，又找她的嘴唇。

女人吻男人是一种口福，男人吻女人是一种幸福。

尉迟恭早已掏出如意金枪，过山岗穿洞穴直达花心。交颈鸳鸯戏水，并头鸾凤穿蕊。呻吟声，不离耳畔；喘粗气，笑吐舌尖。揉搓得杨柳腰万种妖娆，樱桃口千般莺声。黑夫人香汗满玉颈，尉迟恭甘露滴深谷。

夜空中，一丝薄雾遮住了红晕的月牙。

微风轻拂，白杨树上的叶片，互相拍打，发出低微的欢呼声。

地上，两只蚂蚱扭打在一起，一群蚂蚁在旁边看热闹。

一番云雨过后，黑夫人问尉迟恭："既已成亲，我要知晓你的身世。"

尉迟恭翻身坐起，抚摸着黑夫人滑腻似酥的肌肤："我出身穷苦，老家是马邑上无忌人。父母亲已经去世。结发妻子因病亡故，留下一个儿子不知去向。早年打铁为生，如今，孤身一人跟着秦王东征西讨。你嫁给我吧，我会一辈子对你好……"

"尉迟将军，我和你说，我们有姊妹三个都是孟海公的妻妾。"黑夫人披衣坐起，纤纤玉手搂住尉迟恭脖颈，"奴家是孟海公二夫人，还有三夫人白氏，她也是武将。与奴家关系最好。明日将军把她也拿来，我们姊妹俩一同伺候将军。还有大夫人，名叫马赛飞，有二十四把飞刀，十分厉害。将军与她交锋时，切切小心！"

一股幸福的溪流在心里流淌，这么甜，这么凉，尉迟恭干涸的身躯滋润了。

尉迟恭和黑夫人在后帐又快活了几次。他猛然想起，前面还有一个挨了一锤和一巴掌的程咬金。他一个人在那里吃喝，不去打个招呼，有点不够意思。尉迟恭思谋着应该敬程咬金一杯酒。

尉迟恭搂住黑夫人的脖子："娘子说得对。我明日就把白夫人带回来。现在还有一件事，咱们不能大意。你方才打了程咬金，该去赔礼道歉。说清了，以后也好相处。"

黑夫人脸上须臾间泛起红晕，黑里透红宛如熟透的鲜桃："奴家刚刚与你成亲，不好意思马上见他。"

尉迟恭劝道："他喜欢人奉承。我们出去敬他几杯酒，说几句受听的话，他一定高兴。以后大家都是朋友。"

俩人满脸喜气，一人拿酒壶，一人拿酒杯，走出来，见程咬金一个人大快朵颐，尉迟恭叫了声："程将军。"

程咬金抬起头来，见尉迟恭拿着一壶酒，黑夫人跟在身后，用袖口掩着嘴窃笑。程咬金知道了俩人的来意，嗔怒道："昨天在阵上时，我说你要来寻老公，你骂我油嘴滑舌。今天，我好心好意给你做媒人，你劈头盖脸打我。如今来做什么？"

尉迟恭笑道："程将军，我们成亲了，过来谢谢你！敬你几杯酒……"

程咬金摆手止住尉迟恭的话："我不听你说，要她自己来告诉我。"

"娘子，你和他说两句吧！"尉迟恭转过身将黑夫人让在前面。

黑夫人用目光询问着尉迟恭的目光，我说什么好呢？

尉迟恭会以鼓励和信任的目光。

黑夫人掩口微笑，低声说道："奴家方才得罪程将军，想了想，也是为我们好，如今不敢违命，已成了亲，前来请罪，谢谢大媒人！"说罢，就道了三个万福。

程咬金连忙回礼："不客气。以后就是一家人了。我问你，你刚才死活不肯，为啥一下子改变了主意？是不是这个黑圪旦的功夫比孟海公强？"

黑夫人听了，脸颊飞起两朵红云，低头不语。

"不要害羞，咱们一起来吃喜酒吧！"程咬金拉过两只板凳，让尉迟恭和黑夫人入座。

窗外有月，帐内有灯，三个人在柔光如水的军帐一直吃喝到后半夜，程咬金才摇摇晃晃离去。

假如日后李世民登基，应该让程咬金分管妇联工作。他能够做到履职尽责，敢于担当，忍辱负重，不计前嫌，胸怀广阔，与民同乐。

尉迟恭真是个精明之人，洞房花烛夜不忘处理好人际关系。这种人，可谓是张飞绣花——粗中有细。

## 二

次日天明，秦王升帐，尉迟恭和黑夫人到中军大帐谢了恩。李世民说："刚才，有一个女将前来叫战。尉迟王兄，快去擒来，一发赐你成亲。"

尉迟恭大喜，与黑夫人对视一眼，跨马提槊，来至阵前。

女将正是白夫人。

尉迟恭凝眸远望那白夫人皮肤白净，面赛芙蓉，貌似天仙。玉容自带喜，朱唇一点红。比黑夫人漂亮百倍。

他正在端详间，忽听白夫人大叫："你这黑脸贼，赶快送还我姐姐。若说半个不字，教你性命难保。"

白夫人即使大怒，也是千娇百媚。眉如初春柳叶，含着雨恨云愁；脸似仲夏牡丹，藏有风情月意。尉迟恭笑呵呵地说："你姐姐黑夫人，已嫁了我，你也来吧，嫁给我，咱们三人一起热热闹闹、和和美美过日子。"

白夫人听后大怒，挺枪刺来。

尉迟恭将槊轻轻挡开，马打来回，三个回合后，尉迟恭活擒白夫人，回营缴令。秦王大喜，将白夫人又赐与尉迟恭成亲。

黑夫人将妹妹白夫人迎进后帐。她说自己已经嫁给尉迟恭，让白夫人还与自己做姊妹。黑夫人捂着嘴窃笑着说："听姐姐的没错，尉迟恭比那个老朽强多了。"

确实是尉迟恭那宽厚的胸脯像一炉炭火，把黑夫人烤灼得热血沸腾；充沛的精力如猛虎扑食，将黑夫人折腾得心旌摇荡。

白夫人领悟了黑夫人的意思，做一个女人，谁不想有一个相貌堂堂、体魄雄健的丈夫。女人嘛，总得显示高傲和冷酷。白夫人假意推辞不从，黑夫人再三相劝。白夫人长叹一声，命该如此，只好将就吧。

当晚白夫人与尉迟恭成亲。日上三竿后，白夫人才睡眼惺忪出来盥洗。黑夫人以目询问白夫人意下如何？白夫人莞尔一笑，脸上飞上两片红云。

黑夫人亲自给老公说媒，肯定比程咬金效果好。这就叫身体力行的示范效应。

尉迟恭既立战功，又娶了双妻，货真价实的双喜临门。

唐军这边派人给孟海公送来了喜糖，告诉他两位夫人嫁给了尉迟恭，看好剩下的一个，不要立功不成，打了光棍。

孟海公闻此消息，勃然大怒："欺人太甚！我……我，我要活捉李世民，劈了尉迟恭——"

大夫人马赛飞过来劝道："大王不要发怒。待妾出阵，擒拿尉迟恭来，千刀万剐，与大王报仇雪恨。"

"爱妻，你要小心啊！"孟海公拉着马赛飞的手两眼泛红。

第二日，马赛飞提着绣鸾刀，筒内藏二十四把神刀，一马当先，直抵唐营讨战。

哨探飞报，又有女将讨战。秦王自言自语："王世充军中为什么有这样多女将？"

程咬金跨前一步："主公，这个娘子赐给臣吧。我去把她拿来。"

旁边徐茂公激将程咬金："你要擒得来，就赐给你。"

程咬金兴高采烈地提斧上马，直至阵前，看见女将，比以前两个还要漂亮，心中大喜，两只眼睛像一双钩子，钩住马赛飞的胸脯，能听见内衣"嗤嗤拉拉"被钩破的声音，内衣里露出两座乳峰，乳峰上有紫葡萄，那紫葡萄甜甜蜜蜜，温润可口。

程咬金收回思绪，大喊道："娘子，你今年青春多少？我要与你成亲，咱们俩人快活一辈子。"

马赛飞听了这话，便问："你是尉迟恭么？"

程咬金答道："正是，你要嫁给我吗？"

马赛飞大怒，把刀砍来，程咬金举斧相迎。战了五合，马赛飞将肩上的竹筒拿下，揭开了盖，叫声："来将看俺宝贝！"

程咬金抬头一看，见一刀飞来，"唛"的一响，正中程咬金肩上。他跌下马来，被马赛飞擒住，活捉回营。

孟海公见马赛飞得胜回营，不胜欢喜，就令军士把"尉迟恭"推进来。军士就将程咬金推至帐前。程咬金立而不跪。

孟海公骂道："尉迟恭，你自恃日抢三关，夜夺五寨，打遍天下无敌手。竟然敢强抢本王爱妻，谁想今日被孤家所擒。你死到临头，有何话说？"

程咬金禁不住哈哈大笑："你们瞎了狗眼，黑圪旦尉迟恭夺了你的老婆，你却来寻我出气！"

旁边走出单雄信说道："王爷，这不是尉迟恭，他叫程咬金。"

孟海公面露尴尬之色，回头对马赛飞说："夫人，你人也不认明白，胡乱就拿。你要叫那尉迟恭出战。把他擒来，方可救回你两位妹妹。"

马赛飞说："王爷莫慌。既不是尉迟恭，可把这厮监禁后营。待我再去拿尉迟恭来，一并处斩。"说罢，马赛飞又提刀上马而去。

秦王听到程咬金被擒，正在烦闷不已。外边又报，女将在营外讨战。

徐茂公建议："此番交战，非罗成不可。"

李世民点头应诺。

徐茂公告诉罗成："马赛飞有飞刀二十四把，十分厉害。你去出战，动作要快，不要叫她腾出手来。只要她手不闲，神刀便不能飞起。你趁机活捉她。"

罗成得令，提枪上马，直到阵前。

马赛飞看见罗成，原来是一位英俊青年，心中顿生爱慕之意。心里莫名其妙地"咚咚"乱跳，跳得马赛飞六神无主，像钻进一头小鹿，那小鹿专踢她的心尖尖肉，踢得她心里又慌又酥，酥得她浑身松软下来。

马赛飞打问罗成是否成家，愿不愿跟她走，共同效力宋义王。嘻嘻哈哈一番调笑罗成。

罗成一听，勃然大怒道："不知羞耻的东西，枉称女将，你应该去妓院浪荡，还有脸面上阵交战？怎么孟海公的娘们，都是骚货。"被罗成劈头臭骂一顿。马赛飞心中大怒，遂举刀交战。罗成两个回合就把马赛飞擒过来，回营缴令。

孟海公在王世充大营听见马赛飞被擒，苦叫一声："哎哟，孤家的丑丢尽了！"缓了片刻，哭丧着脸问王世充："王兄，马夫人是小弟离不开的人，你要想办法救她回来！"

王世充想了想，安慰孟海公："有一个办法，用程咬金去换马娘娘回来，他们必定同意。"

王世充派单雄信押送程咬金去换马娘娘。单雄信来到后营囚室，告诉程咬金放他回去。程咬金问他，为什么迟不放、早不放，现在放我回去。单雄信说马赛飞被罗成擒去，如今要将你去换来。

程咬金先让单雄信拿来酒肉吃了个痛快。吃喝完后，程咬金又对单雄信说，我要一个人回去，才有气派。你若送我回去，就没了我的体面。我回去后，包管还你马赛飞。如若你不信，我发一誓：我程咬金回去，如果不放马赛飞回来，天打雷地冒火水发灾！

单雄信赶忙堵住程咬金的嘴："不必发誓，我信得过你。"

程咬金大大咧咧迈着方步回来，打着酒嗝与众将说笑，吹嘘自己在敌营受到的款待。每天都是美酒佳肴，美女伺候，单独豪华居室。王世充、孟海公、单雄信轮流请安。

人们的眼睛和表情都是全力以赴地配合着赞许与羡慕。尉迟恭甚至夸张地张大嘴巴，那嘴巴张大成一座城门。

以后，程咬金吹牛时，总说："兄弟我想当年在王世充大营胡吃海喝，来去自由……"

程咬金与众人炫耀一番后，他悄悄让人杀了一条黑狗，将狗血喷到马赛飞的飞刀上，让飞刀失去法力，不能伤人。

办妥了一切，才放马赛飞回去。

马赛飞称雄江湖凭的是飞刀，如今飞刀成了废刀，她与孟海公商议去杏花山找师傅重炼飞刀。待七七四十九天练好后，回来替孟海公报仇。

马赛飞在修炼飞刀时，遇到一个鹤发童颜的道人。

这位道行深厚的道人对她说："身在红尘，做事要顺势而为，切莫逆势而动。如今，李唐王朝如日中天，终究要一统天下。须深悟：致虚极，守静笃，万物并作，吾以观复。夫物芸芸，各复归其根。归根曰静，是谓复命。复命曰常，知常曰明，不知常，妄作，凶。知常容，容乃公，公乃王，王乃天，天乃道，道乃久，没身不殆。"

她在参悟了上述话语后，毅然决定终生留山学道。

孟海公寓居洛阳，真正成了一个孤家寡人，每天长吁短叹，以泪洗面。他常常出神地望着那张鸳鸯床，目光不像在看床，却像端详床上睡着的那个人——其实床上并没有人。尉迟恭自此成了长在他心里的一颗拔也拔不掉的倒刺。

想报夺妻之仇，技不如人；靠他人帮助，眼下都是泥菩萨过河——自身难保。

只好叹气和啜泣。

叹气是最浪费时间的行为，啜泣是最浪费力气的举动。

王世充没心思陪伴孟海公伤悲，他又派人向窦建德求救。

尉迟恭将要面对怎样强大的对手？

## 第十一章
## 平定窦建德

### 一

王世充知道孤城难守,派出自己的侄子王琬去向窦建德求援。窦建德回信表示尽快发兵援救洛阳,但一直隔岸观火,不发援兵。在他的内心,希望唐郑之间继续交战,直到两败俱伤时,再收渔翁之利。

窦建德何许人也?

窦建德,山东武城人。他仗义疏财,体恤民众,声名显赫,父亲去世时,乡里自愿送葬的有一千多人,人们送给钱财和布帛,窦建德一概辞谢不收。

窦建德为了逃避隋朝抓壮丁,逃到了河北的高鸡泊,做起了寨主,当然是小打小闹的山大王。很像水泊梁山初期的王伦,但是两人的性格、胸怀却是大相径庭。

家乡附近的反王,到处劫掠。可是,到了他的家乡,闻听是窦建德的故里,都绕道而走,概不骚扰。隋朝官员怀疑他私通反贼,把他的家人抓住,不论男女老幼全部杀害,抢走了家产,烧毁了他的房屋。

可见,"三光"政策不是日本人的首创。

窦建德听到信息后,怒火中烧,带领手下投靠了附近一个反王——河北清河人高士达,开始了起义造反之旅。

老子什么都没有了，反了他娘的！

窦建德未卜先知了无产阶级革命导师马克思的教导："无产者在这个革命中失去的只是锁链，他们获得的将是整个世界。"

高士达因轻敌被杨义臣杀掉，窦建德返回平原县，全军穿起白色的丧服，为高士达举行葬礼。窦建德招集逃散的士卒，善待俘虏和投降的隋军官兵，逐渐地精兵强将达到十多万人。多次击败前来讨伐的隋军。

大业十三年（公元617年）正月，在河间、乐寿两县的交界处设立祭坛举行典礼，自称长乐王。

窦建德也是为了避免树大招风，称王不称帝。

唐高祖武德元年（公元618年）冬至那天，有五只大鸟降落在乐寿城，数万只鸟雀跟着飞来，整整过了一天才飞走，王府上上下下都说这是祥瑞。为此，窦建德改取年号为五凤，国号为夏国，定都洺州。

作为首都，洺州实在不是一个最佳选择。

选择首都，起码考虑是战略要地、名城古都、龙兴吉地、四冲六达、易守难攻等等。

可惜，现在窦建德的辖区还没有称心如意的名都。

窦建德将战争得到的财物，全部奖赏给将领。他的妻子不穿丝织衣裳，日常吃着粗茶淡饭。

他们知道创业的艰难，也知道成由勤俭破由奢的道理。他们害怕享受惯了纸醉金迷的生活，以后遇到贫苦时难以适应。窦建德有一个通情达理、博古通今的贤内助。她没有作威作福当王后，而是一心一意扶持丈夫的事业，做一个勤俭的女人，一个低调的女人。你成功了，我母仪天下；你失败了，我陪伴终生。

攻占聊城后，窦建德得到上千名国色天香的宫女，当即遣散。他以自己的实际行动回报妻子。有道是："汉恩自浅胡自深，人生乐在相知心。"

窦建德壮志凌云，一心想实现平定天下的图谋。他俘虏了宇文化及率领的隋朝官吏后，对愿意留下的，委以重任；想走的，发给盘缠，礼送出境。他要尽快由一个草莽英雄向合格的执政者转变。留下的隋朝官员为他制定了典章制度，规范了交际礼仪，建立了行政体系，一切走向正规。

唐滑州刺史王轨的家奴暗杀王轨后，携带首级投降了窦建德。窦建德对此鄙夷不屑："作为家奴，害死主人，真是大逆不道。我怎么可能容纳你这种人？"

当下，命人将家奴斩首，连同王轨的首级一同送回了滑州。滑州官民大为感激，钦佩窦建德的为人，当天就向窦建德投降。

徐茂公投降窦建德后，后来又跑回了长安。窦建德的手下要求诛杀徐茂公的父亲徐盖。窦建德深情地说："徐茂公身为唐臣，为我所虏，不忘本朝，乃忠臣也，其父何罪？"

窦建德和突厥交好，派一千多人马护送萧后到突厥，与义成公主团聚。

王者的风范，强者的胸襟，仁者的爱心。

窦建德的人格魅力光芒四射。

在窦建德辖区内，史书记载境内无盗，商旅野宿，一派政通人和、安居乐业的祥瑞气象。

洛阳被围困日久，窦建德看到王世充难以支撑下去，他明白唇亡齿寒的道理。

当时，李渊在关中，王世充在河南，窦建德在河北，三大集团成鼎足之势。如果李世民拿下王世充，下一个剿灭的目标肯定是窦建德。

窦建德的中书舍人刘斌对他分析说："现在李唐占据关中，郑国占据河南，我们占据河北，这是三足鼎立相互对峙的局势。唐军攻打王世充，王世充难以抵挡。如王世充被打败，我们就有唇亡齿寒的忧虑。如今，王世充在城里抵御，我们在外边进攻，一定可以打败唐军，保持鼎足三分局面。如果唐军和王世充两败俱伤，就乘机消灭王世充，集中我们和王世充的兵力，乘着唐军战败的时机，打到长安，可以一统天下。"窦建德高兴地说："这是好谋略啊！"

美好的蓝图是一回事，能不能实现是另一回事。

世界上的事，不在于规划多么雄伟宏大，而在于能不能落实，所以领导一直要求人们敢干、能干、会干、巧干、实干。

唐武德四年（公元621年）二月，窦建德率领号称三十万大军，其实是不到十万，气势汹汹向唐军扑来。

李世民手下的许多将领劝他暂避敌军锋芒，以免腹背受敌，退兵回守太行山一带，以后再寻机讨伐。

李世民说，我们东征已经半年有余，洛阳周边郡县皆已降唐，成败在此一举。大军远道跋涉，多么不易。战胜一切困难，想尽一切办法，一举剿灭两大叛军，平定天下。我们是准备了一桌饭，突然来了两桌客人，那就多放一些碗筷，干脆一次都请了。

弱者和强者之间唯一的差别，只在信念是否坚定。伟大领袖毛主席在《抗日游击战争的战略问题》中就讲过："进攻是消灭敌人的唯一手段，也是保存自己的主要手段，单纯的防御和退却，对于保存自己只有暂时的部分的作用，对于消灭敌人则完全无用。"

看来，伟人之间，不受时间、环境、地域的限制，思想上有相通之处。

唐武德四年（公元621年）三月，李世民留下一半人马继续围困洛阳，自己带领另一半兵马急行军占据虎牢关，堵住了窦建德进军的路线。

李世民派遣尉迟恭带领轻骑一千多人绕到窦建德的背后袭击他的运粮队伍，俘虏士卒多人，缴获大批粮食。

虎牢关是战略要地，就是三国时期三英战吕布的地方。

谋士凌敬建议窦建德："根据当下局势，我军应当渡过黄河北上，攻占怀州。率领人马跨越太行山，开进上党。惊扰蒲津，夺取河东土地，这是上策。实行这个方针有三条好处：一是到防守薄弱的地方，军队容易取胜；二是扩大地盘招募兵卒，伺机占领三晋大地；三是联合突厥的力量向西包抄关中，唐朝必然招回军队保卫自己，对王世充的包围就解除了。我军可趁着士气高涨，攻取大江南北，实现大王一统天下的夙愿。"

窦建德准备采纳这个建议。

凌敬的计策那是飞机上挂温壶——高水平。

王世充的使者听到后，大吃一惊，怎么能撂下我们不管？紧急分头活动，鼓动如簧之舌，许以各种好处，私下送给窦建德近臣金银珠宝，让他们改变窦建德的想法，鼓动窦建德继续进军洛阳。

窦建德的夫人也赞成凌敬的谋略。

头发长，不一定就见识短。

他为什么不听贤惠夫人的意见？那可是他最亲近的人啊！

李世民后来听到这个计策，惊出一身冷汗。如果窦建德实施凌敬的谋略，自己必将回师援救长安，王世充也会死灰复燃，重新振作起来。平定这两大割据势力，将等到何年何月？

糖衣炮弹的威力强于刀枪剑戟。窦建德身边的心腹，以不同的理由，说明援救洛阳的正确性和重要性。窦建德的耳朵最终控制了大脑，他被自己的近臣们说服了。

在上朝商议战略决策时，文臣武将各持己见，叽叽喳喳像麻雀开会炒作一团。有的建议马上攻打虎牢关，与王世充两面合击李世民，救洛阳人民于倒悬；有的建议按兵不动，坐收渔翁之利；有的建议听从凌敬的谋略，围魏救赵，进一步图谋天下。

反正说对了有功劳，说错了是你窦建德拿的决策。这些万金油干部，都会投机取巧。窦建德想了想，明白开会是没有用的，主意还得自己拿。

窦建德咳嗽了几声，下面静了下来。

窦建德说服自己也在说服别人：

郑国命在旦夕，等待我们快去救援。既然我答应救他们，怎能碰上困难就退走，让天下人笑话我说话不算数呢？

人没钱不如鬼，汤无盐不如水，一颗好心，永远比不上一张好嘴。

李世民要的就是一劳永逸平定王世充和窦建德两大割据势力。

他最担心窦建德采取围魏救赵的战略举措，竟然没有施行。

李世民可以大胆地实施自己的战略战术了。

李世民和尉迟恭只带领四名骑兵，来到窦建德营前。营寨中的将领以为是唐军的探子，立即出来追捕。李世民兜弓搭箭，一箭射死了带队将领，他高声叫道："我就是秦王。不怕死的前来决战。"

士兵报告了窦建德，他摸不清李世民的意图，派出五千多骑兵出来攻击。李世民和尉迟恭断后，让四名骑兵先撤。他们俩边撤边射后面的追兵。

李世民射死一个带头追赶的将领，敌军停下来，不追了。李世民和尉迟恭也站住了，等着敌军前来。

追兵仗着人多势众，又追上来，尉迟恭兜弓搭箭，连续射死两名敌将。敌军又停下不追了。

李世民和尉迟恭嘲讽敌军胆小怕死，在那里等着，敌军闹闹嚷嚷，抱着团冲来。

如此几番下来，窦建德的追兵有十几个人倒在了箭下。李世民和尉迟恭一步步地把追兵引入埋伏阵地。秦叔宝和程咬金带领伏兵猛然从两面杀出，追兵落荒而逃，俘虏了两员将领，斩杀三百多人。

事后，李世民自豪地对尉迟恭说："我拿弓箭，你持马槊，窦建德纵然有百万之众，能把咱们怎么样？"（"吾执弓矢，公执槊相随，虽百万众若我何！"《资治通鉴》）

一个人能走多远，要看他与谁同行；一个人有多优秀，要看他有谁指点；一个人有多成功，要看他有谁相伴。

两军对峙多日互不能胜，李世民便采取骄兵之计，他让士兵赶着战马在黄河边放牧。窦建德看到后，认为唐军粮草缺乏，无力征战，指挥大军倾巢出动，旌旗飞扬，战鼓震天，尘土蔽日，队伍连绵二十多里。

窦建德要一举拿下虎牢关。

唐军诸将惊慌失措，如此庞大的军队闻所未闻、见所未见，就是每人吐一口唾沫也能把人淹死。

李世民安慰道：敌军倾巢出动，虚张声势，想与我决战。窦建德未经历过真正的硬仗，将骄兵惰。现在是夏天，我们避其锐气，坚守不战。等过了中午，敌军士兵又渴又饥，必然士气涣散，我们抓住战机，一鼓作气攻击敌人，一定能取得胜利。

李世民知己知彼，他知晓窦建德军内没有打过硬仗和恶仗的统帅及将领。

李世民自幼熟读兵书，他一定看过《曹刿论战》。

"夫战，勇气也。一鼓作气，再而衰，三而竭。彼竭我盈，故克之。"

窦建德大军的阵前，王琬身穿靓甲，得意洋洋地喊着口号："打败唐军！打到洛阳！"

他给叔叔搬来了救兵。不日之内就可以兵临城下，到时候内外夹击，一定能消灭唐军。

李世民一眼认出王琬胯下马是一匹良驹。他脱口而出："这小子骑了一匹宝马。"

李世民是一个伯乐——看马的行家里手。这匹马确实是一匹良驹，隋炀帝的青骢驹。

尉迟恭看见李世民爱惜此马，一抖马缰："秦王稍等。"边说边拍马而去。

尉迟恭快马加鞭，带着两员副将，像一阵旋风刹那间冲到对方阵前，一手擒了王琬，一手牵着青骢驹，回到李世民面前。

我不仅能在百万军中取上将首级，我还可以在两军阵前取王子和宝马。

因为尉迟恭骑着乌龙驹速度快，具有突然性，目的明确，所以，敌军还没有反应过来，尉迟恭已经回到自己阵营。

看来，干什么都需要正确的举措和过硬的技术。

对方将士们惊讶得大嘴还没有闭上的时候，尉迟恭将王琬扔到地上，对亲兵说了声"绑了"。那王琬踉跄着站起来，戴正帽盔，急忙拍打自己身上的泥土。两个亲兵骂道："吊死鬼搽粉——死要面子。"顷刻间将其绑成粽子。

李世民的眼睛打量着青骢驹，话是对尉迟恭说的："我只是随便说说，你就冒着生命危险前去夺马。为了一匹马，差点损失我一员爱将，以后再不能干这些冒险的事了。"

尉迟恭是何等聪明之人，他早已望见王琬油皮粉面，身穿艳丽盔甲，趾高气扬，目空一切，一定是哪家的公子少爷，对付这等人易如反掌。

尉迟恭是平鲁的山汉——他是平鲁的成精山汉。

即使李世民爱马如命，尉迟恭敢去夺裴元庆的坐骑抓地虎和定彦平的良驹银点花斑豹吗？

可惜王琬自不量力，贪图虚荣，做了俘虏。

窦建德派人如何挑衅和辱骂，李世民紧闭虎牢关城门，坚决不出战。

窦建德抬头看了看明晃晃的烈日，准备下午发起强攻。

我十万大军怕你这万数人马不成？不敢和老子决战，老子攻进虎牢关追着打你。

王世充，你耐心等一等，我马上就来了。

事实上，来是来了，不是带着大军打进来，而是被人绑来了。

到了中午，窦建德的兵士耐不住骄阳的炙烤，浑身大汗淋漓，左顾右盼，东倒西歪，精神萎靡不振，有的找水喝，有的占荫凉，大军混乱不堪。

李世民迅速抓住战机，采取了正确的战术。一是侧面佯攻，分散敌军兵力；二是主力正面强攻，打乱窦建德指挥部署；三是屡试不爽的阵后突袭。

李世民灵活运用了孙子兵法中说的："兵者，诡道也。故能而示之不能，用而示之不用，近而示之远，远而示之近。利而诱之，乱而取之，实而备之，强而避之，怒而挠之，卑而骄之，佚而劳之，亲而离之。攻其无备，出其不意。"

在不利的局面中，能够看到胜利的曙光，并将其转化为现实，这是超高的智商，如果做智商测试的话，李世民的智商一定超过200。

从某种角度讲，一个人要想取得辉煌成就，必须具备超高的智商、情商、健商、德商、志商、心商、逆商、悟商。

智商是人的智力水平。

情商是处理人际关系的能力。

智商防止失败，情商决定成功。高情商的人，可以控制自己的情绪，经常微笑，与人和谐相处，充满正能量，能够得到众人的拥护。实现"马太效应"：朋友多→关系多→信息多→机会多→办法多→成功多。

健商是维护健康的能力。

健康是1，其他是1后面的0。

德商是指道德品质。

小胜在智，大胜靠德。现实世界中，许多人的失败，不是做事的失败，而是做人的失败。

志商是确立人生志向的能力。

一个人要想成就一番事业，必须首先树立凌云壮志。让崇高的理想引领自己不断向前。

逆商是战胜逆境的能力。

沧海横流方显英雄本色。能受天磨真铁汉，不遭人嫉是庸才。逆境的磨炼，使英雄更加成熟而强大。

悟商是一个人的领悟能力。

领悟大千世界的真相，通过现象悟到本质，拿得起，放得下，看得开，做到知行合一。

从李世民和尉迟恭经历中，或高或低，都能看到各种"商"的实际表现。

此刻，志商爆表的李世民和尉迟恭率领精锐骑兵玄甲军，绕到窦建德大军后面，挥舞军旗，奋勇砍杀。

在东征前，李世民让尉迟恭从骑兵中挑选了三千多精英，组成玄甲军。

挑选士兵，尉迟恭坚持三要三不要：要身体强壮的，不要瘦弱矮小的；要皮肤黝黑的，不要脸白肉嫩的；要听从指挥敢拼命的，不要投机钻营随风倒的。尉迟恭高标准严要求，优中选优，最后他招收了三千体格强壮、敢打敢拼、骑术高超的敢死队员。

尉迟恭每天亲自训练玄甲军。

训练士兵和马匹列队布阵，要求士兵练习各种骑术，严厉执行擂鼓进军、鸣金收兵的军令，苦练马上射箭命中率和以一敌十的刀槊技艺，锻炼马下步战能力，提高协同配合作战本领，掌握梯次进攻的战术要领，等等。

尉迟恭对士兵们训话：当兵就是要打仗，打仗就不怕死，不想死就要苦练杀敌本领。你杀不死敌人，敌人就要杀死你。为了保存自己，必须具备超过别人战斗力。这样才能打胜仗，才能保卫自己的父老乡亲，才能立功受奖。

尉迟恭精心锤炼玄甲军不怕牺牲的精神和敢于战胜强敌的士气。

"这个军队具有一往无前的精神，它要压倒一切敌人，而绝不被敌人所屈服。"（毛泽东语录）

在实战演习中，尉迟恭规定，对战的双方，胜者获奖擢升，败者受罚降职。连续受罚五次调离玄甲军，哪里来再回哪里去。

玄甲军的兵将演习当实战，舍命搏斗，都不想受惩挨军棍，更不愿意刚提升就被涮下来。自己是挑选出来的精英，刚当上十户、百户、千户，祖祖辈辈务农，坟头冒青烟，好不容易出了一个军官，丢不起那个人啊！

更重要的是，尉迟将军不贪财、不居功，朝廷给他的赏赐，他转手就分给了手下弟兄们。打了胜仗，奖赏将士都是顶格发放奖金，功劳都记在冲锋在前的勇士名下。

一句话，在玄甲军干，那是有名有利，活得滋润而痛快。

经过精心调教，尉迟恭训练出了一支虎狼之师。

轻财足以聚人，律己足以服人，量宽足以得人，身先足以率人。

玄甲军一律黑衣黑甲，长矛大刀，战斗力极为强悍。玄甲军应该是世界上最早的正规"特种兵"。

尉迟恭就是这支特种兵的统帅。

这是一群黑色的死神。

玄甲军，李世民主要用来做三件事。一是决战开始前冲击对方阵营，打乱敌军部署，从气势上打击敌人。二是战事不能尽快取胜时突然杀出，实行斩首行动。三是在对方阵后突然袭击，两面夹攻，取得胜利。

李世民的对手，曾经想了各种办法对付玄甲军。在可能进攻的路上撒下绊马钉，但是你不知道他从那条路线进攻。组织弓箭手拦截，大战时看不见玄甲军隐藏在何处，弓箭手放不在恰当的位置。组织骑兵展开对攻，又不是玄甲军的对手。无数的战斗，无数的对手，面对玄甲军束手无策，任其来如风去如影，在万军丛中恣意砍杀，造成极大的战场冲击力和心理震慑力。

黑脸虬须的尉迟恭，黑衣黑马黑槊，带领着黑色的玄甲军，快如闪电，猛如洪流，摧枯拉朽般杀向敌阵，如同黑色的索命幽灵。

玄甲军的后面，尉迟恭带来几千名步兵，全部手举战旗，来回奔跑挥舞，战场上到处是高高飘扬的"唐"字大旗。造成唐军已经攻陷老巢的假象。那真是红旗招展，锣鼓喧天，欢声雷动，一派欢庆场面。

唐军官兵看到了，是激动人心的时刻，值得鼓掌庆贺的好事情。可是，夏军看到后，那是末日来临的葬礼。

窦建德的将士在仓促应战中，观望到身后唐军战旗飘扬，喊杀声惊天动地，以为大营被占，迅速崩溃，无心恋战各自逃命。

以旗致胜，打一个心理战。

此时，窦建德还在按照平时上朝的仪式升朝议事。

官僚主义害死人。

形式主义瞎折腾。

"四风"问题，窦建德占了两个，好在他没有享乐主义和奢靡之风，所以即使失败，他的影响力和美誉度依然超高，后来窦建德被斩杀，仍然给唐王朝带来许多麻烦。

文臣武将叩拜，窦建德诏令面对现状提出应对方略，文臣武将意见相左，有主张战的，有主张退的，声嘶力竭却说不出子丑寅卯。

唐军望见对方中军有皇帝的銮仪，一起冲杀过来。

窦建德看到手下大臣拿不出决胜妙计，急忙散朝，夺路而逃。

打仗时过于显眼，确实不是好事情。即使奸猾狡诈如曹孟德也要割须弃袍，低调无论在何时何地都没有坏处。

十万大军无人指挥，迅速溃败，漫山遍野是逃跑的人和后面追赶的人。像是举办大型群众马拉松比赛，只不过穿的衣服只有两种颜色。又像是狼群在追赶羊群，都在舍命奔逃。

唐军将士以一当十，发扬刀剑面前人人平等的精神，见人就砍。

虎牢关成了人间地狱。

窦建德急催宝马，向草木茂密的牛口渚逃去。无奈，四周俱是李世民的人马，窦建德在逃跑中被击伤跌落马下。唐军兵士正要举起钢刀砍杀，窦建德急忙说："我是夏王窦建德，不要杀我，我可以给你荣华富贵。"

唐军听到是窦建德，收起钢刀，将其活捉。

李世民取得了以少胜多、彪炳史册的史诗性大捷。

窦建德兵败之前，民众中就有童谣唱道："豆入牛口，势不得久。"

不料，果真在牛口渚被俘。

五花大绑的窦建德被押到李世民面前。李世民端详着这位曾经气吞山河的反王，他不解地问到："我奉命讨伐王世充，本来与你无关。我听闻你与王世充曾有过节，可你为什么还来帮助他？"

窦建德瞥了一眼英姿勃发的李世民，垂下眼睑，实话实说："你收拾了王世充，肯定会来打我，倒不如我自己来，省的你跑路。"

一句大实话，说的尉迟恭等众人哈哈大笑。

王世充梦想着窦建德的援军能解洛阳之围，不料事与愿违，他在洛阳城上看到了兵败被俘的窦建德。

城下夏国的夏王和城上郑国的皇帝相对无言，只能洒泪而别。

这是李世民对王世充的心理战。彻底打掉王世充的侥幸心理，不要异想天开有人帮你渡过难关，投降是你王世充的唯一出路，我将兵不血刃拿下洛阳城。

成功之道很多，但是找不到成功的种子，便成就不了事业。

王世充没有种下成功的种子，没有适宜的水肥，想收获皇帝的果实，南柯一梦。

王世充回到皇宫，还想纠集兵马放手一搏，冲开一条血路，逃往襄阳。手下的文臣武将见大势已去，贮备的军粮都已吃光，无力再战。城中居民早已断粮，出现了人吃人的现象。再出战肯定是死路一条，都不愿听从他的号令。王世充焚毁了典籍档案后，被迫于唐朝武德四年（公元621年）五月初九率太子、群臣等2两千余人出城投降。

李世民押着窦建德到洛阳城下，就是让王世充以及他的文武大臣看见日夜期盼的援军首领已经成为阶下囚，从心理上击碎他们拼死抵抗的梦想。

在受降仪式上，王世充跪在李世民面前，李世民面带微笑，以调侃的口气问他："你以前认为我是个毛头小伙子，不懂带兵打仗，看不起我，今天见到了我，怎么对我这么恭敬呢？"

这一年，王世充五十开外，李世民二十三岁。

常言道：竹竿虽高节节空，秤砣虽小压千斤。有志不在年高，无志空活百岁。

自古英雄出少年，永远不要小瞧年轻人，他们充满变数。

王世充嘴唇哆嗦，口不能言，跪在地上，浑身颤抖，冷汗顺着脸庞淌下，不住地磕头求饶，求李世民放他一条生路。

此时的王世充是挂面下到锅里——硬不起来了。

王世充从隋朝下层官员做起，通过自己精心谋划和奋力征战，军事指挥能力也算隋末一流，一步步做到了皇帝，人生不能说不完美。可惜的是他遇到了那个时代的主角——李世民。

公元621年，王世充投降，李世民赦其死罪押往长安。

单雄信因家仇国恨拒不降唐。

他说："砍头就当风吹帽。"

男人们呐，当人生遇到艰难困苦时，就掏出你的小弟弟看看，想想他所蕴含的道理，能曲能伸，可软可硬。

此时，贾家楼结拜三十六兄弟大部分投靠了秦王李世民。徐茂公苦苦哀求李世民放过单雄信，希望用自己的官位换取单雄信一命。徐茂公说单雄信骁勇绝伦，如果得到赦免，必然感恩戴德，为唐朝尽力效命。

李世民了解到单雄信在江湖上口碑不好，就像三国的吕布，云翻雨覆是个墙头草，一定要处斩。

徐茂公无奈，去监狱探望单雄信，他说忠义自古难两全，拔出佩刀，割下自己腿上的一块肉，让单雄信吃了，尽兄弟情义。

随后，俩人抱头痛哭。

临走时，徐茂公承诺单雄信，尽心竭力抚养他的后代。

单雄信长长地叹了一口气，他蓦然觉得自己的内心长满野草，甚至能听到野草生长的声音。

人的心地，不种鲜花就长野草。

单雄信死后，徐茂公尽到自己的诺言，将单雄信的后代全部抚养成人。

公元878年，单雄信的后裔单兴、单旺、单茂、单盛，参加黄巢起义，他们个个骁勇善战，号称"黄军四杰"。

黄巢在起义之前，曾到京城长安参加科举考试，但没有考中。官场的失利，唐末吏治的腐败，使他对李唐王朝心怀不满。考试不第后，他在失落之下，豪气冲天，借咏菊花来抒写自己的抱负，站在玄武门前，写下了名诗《不第后赋菊》：

待到秋来九月八，我花开后百花杀。

冲天香阵透长安，满城尽带黄金甲。

公元 881 年，"黄军四杰"率先攻破长安，成为唐朝的掘墓人之一，唐僖宗逃往成都，留在长安的李唐皇室死伤殆尽。此时，距离单雄信被杀，已经过了260年。这是后话，但是也有许多启发。

以窦建德为首的农民起义军在山东、河北广大地区坚持反隋和反唐斗争长达12年之久，是推翻隋炀帝暴政的一支重要力量。

《旧唐书·窦建德列传》分析窦建德的失败关键在于"愎谏"——坚持己见，不听良言。

俗话叫一根筋。

这实在是为人为官的一个沉痛的历史教训。

进洛阳前，李世民给全体将士制定五条纪律：买卖公平；爱护公物；严禁抢劫；不打骂民众；不调戏妇女。

各将领带队，唱着军歌——《秦王破阵曲》，迈着整齐的步伐，进入洛阳城。

尉迟恭带领玄甲军，如同一股黑色的铁流，走在进城队伍的最后。

洛阳的民众从城里到城外，排成两列，孩子们手捧牡丹花，年轻人高举标语，大嫂抱着军鞋，大娘拿着鸡蛋、馒头，众人喊着口号，兴高采烈地夹道欢迎唐军入城。

## 二

东征大胜，东都洛阳的晚上熏风拂面，夏蝉高歌，油蛉低唱，妖娆的牡丹争奇斗艳。李世民晚上大摆酒宴犒劳将士。众将士开怀畅饮，觥筹交错间大家一醉方休。

尉迟恭喝得酩酊大醉，加之连日征战困乏，两只眼皮不停地相拥，他就近躺在李世民的卧榻上，眼皮黏在了一起。帐外，柔和的月光洒下一地银白。尉迟恭起起伏伏的鼾声，宛如一首铿锵的小夜曲，回荡在空中。

醉后不知天在水，满船清梦压星河。

酒宴结束后，李世民悄悄躺在尉迟恭身边，回想着自己与尉迟恭相处的一幕幕往事。

尉迟恭一翻身，把腿压在李世民的身上。秦王李世民知道他喝醉了，也不敢推他，更不敢叫醒他，只好让他那粗壮的大腿压在自己身上。

徐茂公小睡后出来解手，他习惯性地抬头仰观天象，倏然大惊失色，只见紫微星被黑虎星欺压。

紫微星在古代就是帝星，所以命宫主星是紫微的人就有帝王之相。紫微星就是现在人们所说的北极星，北斗七星围绕着它四季旋转。

他急忙大叫："将士们，快快起来，主公有难，救驾！"

军帐内酣睡的大将听到喊叫，顾不得披挂，抄起兵器，纷纷跑出帐外，问徐茂公："主公在哪里？"

"在中军大帐啊！"徐茂公手一指，带头冲向中军大帐。

李世民听到帐外人声鼎沸，慌忙推醒尉迟恭："将军，快醒，有敌杀来。"

尉迟恭听到有敌人杀来，一下惊醒，连忙起来，手提铁鞭冲出帐外。

大帐外，众将士手擎火把，照耀如同白昼，喊叫着各持兵器就要冲入中军大帐。尉迟恭凝神注目都是自己人马，哪里有什么敌军？

此时，李世民手持宝剑走出帐外，问："贼兵在何处？"

众将面面相觑，有人答道："没看见贼兵。徐茂公说主公有难，叫我们前来救驾。"

李世民一听，知道是虚惊一场："孤家没有难，你们都回去休息吧。"

当时，尉迟恭从李世民大帐冲出，徐茂公便知一二。众将士散去后，李世民问徐茂公到底怎么回事？

徐茂公说："我刚才出来小解，抬头遥望到紫微星高悬天宇，甚是明亮，但是有黑虎星煞气相侵，我急呼众将救驾。微臣走眼，谁知是一场误会。"

"多谢茂公兄关照！"李世民拍了拍徐茂公的肩膀，若有所思地笑了笑，"敬德晚上和我睡在一起，他翻身把腿压在我的身上。此事不要再传了。"

徐茂公点头称是，拱手施礼而退。

李世民深知洛阳是古都，历来是兵家必争之地，且地处中原，可以统领山东、河北、河南等地势力。他一方面赏赐诸将金银钱帛，凝聚人心，同时派房玄龄四处网罗人才，扩大自己的队伍；另一方面派自己的心腹大将温大雅镇守洛阳，让东都成为自己的根据地。

李世民率众将游览了洛阳龙门石窟。龙门石窟开凿于北魏孝文帝年间，崖壁上的窟龛星罗棋布，万象生辉，与敦煌莫高窟、大同云冈石窟、天水麦积山石窟并称为中国四大石窟。

在观赏洛阳西苑皇家园林牡丹时，尉迟恭领着黑、白夫人流连于高贵典雅、花色艳丽的洛阳牡丹丛中。那富贵的牡丹，花朵硕大，一朵千叶，品种数不胜数，花色旖旎瑰丽，香气袭人，真是：唯有牡丹真国色，花开时节动京城。有红、白、粉、黄、紫、蓝、绿、黑及复色等各种各样颜色，有的花瓣上带有黄点、金线和鹿胎纹，显得妩媚而俏丽。尉迟恭给黑夫人买了一株黑撒金，给白夫人买了一株白玉冰。

李世民在参观洛阳隋朝的宫殿建筑时，思考强大的隋王朝为什么不到三十年就灭亡？他看到隋朝奢侈的宫殿，豪华的铺排，对随行的尉迟恭等人说，如此骄奢淫欲，岂能不亡？李世民下令拆除了华美的门楼、烧了富丽的宫殿。他要留给人们明确的警示，执政要清正廉洁，做官要勤勉朴实。

避开众人的眼线，李世民悄悄去拜访了洛阳玉清观的住持王远知。李世民与王远知纵论天下大势后，请他算一下自己的命运。王远知说："无需多虑，日后贵为太平天子，多加珍重。"

唐武德四年（公元621年）六月，经过近一年的艰苦征战，李世民率领东征将士凯旋而归。

此时，李靖也平定了南方割据势力回到长安。华夏尽归大唐所有，所辖子民达两千六百万口。隋朝鼎盛时期，人口六千多万，连年鏖战，人口锐减三千多万。

一将功成万骨枯。

唐高祖李渊在长安举行了隆重的欢迎仪式和阅兵典礼。

初秋的金色阳光照耀着器宇轩昂的李世民。他英俊的脸庞散发出青春的朝气，按辔徐行，挥手向欢迎的人群致意，身后是威风凛凛的尉迟恭等将士。

唐高祖在太极殿赐封了各位将领，颁赐金银财宝和绫罗绸缎。众将当驾谢恩。赐封尉迟恭为右武侯大将军。李渊兴致勃勃地说："我大唐如今天下安宁，四海升平。众位爱卿文臣不贪财、武将不怕死，朝廷有了中流砥柱。日后，诸位再接再厉，永葆我大唐江山稳固，百姓安居乐业。"

李渊在《功劳簿》上看到程咬金名字，想道：程咬金是山东的响马，曾月下赶秦王，斧劈老君堂，曾经犯下大罪。他即传旨将程咬金绑进来。

殿前校尉如狼似虎，立刻赶出午门，把程咬金掀翻在地，用绳索绑了，推到唐高祖殿前。程咬金连声叫苦："万岁爷！人来投主，鸟来投林。大家都有功劳，为甚惩罚我？"唐高祖骂道："你这草寇，可记得月下赶秦王，斧劈老君堂的大罪么？"

程咬金哭喊着说："万岁呀，岂不闻桀犬吠尧，各为其主？我过去只知道世上有李密，不知道有秦王。如今归顺万岁，就是唐家的臣子，一定忠心报国。俺这人是属狗的，真心向主人。"

程咬金说着眼圈发红，挤出几点眼泪。

人流泪有三个原因：悲痛、激动和欺骗。

不知程咬金这个混世魔王此时流泪属于哪一种？

李渊听他这话说得有理，此时功劳簿上也有他许多功劳，即下旨道："看在你功劳份上，赦你无罪。松了绑，封为总管之职。"程咬金谢恩，死里逃生，得意洋洋跑出太极殿。

半路杀出个程咬金——隋炀帝的皇杠有三次都是在押运途中被程咬金、尤俊达等人抢劫。程咬金的三板斧——无论押运皇杠的官兵本领有多么高强，都被半路杀出来的程咬金用斧头杀得大败而去。

程咬金和秦琼当初投靠唐朝，是在两军阵前突然反水。当时，两军在河南宜阳九曲对阵，程咬金和秦琼等十几个人，突然向唐军阵前跑出一百多步，然后下马跪拜王世充："荷公接待，极欲报恩。公性猜贰，傍多扇惑，非仆托身之所，今谨奉辞。"

即使是背叛，也是有礼有节。

程咬金在七十七岁时狂笑而死。当时，薛刚闯了祸，薛家被满门抄斩，还立了铁丘坟。薛刚和樊梨花逃过一劫，后薛刚反唐，薛家重见天日。程咬金一高兴，狂笑不已，一口气没上来，就笑死了。他儿子一看父亲死了，很伤心，哭得一口气没上来，也死了。笑死程咬金，哭死程铁牛。

亘古通今，王侯将相唯有程咬金高兴而死——程咬金被人称作"天下第一福将"。

李渊称赞李世民："吾儿好似麒麟主，汇聚老虎豹子群！东征西讨劳苦功高，是我大唐第一功臣，父皇要重重赏你！"

李世民的军功登峰造极，大小官员都发自内心佩服和赞赏。应该授予他一个什么荣誉称号呢？唐高祖李渊绞尽脑汁终于想出了"天策上将"这个亘古未有的称呼。

他规定天策上将的待遇在王公之上，食邑四万户，赐予金辂一乘，玉璧一双，黄金万斤，仪仗队四十人。这些让太子李建成无比尴尬，他明显感觉到自己的太子地位受到严重的威胁。李元吉短暂的欢喜过后，眼中也蒙上了李建成目光中的隐忧。

李世民宛如舞台上耀眼的明星。那真是玉皇大帝放屁——神气。李建成感觉自己好似墙旮旯的一个看客。

欣喜和激动的还在欣喜、激动，压抑和忧郁的更加压抑、忧郁。

秦王府和天策上将府，两块牌子一套人马。

李世民深深懂得武能安邦、文可治国的安邦治国之道。他开办文士馆，招募全国各地有识之士，府内人才济济名流云集。其中便有天下闻名的十八学士——杜如晦、房玄龄、虞世南、褚亮、姚思廉、李玄道、蔡永恭、杜及第、薛收、颜相时、李守素、孔颖达、陆德明、盖文达、许敬宗、于志宁、苏易、苏世长。这些名流学士每天相聚谈古论今、评典作文、研究学问，为李世民提供咨询。

我们不能说王世充、窦建德、刘武周等等是反贼和盗匪。从隋朝的角度看，李渊和他们一样都是反贼。从历史唯物主义的观点出发，他们都是起义军。

最大的两股割据势力被消弭，李渊大赦天下，整顿混乱的货币市场，废除五铢钱，发行开元通宝。整肃吏治，改郡为州，注重任用人才。唐朝在继续推进统一大业的同时，开始了国家建设。

生于乱世，作为武将的尉迟恭，不可能像文臣学士那样坐而论道，伏案作文。他在沙场上书写锦绣文章，在鏖战中铸就辉煌事业，天下甫定，又有骚乱骤起，尉迟恭即将面临怎样的征战？

## 第十二章
## 讨伐刘黑闼

一

虎牢关大战，窦建德失败。

这一战，也成了李世民的封神之战。

李世民攻克洛阳后，将王世充和窦建德押回长安交由李渊处置。王世充被贬为庶人，发配蜀地。窦建德被拉到法场斩首示众。

王世充优柔寡断，婆婆妈妈，已经众叛亲离，兴不起风浪，可以不杀他。

窦建德在民众中声望很高，振臂一呼，应者云集，留下他必有后患，窦建德不得不杀。窦建德被拉到长安闹市斩首，时年四十九岁。

王世充死罪可免，活罪难饶。李渊将他贬为庶民，全家发配四川。王世充一行还没有从长安启程，忽然驿站来了几个朝廷官员，称李渊有旨，要王世充接旨。王世充刚刚跪下，那几个人不是宣读圣旨，而是突然拔出钢刀，送王世充上了奈何桥。

原来，那几个人中带头的是唐定州刺史独孤修德。他的父亲独孤机是王世充的部下，在武德二年正月企图降唐，被王世充杀害。独孤修德乔装打扮，报了杀父之仇。

流放的王世充家小，游览了几年蜀地的旖旎风光后，刚适应了川蜀的生活习惯，却都以谋反罪名被下令处死。

是真的谋反，还是斩草除根，这又是一个历史谜题。

李世民曾经答应不杀他，李渊赦免了他，为什么王世充以及家人还是难逃一死？

贵贱总教黄土埋，荣枯何异邯郸梦。

真如元好问所言：死去生来不一身，定知谁妄复谁真？邯郸今日题诗客，犹是黄粱梦里人。

刘黑闼是窦建德的部下，他躲藏在漳南老家，以种菜为业，过起了不与社会交往的隐居生活。刘黑闼出身底层，家庭贫困，年轻时是一个混混，吃喝嫖赌无恶不作。

《旧唐书》对于早年的刘黑闼，仅仅用十五个字来形容：无赖，嗜酒，好博弈，不治产业，父兄患之。

人之初，究竟是不是性本善？我们的体验是总有一些人严于律己、助人为乐、勇毅前行、默默无闻地做好人；也有一些人吸毒要钱、调戏妇女、打讨吃骂穷人，无恶不作；还有一些人得过且过、见风使舵、随地吐痰，浑浑噩噩过日子。

社会上的人，确实很复杂，不能凭自己的好恶改变。

但是，像刘黑闼这样的人，一定是关键少数中的异类。

在刘黑闼输得精光、穷困潦倒、少吃没喝的时候，窦建德经常接济他。

河北的唐朝官吏，大肆搜捕窦建德余部，威逼他们交出财产，有的被抓进监狱，有的被杀害。

唐朝的官吏开始秋后算账。

人就是这么奇怪的动物。以别人的罹难来成就自己的业绩，用别人的祸患来衬托自己的幸福。

唐朝对平定不久地方的高压政策，让窦建德的余部日渐恐慌。刘黑闼面临一个艰难的选择：要么等死，要么起兵造反。除了刘黑闼之外，窦建德麾下的其他将领，也面临着这个困境。

唐武德四年（公元621年）七月，刘黑闼与逃亡的几个窦建德部将，在家中密议反唐。刘黑闼将自己仅有的一头耕牛杀了，摆酒宴招待旧友，商议举事大计。他们秘密召集一百多人，趁地方官员不备，攻占漳南县城，杀了县官。

刘黑闼在漳南县设置祭坛，先祭天，后祭地，最后祭窦建德。刘黑闼带领众人指天盟誓："吾属皆为夏王所厚，今不为之报仇，将无以见天下之士！"他自称大将军，传檄各地，号召民众起来反叛唐朝。窦建德的旧部，听闻刘黑闼举事反唐，纷纷前来投靠他。在短短十余日之内，刘黑闼麾下的军队达到万余人。

刘黑闼率领这支大军，四面出击战果辉煌，接连攻克了魏州、贝州、定州等地。刘黑闼起兵之后，很多原属于窦建德的旧部，杀了唐朝派到当地的官员，响应起义军，开城迎接刘黑闼。

刘黑闼派使臣携带奇珍异宝，出访北方的突厥，请突厥出兵南攻李唐。颉利可汗派俟斤宋耶那率领胡人骑兵协助刘黑闼攻击唐朝的州县。不到半年时间，刘黑闼在山东士族集团的鼎力支持下，带领聚集的军兵和投奔的百姓，恢复了窦建德原有的全部地盘。

唐武德五年（公元622年）正月，刘黑闼自立为汉东王，国号天造，定都洺州，与唐朝分庭抗礼。

洺州曾经是窦建德的首都。刘黑闼在洺州建都，具有重大的政治意义和号召力。

唐朝地方官军无法平定刘黑闼，唐高祖李渊急忙诏令秦王李世民挂帅东征。

李世民先克相州，又收复洺水，两军围绕洺水城展开了惨烈的争夺战。洺水城四面环水，刘黑闼修建甬道攻城，最终洺水城被汉东军攻破，唐军猛将罗成被刘黑闼杀害。

能够率领战斗力较弱的农民军，和装备优良的唐军打到胶着状态，说明刘黑闼作为将领是何等的强悍。他既是一个乱世枭雄，也是一个天才将领。

经过一系列谋划和操作，李世民夺回了洺水城。完成了对刘黑闼的包围，切断了粮草供应。派将领寻机偷袭刘黑闼营地，扰乱军心，获取了一些战利品。

刘黑闼号称"神勇将军"，勇猛剽悍，奸诈狡猾，以前打过不少胜仗。他不甘心被动挨打，派出一部分部队猛攻唐军大营，造出决战的声势，他预料李世民定会亲自前来救援。刘黑闼亲率主力部队，在李世民必经的地势险要处设下埋伏。

果然不出刘黑闼所料，李世民接报后，亲自带领唐军前来增援。等到唐军进了伏击圈，刘黑闼大刀一挥，号令所有伏兵一起出战，将唐军四面围住猛烈厮杀。

惨不忍睹的战斗开始了。汉东军的战前动员就一句话：干掉李世民，为窦建德报仇！

李世民奋力砍杀，无奈敌众我寡，被包围在中间冲不出去。他的坐骑——拳毛䯄身中九箭，伤口流血不止，喘着粗气，踉跄着跪倒在地。李世民身上也中了几箭，好在都不是致命的地方。他满脸血污，盔甲破碎，战袍撕成碎片，手持砍弯的利剑依然与敌军血战。李世民清楚，绝不能放下武器、坐以待毙，只有拼杀，才有希望冲出重围，谋一线生机。

在命悬一线之际，尉迟恭跃马横槊冲到李世民身边，他杀退围攻的敌兵，拉李世民跨上自己的抱月乌龙驹。

尉迟恭舞动马槊，接连刺倒几个拦路的敌军。长槊一劈，将一名拉弓的敌将臂膀砍下。槊尖挑起一名士卒，摔向涌过来的兵士，砸倒一片。尉迟恭急催马，驮着李世民杀出重围。迎面碰到赶来救援的唐军，尉迟恭疾呼："快，挡住追兵！"唐军与追赶的汉东军杀作一团。

汉东军的士兵，声嘶力竭地呐喊着，像潮水一般涌来。唐军寡不敌众，渐渐抵挡不住，边战边退。将士们浸透鲜血的衣甲上滴落着血水，身后留下串串血迹。

一个个衣甲破碎的兵士逃回军营，面孔布满血污，血红的眼睛里显露出失败后的恐惧，人人惊慌失措。军兵们默不作声地互救着，有的替战友包扎伤口，有的喂水。直到此时，将士们才感觉到伤口的疼痛，喉咙里发出痛苦的呻吟。眸子里充满对未来的绝望。

将士们看到尉迟恭搀着一位盔甲破碎、满身血渍、面色灰黑的军人走进军营。他们谁也认不得是秦王李世民。当尉迟恭喊了一声"快给秦王找点水喝"时，人们才知道这个人竟然是秦王。

一个军士噙着眼泪递给李世民一碗水。李世民接过一口气喝光。他抹了一把嘴，强撑着笑了笑："无妨——众位都歇着吧。胜败乃兵家常事！明日，再与贼决战！"

将士们掩面失声痛哭。

"嗵"的一声，尉迟恭的铁拳砸在桌子上，黑青着脸一言不发。

如此身先士卒的统帅亘古少有！

用不着战前动员，此时说什么都是多余的。将士们满怀激愤和感动，心念着消灭不了刘黑闼誓不为人！

能够激励一个人成功和强大的，永远是对手。

李世民反其道用兵法，趁着刘黑闼士气高涨，决定与其决战。

李世民派人送去战书，约定与刘黑闼在洺水城下展开决战。

刘黑闼大喜。

报仇雪恨，称王称霸，就在明日。

决战之前，李世民派人去双方对峙的洺水上游，堵住河水。

刘黑闼的先锋部队到达城下，李世民即令尉迟恭带领玄甲军攻击。双方开始混战，眼看过河的先头部队就要覆灭，刘黑闼催促主力赶快渡河。

河水很浅，骑兵、步兵疾速涉水过河。

李世民立即下令上游放水，以河水冲击刘黑闼渡河的大军。狂泄而下的洺水淹没了军兵，战马、官兵漂浮在水上，顺流而下……

唐军以逸待劳，站在岸边，迎头痛击过河的士卒。

刘黑闼站在对岸手足无措，内心充满悔恨与不屈，接着一丝惊慌之色划过脸庞，他望见尉迟恭的战船已经开始渡河。

大势已去。

借水为兵，汉初的韩信用过，三国时的关羽用过，宋朝的岳飞也用过，效果都很好。

唐军过河后，尉迟恭一马当先，直奔刘黑闼而去。喊杀声惊天动地，一股冲天的斗志在将士们眼中燃烧。唐军以一当十奋力砍杀，汉东军的官兵抱头鼠窜，刀戟、军旗扔得漫山遍野。刘黑闼没命地向北逃窜，后面跟随的士兵越来越少。直到暮色笼罩了燕赵大地，四处不见人影，尉迟恭才让杀红了眼的大唐勇士们勒住了缰绳。

此战，李世民将刘黑闼麾下的大部主力歼灭。

刘黑闼带领随从几百人逃往突厥。

李世民胜利班师回朝。

仅仅过了半年之后，刘黑闼借突厥兵马，再次反攻回来。李世民收复的地盘，不到几个月时间，又被刘黑闼给拿下了。

天上有雨地上滑，自己跌倒自己爬。不靠神来不靠鬼，就靠自己胳膊腿。

征服一个地方，必须武力攻占与安抚并重。人民就是江山，江山就是人民。李世民后来经常说的一句名言："水能载舟，亦能覆舟。"体现了他治国理政能力的提升和成熟。

民心的向背，关系一个地方甚至一国的安危。

太子洗马魏徵给李建成建言："秦王李世民连年征战，建立了不世之功。他的手下也立下许多丰功伟绩。秦王府的声望和气势如日中天。刘黑闼现在纠集乌合之众，又起兵反叛，几乎没有什么战斗力。阁下应该抓住这次机会，亲率大军前往河北平叛，接纳山东豪杰，既可立下军功，又可树立威望。压一压秦王府的声势。"

太子李建成听从魏徵谋略，进宫面见李渊，请求带兵平定刘黑闼叛乱。唐高祖李渊恩准了李建成的奏本。

李建成在具体战术行动中，听取魏徵建议，采取军事进攻和安抚人心两手抓的策略，不再拿斩杀无辜百姓人头凑数请功。

朝去暮来，匆匆疾似抛山石；斗转星移，滚滚急如东逝水。

刘黑闼兵力和气势，与去年不可同日而语。精锐部队在洺水之战中大部伤亡，难以抵挡唐军的大举进攻。几场恶战下来，已经溃不成军。在永济渠决战失败后，他逃到饶阳，刺史诸葛德威看到刘黑闼大势已去，顿生异心，生擒了刘黑闼，拿刘黑闼的人头，去向唐朝递了投名状。

有人问，为什么同是刘家的反王，刘武周被突厥杀了，刘黑闼却借到了兵马？

没有无缘无故的爱，也没有无缘无故的恨。

刘武周没有与李世民正面决战，在晋阳听到前线战败，就屁滚尿流地跑了。丢下了尉迟恭等将领不管不顾，置手下数万大军的生命当儿戏，三晋大地一半的江山不要了，只顾自己保命。这样的人，怎么帮？谁愿意帮？还能有什么前途？

其实，刘武周当时背后有突厥的支持，北方有稳固的马邑郡根据地，还有晋阳以北山西的大片土地，特别是有尉迟恭这样能征善战的武将以及数万久经沙场的官兵，重整旗鼓、招贤纳士后，完全可以与李世民决一雌雄，即使战败也问心无愧。

三分天注定，七分靠打拼。

爱拼才会赢。

实际上，不管是学习、考试、工作、种地、经商、科研、竞赛、战斗……你做到了尽人事听天命，你就是胜者，你就是强者。你可以自豪地说：我，奋斗了，努力了，我问心无愧！

哪一个开国皇帝的江山不是历尽千难万险打下来的？

要做"天兴皇帝"，就要敢于在乱世中横刀立马，鼓舞手下人的斗志。召集天下才俊，知人善任，不计较一时的胜败。胸怀天下，运筹帷幄，奖惩严明，坚韧不拔地砥砺前行，平定、瓦解、招降其他势力，最后一统天下。

看见危险就跑，失败一次就没有信心，这样的人做一个小头目也不称职。难怪尉迟恭当时没有随他而去。

刘黑闼从星星之火形成燎原之势，不畏强敌，坚持与李世民展开血战，无论胜败绝不气馁，跌倒了爬起来继续战斗，绝不轻言放弃。

纵观隋唐历史，刘黑闼是揭竿起义将领中一位敢打敢拼的真正好汉！

刘黑闼的字典里没有"投降"两个字。他的一生只有两种结果：向死而生，向生而死。

知道结果是悲剧，也无法改变，却毅然要继续干下去，这就是人生最大的悲哀！

知道现实的残酷，人性的复杂，却依然壮志凌云，微笑着面对一切，尽己所能做一些实事，这是生活中的强者。

刘黑闼的反复叛乱，留给李唐一些值得深思的启示：

一、擒贼擒王，首恶必除。对于屡教不改、罪大恶极的敌对分子必须坚决镇压。

二、人民就是江山。保持一个地方的安宁，要争取人民群众的拥护和支持。情为民所系，利为民所谋，制定为民务实的政策，使民众安居乐业，不生叛乱之心。

三、武力的征服不能代替和平的安抚。军事镇压可以解决问题，但是不能解决一切问题。要想实现长治久安，就要两手抓，一手抓武力夺取，一手抓和谐治理。

可以想象，李世民应该深刻体会到了上述启示，为后来贞观盛世的开创，提供了思想基础。

## 二

在太子李建成讨伐刘黑闼取得决定性胜利的同时，高开道被部将张金树杀害，又一个土皇帝自生自灭。

高开道，河北省景县人，隋朝末年河北农民起义军领袖。祖祖辈辈以煮盐为生。少年时矫捷勇猛，奔跑速度极快，可以追得上奔马。

隋末群雄逐鹿，反王林立。山东、河北起义的烽火最多。武德元年（公元618年），高开道拥有万余兵马，攻取渔阳郡，建立燕国，年号始兴，定都蓟县。河北僧人高昙晟率领五十名僧人杀了县令以及镇守的将领，自称大乘皇帝，立尼姑静宣为耶输皇后，建年号为法轮。

和尚当皇帝，尼姑做皇后。这是一个最好的时代，也是一个最坏的时代。

高昙晟派人招降高开道，封高开道为齐王，高开道归顺了高昙晟。三个月后，高开道杀了高昙晟，兼并了他的全部兵马。高开道重新自称燕王，年号天成，重新设置下属各官职。

这个年号起得好。"天成"，出于《庄子·寓言》，是自然而成、天助其成功的意思。

高开道两次降唐，两次反叛。唐高祖李渊曾下诏任命他为蔚州总管、上柱国，封为北平郡王，赐姓李氏。

高开道生性残暴，一次面部中箭，箭杆铰掉后，箭头还在面部骨头里。他叫来一个医生治疗，那位医生说无法医治，高开道当下将其杀害。他又找来一位医生，也说没法拔出箭头，当即被挥刀砍死。叫来第三位医生，问他能不能拔出箭头？医生对高开道说，要想拔出箭头，需要在面部打入一个楔子，将骨缝撑开，才能取出箭头，那会非常疼痛，不知大王能不能忍受？高开道说，这点小痛算什么？他让医生动手治疗。随着打入楔子的"当当当"声，高开道安坐那里一动不动。操刀医生满头大汗，浑身颤抖。直至取出箭头，高开道一声未吭。

高开道不是一个普通人。

这是一位有着关云长刮骨疗毒精神的硬汉。

刘黑闼起兵山东时，高开道与他联合共同抵抗唐军。进攻易州失利后，派部将谢棱诈降罗艺，请求派兵救援，罗艺率众接应，谢棱带领将士将罗艺击败。高开道联合颉利可汗南侵，颉利可汗与他一道攻占马邑、幽州、定州等地。

高开道十分重视安保工作，招募青年壮士数百人为养子，担任自己的护卫。

月上枝头，喧嚣一天的蓟县安静下来。军营中传出一阵阵古琴声，伴着古琴有人哀婉的吟唱：隔山隔水望故乡，泪眼无限惆怅。我高年的苦命娘，难忘多年抚养。此情此意久长，静静的深夜里，记起了我的故乡……

那悠扬的边塞曲，诉说着将士们无尽的思乡之情。

高开道晚上多贪了几杯美酒，拥着宠妃早已进入梦乡。张金树派心腹数人与高开道养子们饮酒、玩耍。深夜，张金树派人偷偷地割断弓弦，将兵器藏匿。张金树率部下里应外合进攻高开道。诸养子找不到武器，拿起弓箭又不能用。中军大帐乱作一团，养子们看到穷途末路，纷纷归附张金树。高开道挥刀与张金树等人展开激战，连斩数人。他责问张金树为何要叛乱？

张金树长枪一指："我们都是山东人，早就想回故乡。你既不归降唐朝，又不回山东，在这荒蛮之地，只想做你的鸟王。今日，我们杀了你，回家乡去。"

"腌臜之人，你跟我多年，我对你天高地厚，当你为心腹，享受荣华富贵。狼心狗肺的东西，拿命来——"

你养一条狗，它永远对你忠心耿耿，狗就是狗；你对人好，不可能让他都满意，因为不是所有人都是人。

万丈深渊终有底，唯有人心最难测。

高开道连斩数十人。

无奈四周俱是围兵，高开道一人战至精疲力尽，被张金树斩杀。

令人遗憾的是高开道后来看到反王尽被剿灭，他也想归降唐朝。由于前几次出尔反尔、言而无信，始终未敢向李渊求降。

易涨易退山溪水，易反易复小人心。

知恩报恩天下少，反面无情世间多。

从古至今，失信之人，不仅仅要被列入黑名单，有时候难保身家性命。

现实生活中，有些老赖欠债不还，有的恶人欺男霸女，有的地痞暴戾恣睢，飞扬跋扈，随意打骂弱小无助的人们。被逼无奈，善人怀着满腔仇恨，血洗仇敌全家。

高开道满怀遗憾地结束了自己八年的反王生涯。他的人生，总结起来就八个字——生得矫捷，死得窝囊！

看来，想长久当皇帝，光有一个好年号还不行，还需要德行高、能力强、运气好。"天兴皇帝""天成皇帝"都灰飞烟灭了，看来，靠天靠不住，不如靠"武"、靠"德"，李渊的"武德皇帝"做得是稳稳当当。

张金树把高开道的义子全部斩杀，然后砍下高开道的头颅，遣使向李渊投降。

寂寂无闻的张金树摇身一变，成了大唐帝国的燕州都督。

这是一个一切皆有可能的时代。

这也是一个宿命的时代。

尉迟恭的身份也是或主动或被动经过了几次转换，最后他跟着李世民，人尽其才、才尽其用，不必顾虑猜疑，不怕说三道四，可以放开手脚大干，在刀枪如林、血雨腥风的战场上表现出卓越的胆识和才干。可是，有一个人不服他，要与他比武。

两人比武究竟胜败如何？

## 第十三章
## 愚蠢的比武

齐王李元吉听说尉迟恭武功高超，善于使槊，他内心不服，自己是使槊的行家里手，还有比我更厉害的人吗？

他决定与尉迟恭比武。

其实，李元吉在未开始比武就已经输了。

自己贵为王子，怎么能平白无故和下层将士较量高低呢？

譬如，在一个单位，领导能和干事动手打架吗？领导赢了，不能为荣；领导输了，耻上加辱。

由此可以看出，李元吉只有匹夫之勇，而且他这个"勇"，在隋唐还是低级别的"勇"。

李元吉出生后，相貌丑陋，他的生母窦氏不想抚养他。后来，窦氏身边的一个侍女——陈善意将他养大。李元吉自幼顽劣，宁可三日不食，不可一日不猎。他还与同伴玩打仗游戏，而且是真打，每次都死伤几个人。他的乳母陈善意阻止他做这样残忍的游戏。李元吉一怒之下竟然命人杀了乳母。

比武开始前，秦王李世民建议双方都把槊头取下，刀枪不长眼，点到为止，不要伤了筋骨甚至性命。

尉迟恭淡然一笑说，我把槊头取下，齐王的不要取，他刺不着我。

李元吉内心十分恼怒，心想你这个黑头竟敢这样藐视我。他强压住怒火,表面上装作很平静,客气地说:"这是你自己选择的,不要后悔。"

尉迟恭双手抱拳:"齐王,咱们场上见。"

俩人跨马持槊来到演武场上。

他们隔着紧张的空气对视了几眼。

李元吉看不惯尉迟恭藐视的眼神,杀气腾腾向尉迟恭拍马冲来,一条槊上砍下挑左劈右挡。尉迟恭概不还手,闪展腾挪从容应对。较量了几十个回合,李元吉怎么也刺不中尉迟恭,自己身上倒挨了尉迟恭好几槊。

此时,坐在演武场指挥台上的李世民大声问尉迟恭:"尉迟将军,避槊和夺槊哪个难?"

"夺槊难。"尉迟恭侧身躲过李元吉的一招蛟龙出海朗声回应。

李世民倏然站立,把手一挥:"那你能不能把他的槊夺过来?"

李元吉听到俩人对话勃然大怒,你们如此小瞧本王,我今天要杀死这个不知天高地厚的黑汉。他腾空跃马,手舞长槊,一招白虹贯日直刺尉迟恭心窝,哪料到尉迟恭还是轻巧躲过。李元吉拨马转回,拼尽全身力气拿出自己的绝招白蛇吐信没有见效,接着是海底捞月。尉迟恭见他马槊在身旁"捞"来,露出了破绽,伸手便将李元吉的马槊夺过来。

尉迟恭嘿嘿一笑,将马槊扔给李元吉。

谁知李元吉接槊后陡然来了一招盘龙吐信——转身反劈,尉迟恭急忙藏身马后,抬手将挥过来的马槊抓住,猛然一转,又将马槊夺过来。

尉迟恭立起身又把马槊还给李元吉。

李元吉扬手接住马槊,面露尴尬之色,他稍微定了定神,大吼一声,使出"孤雁出群"自杀式夺命毒招,刺向尉迟恭。这次尉迟恭已有防备,扭身躲过,双手使劲一拽,李元吉坐骑踉跄了几步,差一点把李元吉连人带马拽倒,他慌忙抓住马鬃,他的马槊已经到了尉迟恭手里。

李元吉空着双手横眉怒视尉迟恭,众目睽睽之下他也不好发作,提起马缰转身而去。

尉迟恭拍马紧走几步,将马槊递给李元吉。

李元吉接过马槊,什么也没说,脸色像猪肝,只是回报以无奈而尴尬的一笑,羞耻、愤怒、不服都在这一笑里。他转头望向指挥台,李世民也正在望着他,两个人的目光碰在一起,刹那间俩人又同时回避了对方的目光。

在这里有必要了解一下马槊。马槊是中国古代重型的骑兵武器,长四米左右,重几十斤。马槊的外形与枪、矛相近，但马槊有长达六十厘米多的槊刃，两边尖利无比，这么长的槊刃配上槊杆，其威力可想而知。有的马槊槊头是圆形，上面有铁钉。马槊的长杆并不是寻常木杆，以柘木做主干，用油反复浸泡，外层再缠绕麻绳，涂以生漆，裹以葛布，三年而成。主要技法有刺、劈、盖、截、拦、撩、冲、带、挑等。马槊可以说是中国古代冷兵器的代表，也是著名武将的标配。

这一次比武，为李元吉日后在玄武门罹难埋下了祸根。如果不比武，谁也不知道谁的底细，狭路相逢勇者胜。再加上自己身为王子的身份，尉迟恭不一定能把自己怎么样。

但是，历史只有结果，没有如果。

这一次较量，尉迟恭在武功上和名气上取得了胜利，李世民在政治上和势力上占得了先机。李元吉一直帮助太子李建成与李世民明争暗斗，想置之死地而后快。这一次他又没有斗过李世民。

尉迟恭给李世民张了门面，李世民喜上眉梢，他满面春风地吩咐庖屋做莜面窝窝、炖羊肉，准备"雁门春"酒，犒劳尉迟恭。

交友须带三分侠气，做人要存一点素心。

他熟知尉迟恭的爱好，爱吃家乡的"莜面窝窝"，爱喝"雁门春"。

军队里有尉迟恭从家乡带来的伙夫。只见那做饭师傅用不烫手的热水和好面，用箅子盖住饧一会儿。然后，把揉好的面搓成一个个拇指粗的面剂子。揪一个鹌鹑蛋般大小的面疙瘩，放在光滑的推窝窝石头上，用手掌轻轻一推，变成薄薄的小面片儿，慢慢揭起来，顺势在食指上绕成一个卷儿，把它立在笼屉上。一个个紧挨着有序排列，好似蜜蜂窝。

窝窝做好后，立刻用猛烈的柴火蒸，十五分钟后莜面味溢满军帐。

这馋人的莜面香味，如同一条时光隧道把尉迟恭带回家乡。脑海里浮现出金黄的莜麦穗，各种各样的家乡面饭：饸饹、拿糕、纥拘、拔面、块垒、龙蛋、扬扬、拌汤、糊糊、疙瘩、炒面、搓鱼鱼、抿八股、和子饭、老哇含柴、牛肉饺子、羊血饺子、地皮菜饺子、油饹馇饺子、生山药丝饺子、熟山药丝饺子、菜丝饺子、讨吃卷铺盖……

外地的将士们不知如何称呼这般美食，便叫犒劳饭。平鲁方言习惯用叠词，比如笑嘻嘻、碎粉粉、圪梁梁。他们把犒劳饭叫做犒劳劳，后来逐渐演变为栲栳栳。这种民间面食由长安传遍了周边地区，成为北方山区人民的美味面食。

幸福的味道，就是莜面的味道。

桌子上放着十几笼莜面窝窝，数坛雁门春，几十盘盐煎羊肉。李世民挨桌敬了酒。尉迟恭和众将士蘸着酸菜辣椒汤大快朵颐。他高兴地说："莜面就酒，越喝越有。"

秦叔宝与其他将领坐了一桌，他一吃一放筷，一派钟鸣鼎食之家饮食做派。

尉迟恭吃喝完后，用手抹了一下嘴，顺手拿袖子擦干额头上的汗滴，双手撑腿站起，打了几个饱嗝，走到李世民身边，拍着肚子说："知我者，主公也！今日我可是吃得又香又饱！"

李世民与众将士捧腹大笑。

程咬金捣了他一拳："这黑圪旦，真是个山汉。真有这么香？"

"等那一日，回到我家乡，我请你们吃山西各种杂粮面食，馋死你们。"尉迟恭说完睡觉去了。

你吃土的时候没有人问你苦不苦，你吃肉的时候总会有人问你香不香！

无论山珍海味，还是地方美食，都不过是一碗人间烟火。

尉迟恭三夺槊的威名很快传遍了各地。李世民从此以后赋予他多重角色——既是唐军的大将，又是自己的高级保镖。以后的日子里，尉迟恭为李世民作了哪些突出的贡献？

## 第十四章
## 定唐鞭

公元220年，大汉王朝在三国群雄的争夺中轰然倒地，华夏大地就进入了一个狼烟四起的乱世。近四百年中，无数的英雄豪杰，梦想建立一个河清海晏的大一统帝国，然而始终未能如愿。四百年来古老的大地一直在铁蹄下战栗，民众在流离失所中呼号："来世宁为太平犬，不做乱世人。"

如今，战云密布的天空露出了和平的曙光。

在秋风送爽、丹桂飘香的一个上午，唐高祖李渊在早朝后传旨："摆驾到禁苑，看小交兵去！"

他这几日心情好、兴致高，想看一出情景剧。

殿前二十四营带刀指挥和四十八卫保镖保驾李渊来到禁苑。左文官，右武将，恭恭敬敬齐齐整整站立两旁。太子李建成、秦王李世民、齐王李元吉领众总管，迎接高祖在看乐殿坐下。

禁苑雕梁画栋，金碧辉煌。碧桃妖娆，芙蕖荡漾，澄碧的泉水潆洄其间。粉蝶翩翩锦绣中，蜜蜂匆匆菲芳径。黄莺婉转，紫燕呢喃，凌云台榭倒映水中，犹如蓬莱仙境。

六十五枚编钟，分八组、三层悬挂在满饰彩绘花纹的铜木钟架上。乐师们开始演奏《胡笳十八拍》。这是李渊最爱欣赏的曲目。东汉才女蔡文姬博学多才，精通音律。她将自己在匈奴十二年的经历写成千古绝唱《胡笳十八拍》。宫廷乐师将大漠的风沙、中原的雪月演奏得哀婉凄切，沙砾自飞，如临其境。仿佛高天上的流云为游子神伤，恍若暗夜的星辰为将士落泪。

多亏曹操花金钱和玉璧从南匈奴那里将蔡文姬赎回来，给后世留下如此精美绝伦的乐曲。

历史上有许多奇特的现象。越是四分五裂的乱世，各种流派异彩纷呈，文化艺术越璀璨；越是天下一统，安宁和谐，文化艺术缺少大师名著。

编钟余音绕梁，一阵快板响起。随着琴筝瑟笛箫篪琵琶声起，一对对娇嫩丰盈的妙龄少女翩翩起舞。青丝墨染、若仙若灵，时而抬腕低眉、时而轻舒云手，一会儿似孔雀开屏、一会儿如莲花绽放。舞女们飘向两边，一位千娇百媚的歌姬袅袅娜娜款步走来，宛如莺歌般的妙音萦绕在禁苑上空——

"忆梅下西洲，折梅寄江北。单衫杏子红，双鬓鸦雏色。西洲在何处？两桨桥头渡。日暮伯劳飞，风吹乌臼树。树下即门前，门中露翠钿。开门郎不至，出门采红莲。采莲南塘秋，莲花过人头。低头弄莲子，莲子清如水……"

歌声像一泓潺潺流水浅吟低唱。唱到动情处婉转得似深情交融时的一行热泪。歌——人类最早萌发的文明，永远是人类灵魂的翅膀。

鼓乐齐鸣，掌声如潮，王公大臣们陶醉在裙袂飘飘的梦幻演出中。偌大的禁苑充满轻歌曼舞的醉人氛围。

歌舞表演结束后，李渊宣李建成和李元吉到前吩咐："今天是仿真演戏，朕想看看当时的情景，传我的旨意，都不许下手太重伤害人身，你们派谁扮演单雄信？"

李建成急忙上前奏道："父皇，儿臣派我的家将邢勋缯。他使一柄狼牙棒，青脸黄须，长得和单雄信非常像，犹如孪生兄弟，表演起来更有真实感。"

李渊手捋长须："宣来。"

邢勋缯急忙跑来叩头听旨。

"朕昨天已经下了圣旨，你知道不知道？今日是表演尉迟恭单鞭救主故事，朕要与民同乐。"李渊郑重地布置指挥，生怕有一丝纰漏，"正南上有一片竹林，着你隐藏在里面，等二殿下来看竹林，就像在河南察看敌情一般。虽然要你追赶秦王，只是演习，不许伤害。如若违反定要斩你"！

"下臣明白。"邢勋缯叩头而去。

李渊又嘱咐徐茂公："朕要看看你是怎样文劝单雄信的，特别是你们割袍断义，要精彩呈现。"

徐茂公说："微臣知道了。"

李渊宣尉迟恭来到面前叮嘱："这里是御花园，和别的地方不一样。正北有一个金莲池，就当你洗马的河湾。你要像当时一样，不要戴盔披甲，蓬头单衣，空手赤脚，洗刷你的抱月乌龙驹。要逼真地还原当时单鞭救主的情节，注意不要伤害到他人。"

尉迟恭启奏道："万岁，我担心在演习的时候，有意料不到的事情，臣也要奏过皇上再去处理吗？"尉迟恭早已觑见邢勋缮面带阴气、眼睛闪烁，恐他图谋不轨。

李渊说："如有意外情况，你可自作主张处理。"

"臣明白。"尉迟恭退下准备去了。

唐高祖李渊又宣李世民上殿："吾儿你看紫竹林就当观察敌军军情，一定要表现得谨慎小心。"

唐高祖李渊一切都要本色出演，一切都要精彩呈现。

李世民领了父皇之命，跨上战马，径直来到紫竹林。

他的身后两双阴冷的目光送他上路。

李世民东瞧瞧、西看看，一会儿凝眉注视，一会儿手搭凉棚远望。李渊微笑着说："吾儿在河南就是这样观察敌情吗？"

徐茂公近前启奏："秦王殿下当时确实如此。"

伟人干什么都是好手。李世民如果当演员，一定是影帝专业户。

李世民正在竹林观看，邢勋缮倏然从竹林里跑出来，手持狼牙棒就向李世民头上砸来，李世民侧身躲过，大惊失色："说好了是演戏，怎么真的砍杀？"

"皇上让演得逼真，在下只能如此。"邢勋缮说罢又挥棒劈来。

李世民兜缰拍马就跑。他边跑边说："你这哪里是演戏？分明是要我性命！"

邢勋缮打马追来："秦王慢行。咱们还得表演一番。"

"无耻小人，我早已看破你的图谋，看我宰了你。"李世民说着抽出了宝剑。

"秦王明鉴。小将有难言之隐，我不杀你，我命休矣。"邢勋缮在后拼命追赶，"为了我的身家性命，秦王，对不住了，今取了你的性命，我下辈子再报答你吧……"话未说完，狼牙棒呼啸而来。

李世民用宝剑架开，快马加鞭在御园内奔逃，邢勋缮在后面紧追不舍。看台上，李建成和李元吉脸上的杀气一晃而过。望见李世民落荒而逃，两人的嘴角露出了幸灾乐祸的冷笑。

李渊望见两人缠斗不休，那邢勋缙招招要命，李世民根本不是他的对手。不像是演戏，他急忙喊徐茂公："不要文劝了，快叫尉迟恭救驾！"

徐茂公纵马扬鞭，高呼道："尉迟恭，主公有难——真的有难，快去救驾！"

"黄毛小儿，勿伤我主——"尉迟恭大喊一声，单衣裸马，手擎铁鞭，急纵龙驹赶到。

邢勋缙听到喊声，回头张望，尉迟恭已经赶来。他举起狼牙棒劈面就向尉迟恭砸来，尉迟恭挥鞭挡开。邢勋缙只听"噌"的一声，双臂酸麻，正在惊异之间，尉迟恭回手一鞭，照邢勋缙的头顶打下。邢勋缙头盔破碎，脑袋上溢出红的、白的五颜六色的东西，晃了晃栽于马下。

尉迟恭打死了邢勋缙，侍臣忙着奏闻高祖。

唐高祖脸色铁青，手指哆嗦："邢勋缙这贼，违背圣旨，欺君罔上，图谋杀害秦王。着刀斧手碎剐其尸，以正国法！"

李渊赐李世民御酒三杯压惊后，宣尉迟恭上殿，赐金花彩缎，官封定山河兴社稷昭武功彰义勇龙虎大将军，出朝为将，入朝为相，将相双兼，出军先挂先锋印！

尉迟恭当驾谢恩。

唐高祖又问："你这鞭唤做什么鞭？"尉迟恭说："叫九节镔铁鞭！"高祖说："拿过来！"尉迟恭把鞭呈上龙案。

李渊举笔在手，饱蘸朱砂红墨，在鞭上御封"定唐鞭"。

鞭稍上御笔亲题一十六字："虽无銮驾，如朕亲临。但有奸邪，打死不论！"写罢吩咐尉迟恭："爱卿日后持鞭，上打昏君、下打奸臣！"

尉迟恭叩头谢恩后，穿戴上皂罗袍乌油甲，手持"定唐鞭"，擎一杆丈八马槊，站立在李世民身边。

唐高祖质问太子李建成："你的家将邢勋缙为何要置秦王于死地？"

李建成狡辩道："他是才来几天的门客，儿臣确实不知道他的心思。"

唐长庆二年（公元822年），义成军节度使曹华在汴水得到尉迟恭的铁鞭，上面有字。咸通尚书郎李昌符作《咏铁马鞭》：

汉将临流得铁鞭，鄂侯名字旧雕镌。

须为圣代无双物，肯逐将军卧九泉。

汗马不侵诛虏血，神功今见补亡篇。

时来终荐明君用，莫叹沉埋二百年。

回到城里，李世民赏赐了尉迟恭许多财宝，其中就有一柜金钱。尉迟恭打开钱柜发现柜子里有一张帖子，拿起来辨认，原来是自己以前写的，上面有自己亲笔签名"尉迟敬德"。尉迟恭微微一笑，感叹天下之大无奇不有。尉迟恭将这些财宝分赏给自己手下的弟兄们。

尉迟恭端详着手中的定唐鞭，内心波澜起伏，山雨欲来风满楼，唐王朝的内斗愈演愈烈，自己将面临哪些严峻的考验？

## 第十五章
## 玄武门事变第一功

一

唐武德九年（公元626年），对于唐朝来说是一个多事之秋，这一年发生了许多大事。

突厥入侵、玄武门事变、李渊退位、李世民登基、尉迟恭被封为吴国公……

从武德元年（公元618年）六月起，李世民剿灭了占据兰州等地的薛举、薛仁杲父子，平定了河西走廊；消灭了刘武周集团；战胜了王世充和窦建德联盟。

武德七年（公元624年），占据渔阳的燕王高开道为其部下张金树所杀，张金树降唐。

北方的割据势力和叛乱基本平息。

李渊派遣四路大军肃清了江陵的萧铣势力、江东的辅公祏势力。

唐朝采取优抚政策，派人说服岭南的冯盎、宁长真等酋长归降。有时候，消灭敌人的最高明办法，就是把敌人变成朋友。

《孙子兵法》云："是故百战百胜，非善之善者也；不战而屈人之兵，善之善者也。"

许多时候，不一定非要决出胜败，搞零和游戏。实现双赢，应该是人类最佳的选择。利己不一定要损人，要寻求既利己又利人的做事方法。你发财，不要让别人穷；你当官，不要让别人下岗；你得意，不要让别人扫兴。尽量做到说话让人高兴，做事让人感动。

唐朝终于一统天下。

历史，其实是一场没有规则的竞赛，比的是眼力、智力、实力、耐力、魄力、魅力。

哪个集团的综合实力强大，哪个集团就能胜出。

不是表面的强大，不是数量的累加，不是虚胖。

人生，就是一次马拉松淘汰赛，比的是信心、决心、耐心、虚心、诚心、细心、热心、恒心等等。

谁的心多，谁就能成功。

李世民战功卓著，唐朝江山十之有九是他打下的。

李渊有二十二个儿子、十九个女儿。窦皇后亲生李建成、李世民、李元霸和李元吉。李元霸早亡。

兄弟阋于墙，外御其侮。可是，没有了外侮呢？翻开中国历史，为了皇位，为了名利，兄弟之间同室操戈的常见于史册。

剿灭了外乱，内斗开始了。

内斗在太子党和秦王党之间展开。

太子李建成深知功高盖世的李世民绝非池中困龙，时刻威胁着自己的地位。令李建成坐卧不安的另一个滥觞是父皇李渊多次许诺让李世民接班。

李建成究竟是一个什么样的人？能不能担当皇位继承人的重任？

李建成，小名毗沙门，出生于隋开皇九年（公元589年）。唐高祖李渊长子，唐朝开国太子，陇西成纪人。

公元615年，李建成和他后来的太子妃郑观音成亲。这一年，李建成26岁，郑观音16岁。

公元617年，隋大业十三年五月，李渊任太原留守，面对天下大乱、烽烟四起的局面，他面临着两个抉择——要么做隋朝的忠臣，誓死维护隋炀帝腐朽的统治；要么自己也起兵造反，夺取天下。

史书对李渊的评价是：任性真率，宽仁容众。李渊自幼父母双亡，与隋炀帝是姨兄弟，从小受到姨姨——独孤皇后的疼爱。他不忍心对比自己小两岁的童年玩伴杨广落井下石。

在李世民、刘文静、裴寂等人的一番运作下，特别是裴寂在灌醉李渊后，让几个美女陪侍他。而这些美女其实是隋炀帝晋阳行宫的嫔妃，李渊已经犯了欺君大罪。

李渊不得不反了。

他首先诱杀了隋炀帝派来监视自己的两个副将，接着以平叛刘武周名义招兵买马，打造兵器。

李渊深深懂得：枪杆子里面出政权。

隋朝规定，在外任职官员，不能带家属，李渊的夫人以及家人此时都在河东，他密令李建成秘密把家眷从河东护送到晋阳。

万事俱备后，李渊举起了义旗。

隋大业十三年（公元617年）五月十五，李渊在晋阳起兵，开始了他的创业之路。

李建成到晋阳后，奉李渊之命攻取西河，只用九天取得大胜。李渊甚喜，封李建成为陇西郡公、左领军大都督，统左三军。李建成奉命率刘文静、王长谐等数万人屯永丰仓、扼守潼关、大败屈突通。当年十月，李建成率兵与李渊会合，在攻克长安的战役中其部下雷永吉率先登城。

李建成在北部抵御突厥，是李世民中原逐鹿取胜的必要条件，为李唐统一中原奠定了重要的后方基础。

在李世民对外征战期间，李建成管理后勤补给等军务事宜，全力以赴支援前方战事。

李渊有意让李建成留在身边，习练文武之道，熟稔治国安邦之策，成长为一个合格接班人。让李世民和李元吉带兵征战四方，夺取天下。

公元618年，李渊在长安称帝，李建成被立为太子。此时的李唐王朝只是许多割据势力中的一员。随时都有被其他反王扼杀的危险。李世民带兵在外征战。李建成协助李渊处理政事，他还多次率军打退突厥的入侵，剿灭了刘黑闼，平定山东、河北一带。

《旧唐书·隐太子建成传》说建成当了皇太子后，"高祖忧其不娴政书，每令习时事，自非军国大务，悉委决之"。

历史评价李建成直率、宽简、仁厚，喜饮酒，爱狩猎，很有才干。

可以看出，李建成不是平庸无能之辈。只不过他的弟弟李世民太优秀太精悍了。

既生瑜何生亮。

从武德二年开始直至武德九年六月四日那个早晨，太子府和秦王府一直在明争暗战，而且愈演愈烈。

第一个爆发点就是刘文静事件。刘文静与裴寂政见不同，个人关系十分紧张。公元619年夏季的一天晚上，刘文静在家中喝酒后，袒胸露乳，指天划地，大骂裴寂，拔佩刀劈砍家里的厅柱，扬言要杀裴寂。这话让他的一个失宠小妾听到后，告诉了自己哥哥，她的哥哥跑去报告朝廷，说刘文静要谋反。

裴寂是李渊宠信的宰相，李建成的心腹。裴寂趁机向李渊进谗言："刘文静才干出众，生性阴险，现在内心愤恨已经显露。如今天下未定，若刘文静与外敌串通，后患无穷。"

李渊定罪要斩杀刘文静。

刘文静既是李世民的将领，又是谋士。李世民多次向李渊求情，看在刘文静从晋阳起兵以来的功劳，免其死罪。李渊不允，最后刘文静被斩首示众。

这次事件给李世民的心灵造成巨大的伤害，他久久不能释怀。他明白了，没有权力，自己说了不算，就不能保护自己的爱将。李唐王朝内部出现了第一次裂痕。造就了李世民在权力斗争上的冷血性格。

大唐江山大部分是我打下的，自己不能做江山不说，手下人受陷害，自己处处遭挤兑。

李世民表面上不说，内心不服。

谁他妈规定的这破制度，生的早就做皇帝，生的迟就做臣子，为什么不能择优选拔，量才任用？

看来，落后的封建社会确实需要埋葬。

唐武德七年（公元624年）初夏，李渊带着近臣和嫔妃到玉华山避暑，军政大事交给太子李建成处理，也就是太子监国。正当李渊享受玉华山良辰美景时，他得到一个惊天报告——太子勾结庆州都督杨文干谋反。

李渊立刻召见李建成。李建成以头撞地，当面痛哭流涕认罪，承认自己给杨文干私运盔甲，但绝没有谋反之心。李渊将李建成收监，派宇文颖到杨文干处探听虚实。杨文干见了皇帝的使臣后，果然起兵反叛，做实了太子谋反事实。

李渊命令李世民带兵平叛。李世民建议派一位大将即可，用不着自己亲自前往。李渊说杨文干反叛涉及太子，不清楚还有多少人牵连其中，确实需要秦王亲自带兵平定叛乱。李渊许诺李世民得胜归来，立他为太子。李渊还说，我也不杀李建成，封他做蜀王，日后他能诚心诚意辅佐你，你就留用他；如果不能，你就废了他。

平叛很顺利，杨文干被部下所杀，李世民将宇文颖抓获后就地斩杀，仅用了四天时间就平定了叛乱。

在李世民平叛时，李渊亲自重新调查了太子谋反案。他发现有许多疑点没有合理的解释。

太子派出送盔甲的人，为什么半路前来告密？

太子既然与杨文干串通谋反，为什么还要前来玉华山请罪？

朝廷使臣宇文颖，为什么一去不归，生死不明？

杨文干为什么见到了宇文颖，才起兵造反？

李渊经过多方审讯，发现秦王府的杜淹处处参与其中。

通观整个事件，背后有一个影子，这个影子是谁？上上下下只能意会不能言传。杜淹得到太子派人给杨文干运送甲胄的情报后，威逼利诱运送甲胄的人，向李渊告密。

宇文颖即将前往庆州时，杜淹告诉他，让杨文干马上起兵营救太子。

李渊回顾整个事情的来龙去脉，他知晓了太子李建成给杨文干赠送甲胄，只是为了拉拢属下武将，并没有谋反之心。

秦王府是简单事情复杂化的幕后推手。

因此，李渊在李世民平叛回来后，并没有立他为太子，外甥打灯笼——一切照旧。手心手背都是肉。李建成还是太子，李世民还是秦王。李渊只是流放了太子府两个谋士和秦王府的谋士杜淹。

李建成为人敦厚，处事稳健，理政从军都有不俗的表现，多少年的考验与观察，没有大毛病，李渊确实不忍心废了他。

李世民与杜淹洒泪而别，重赏了杜淹三百两黄金。这起事件也让李世民认识到，父皇既可以承诺，也可以收回。从父皇这里得不到自己想要的东西。

轰动一时的杨文干事件，最后在不了了之中画上了一个耐人寻味的省略号。

李建成与李世民为龙椅的争斗在静水深流中继续进行。

李建成讨好后宫嫔妃，让她们找机会贬奏李世民，吹枕头风。说秦王府的人打人骂街，秦王目无圣上，独断专行，假公济私，收买人心，等等。

李渊爱听枕头风，听信了这些风言风语，对裴寂说："此儿典兵既久，在外专制，为读书汉所教，非复我昔日子也。"李渊对李世民有了一些猜疑和不满。

李建成利用后宫这条战线打击李世民，取得了卓有成效的硕果。

李建成在李元吉的协助下，对秦王府的文臣武将进行拉拢、调离、分化、瓦解。

房玄龄和杜如晦两人是李世民最重要的谋臣,"房谋杜断"赫赫有名,这二人是最佳搭档。李建成忌惮他们给李世民出谋划策,不止一次对李元吉说:"武将尉迟恭,文官房玄龄和杜如是秦王府中真正可怕的人!"

　　他上奏父皇:房玄龄和杜如晦多次挑拨自己和李世民关系,搞得我们兄弟之间不和睦,请父皇严加惩处。

　　唐高祖当然相信儿子的话,尤其是涉及到外人干预李家的事,毫不犹豫就把房、杜二人调出秦府,严令他们以后不准和李世民有任何往来。

　　李建成又抓住程咬金贪污的把柄,向李渊告了一状,剥夺了程知节的爵位,降为康州刺史,让他离开秦王府到外地任职。

　　李建成以自己作为太子的政治优势,利用父皇的旨意在政治战线上打压李世民。

　　李建成的一系列组合拳打得李世民节节败退。

　　大大咧咧的程咬金也看穿了李建成的把戏,他对李世民说:"他们这样分化你的力量,一定有阴谋。你面临着危险。我拖几天不去上任,你要想好对付他们的办法啊!"程咬金称病未去赴任,一直拖到玄武门之变。

　　李建成要砍掉李世民赖以称雄的左膀右臂,最重要的目标便是尉迟恭。他秘密派人给尉迟恭送去一封言辞恳切的信:"我对尉迟将军仰慕已久,盼望您屈身莅临太子府,给予我父兄般的关照。您在我这里可以大展宏图,我非常想同您做一个亲密无间的朋友,咱们一起享受荣华富贵,希望您能答应我的请求。"同时送去了一车金银珠宝。

　　尉迟恭回复道:"我尉迟敬德出身低贱,逢天下大乱,自己无处藏身,四处逃窜,后来陷入叛乱队伍,罪大恶极,死有余辜。承蒙秦王收留,对我有再生之恩,唯有以身相报。对于太子殿下,我没有半点功劳,故不敢接受重赏。若私下许诺殿下,那我就是背叛恩人。一个见利忘义的小人,您又用他干什么呢?"

　　这个平鲁山汉是个一根筋。大姑娘讨吃——死心眼。为什么不跟着太子混?以后有吃有喝有钱花有官做。李建成那可是储君,是下一任皇帝。

　　现实中的许多人,挤破脑袋巴结权贵,有这么大的靠山,求之不得啊!屁颠屁颠早跑去鞍前马后伺候了。

　　尤其是,权势与利益结合在一起,忠诚往往显得软弱无力。显赫的权势与巨大的利益成为一个共同体,更具有战无不胜、攻无不克的威力。

　　古往今来,多少英雄豪杰没能抵挡住权势的拉拢、金钱的诱惑,最终身败名裂。

尉迟恭义正辞严又不失礼仪,他不仅仅能征善战,更显示出他的大智慧大格局,这才是真正的大英雄。无数声名显赫的达官不知满足,多少家财万贯的权贵还要贪腐,给予我们后人无尽的启迪。

信念是最为坚固的东西,一旦坚持,就很难动摇。而金钱、美色在它的面前,是极为软弱无力的。

尉迟恭将事情原原本本告诉了李世民,体现了他光明磊落的做人原则。李世民听后激动地说:"公之素心,郁如山岳,积金至斗,知公情不可移。"顿了顿,李世民劝说尉迟恭,送来就收下,不要考虑那么多。你要是拒绝不收,恐怕他们要报复你。

对于尉迟恭这种耿直之人而言,钱财如粪土,忠义值千金。他认人不认官,认理不认钱。

果然不出李世民预料。拉拢不成,李建成和李元吉雇用江湖杀手刺杀尉迟恭。

尉迟恭听到太子府内线传来的消息后,召集府内侍卫商议对策。侍卫们建议尉迟恭白天出行多带随从,晚上紧闭前后府门,关好门窗,加派巡夜力量,在尉迟恭的卧室四周布置流动哨和固定哨,确保将军安全。

尉迟恭听完众人意见,沉思了一阵,摇摇头说:"被动防守不是办法,我们要反其道而行之。从今夜开始,前后府门大开,所有门窗不要关闭,我每天安然睡在自己屋里,你们都呆在房内,不要在外站岗值守。瞪大眼睛细瞧杀手究竟是谁?如若杀手进入我室里,咱们里应外合将其一举抓获。"

将军府的侍卫和仆从听完尉迟恭出人意料的安排,纷纷摇头反对,直言风险太大,不可如此。尉迟恭嘿嘿一笑,坦然地一挥手:"各自去准备吧,我尉迟恭万军丛中来去自由,还怕他一个杀手?"

是夜,杀手脸蒙黑纱身着皂衣,摸到尉迟恭将军府。他前后左右观察了一遍,探视到前后府门大开,不敢从大门进入。犹豫了片刻,杀手用足内功,"嗖"的一声窜上墙,身轻如燕落在墙头,窥视院内无人,悄声翻墙进入尉迟恭府邸。

赫赫有名的将军府怎么黑灯瞎火?

府内竟然没有一个岗哨?

凭着黯淡的星光,依照在太子府看到的地图,杀手手持利刃摸到尉迟恭睡觉的卧室旁,定睛细看门窗大开,尉迟恭安卧在床鼾声如雷。杀手环顾四周,附近所有门窗都开着,院内阒静无声,只听见自己"咚咚"的心跳声。

杀手霎时感到自己已经被无数双眼睛逼视。不知在哪个角落刀剑弓弩早已瞄准自己。阴森恐怖的气息笼罩全府。

不对！尉迟恭早有防备，不能动手。

难道床上睡着的是替身？还是一个假人？

他蹑手蹑脚悄然退出府门，一溜烟消失在暗夜中，好似一点墨汁融入黑水。

在尉迟恭府邸附近，李建成派出一支伏兵，但等杀手得手后，将其灭口。他们等了一夜，没有听到打斗声和喊杀声，也没有看见杀手出来。埋伏的将领在黎明前，回到东宫复命，李建成闻报后，大骂杀手不义、属下无能。

李建成和李元吉看到暗杀不成功，就捏造尉迟恭的罪名，到唐高祖那里诬告尉迟恭谋反，将尉迟恭下入大狱。李世民去找唐高祖苦苦求情，自己用生命担保，才把尉迟恭救出来。

## 二

武德九年（公元626年）六月初一，太白金星在白天出现于天空正南方的午位。

按照古人的说法，这是发生大事的先兆，譬如战争、瘟疫、政变等等。碰巧，真有一件大事发生，这时候边关快马来报，突厥数万骑兵突入长城边塞，包围了乌城。

一切征兆预示着灾祸降临。

太子李建成推荐齐王李元吉为兵马大元帅，抵御突厥进攻。唐高祖同意了他的建议。李世民多年征战太辛苦了，更重要的是该让李元吉立一些战功，平衡一下兄弟们的关系。李世民一枝独秀功高震主，李渊也感到如芒刺在背。

李元吉要求让尉迟恭、秦叔宝、程咬金、段志玄等秦王原部下将士一同出征，李渊也应允。

他明知这些武将对李世民忠贞不渝，不会为他效力，那为什么出征打仗还要带走这些秦王府武将呢？

为了除掉李世民，首先要瞅准机会剪除秦王府武将。

将在外，君命有所不授。到时候两军交战，随便找个借口，杀掉这些武将还不是易如反掌的事情。

在太子府中担任率更丞职位的王晊报告李世民：太子和齐王密议，雇用流寇埋伏在昆明湖，在秦王送李元吉出征时，趁其饮酒作别，除掉秦王！然后，唐军包围这些流寇，全部杀掉，杀人灭口。事后，再启奏唐高祖李渊，李世民遇害，是流寇所为。齐王在出征突厥后，找借口将尉迟恭、秦叔宝、程知节、段志玄等人统统杀害。

这个情报无法用金钱衡量。

但是，李世民擦了擦冷汗，还是重赏了王晊。

率更丞是率更令的副手，在太子府中掌管皇族次序、礼乐、漏刻及赏罚等事务。

李世民不能明目张胆打击太子集团。他搞无间道，打间谍战，收买了李建成身边的王晊，拉拢了玄武门守将常何，笼络住玄武门禁军将领敬君弘。这些人，都身处要害部门。

李世民搞间谍工作也是高手。

有时候，一个间谍的能量抵得上千军万马，可以影响历史的走向。

"非圣智不能用间，非仁义不能使间，非微妙不能得间之实。微哉！微哉！无所不用间也。"《孙子兵法》

在太子集团里，他布置了一些耳目、内线、卧底和间谍。

李世民的兵权被夺，自己手下的文臣武将又被调离和挖走。重要的是，这些命令都是通过皇上下达的。李世民不能抗争与拒绝，否则就是抗旨不遵。李世民已经陷入十分危险的境地。李建成认为，自己这个精明强干的二弟，即使有回天的本事，也无能为力了。

面对胜利在望的大好形势，太子李建成装出宽宏大度的姿势，邀请李世民和李元吉兄弟聚会。他要让父皇和大臣们看看，我李建成的高风亮节和广阔胸襟。

我李建成是一个合格的皇帝，是一个称职的长兄。我可以团结带领所有人，同心同德、勇毅前行，把大唐帝国建设成一个富强和谐美丽的世界强国。

这是在刘文静事件后，兄弟三人的第一次相聚饮酒。

各怀心思的三个人，谈笑自若，走斝传觞，杯中的美酒难以消融内心的隔阂。为了权力，为了宝座，兄弟之间已经水火难容，变成了尔虞我诈的政治对手。手足之情的兄弟，只能强颜欢笑，任何多余的话语都有些虚假，三个人只好不断地推杯换盏，互相敬酒。当晚，李世民不知道是不胜酒力，还是内心郁闷，喝得酩酊大醉，被随从背回了王府。

第二天，从秦王府传出消息，李世民喝酒中毒，吐血不止。

李渊得知后，给李建成下了敕令："秦王素不能饮，自今无得复夜饮。"随后，他亲自前往秦王府看望李世民。李渊对李世民说，我看你们兄弟住在长安，经常发生一些不愉快的事，不能好生相处。我想让你去洛阳，陕州以东的地区都归你管辖，可以使用天子的旌旗。

令人不解的是，李世民喝酒中毒，竟然没有暴毙，只是吐血。

是李建成毒药下的剂量太小？

是李世民抗毒能力太强？

还是李世民表演的一出苦肉计？

史料记载，李世民确实是喝酒中毒，但是我们用自己独立的大脑分析判断，太子李建成作为储君，没有必要在自己家中给李世民下毒，而且也不用采取自己动手的办法。退一万步说，即使下毒也不会剂量这么小。

综合分析，这是一出苦肉计。

这是李世民在被太子集团围攻得节节败退的窘况下，被动采取的反击措施，他就是要演给李渊看。

你的二公子虽然劳苦功高，但是已经小命难保。

苦肉计效果显著。

李渊要将天下一分为二。

李世民内心很高兴。

但是，他流出了热泪，扎挣着从病榻上坐起，擦干了眼泪，满脸是舍不得离开父亲的痛苦表情："儿臣不想离开父皇，走那么远，我想念您怎么办？"

李渊劝说道："东西都相距不远，朕想你的时候，随时可以去看望你。"

李世民继续以泪洒面，抽噎着说不出话来。

英俊潇洒的李世民如果生在今天，一定是奥斯卡影帝。

人生如戏，全靠演技。

看来，有才能的人，无论在哪个时代，都会有成就。

想想我们自己，不仅做不到泰山崩于前而色不变，麋鹿兴于左而目不瞬，也做不到喜怒不形于色，好恶不言于表，悲欢不溢于面，就连说话过一下大脑，也做不到。

修养，确实是人一辈子的课题。

李建成和李元吉得知这个消息后，急忙发动朝中大臣阻拦。他们心知肚明，当父皇不在世的时候，以洛阳的物质基础，李世民手下的文臣武将，加之李世民文韬武略，他们绝不是李世民的对手。到那时，他们不但做不成李世民的殿下之臣，恐怕会成为李世民的刀下之鬼。

李渊又收回了成命,没有让李世民去洛阳。

作为父亲,李渊不想看到亲兄弟在长安骨肉相残。

作为皇帝,李渊又不想自己去世后,变成兄弟争夺天下。

李渊很纠结,很痛苦。

太白金星已经连续第三天出现在白天的天空中。预示着李唐王朝将要发生重大变故。

究竟是什么样的变故?

唐朝天象专家——太史局太史傅奕经过认真研究后报告:太白形于日侧,见于秦分,主秦王当有天下。

李渊通知李世民进宫,当面向他做出解释。

各种压力和危险一起向李世民袭来。他面临着被除掉的境遇。

李世民念及手足之情犹豫不决,不忍发动政变。尉迟恭根据局势分析道:"人家已经开始动手,分化你的实力,瓦解你的军心,砍掉了你的左膀右臂,下一步你只能束手就擒,对手已经密谋杀害你了,自己还存仁爱之小情,忘社稷之大事,到时候悔之晚矣!"

李世民仍然不愿先下手,要等对方动手后,再按照义理惩罚他们。

尉迟恭进一步劝道:"作为人之常情,有谁舍得去死!大家情愿以死来侍奉您,这是上天的恩赐。如果上天给你恩惠,你却不接受,反而会受到罪责。灾祸来了不知担忧,快要灭亡却无动于衷,不具备前辈圣贤大义灭亲的品德。如今大王处理事情犹豫不定,这是不明智的;面临危难,不能决断,这是不果敢的。祸事马上就要发生,如果大王不肯采用我的主张,请你自己考虑,到底怎样保全身家性命?到底怎样保全国家社稷?我准备逃往深山密林,不能留在大王身边,拱手任人宰割!现在,大王手下的八百勇士,他们穿好盔甲,手握兵器,已经在府中待命,事情发展到这一步,你怎么能够无动于衷呢?"

尉迟恭说罢,疾步走到窗前,一把推开窗户:"主公,请看……"

李世民踱到窗边,看向院里,黑魆魆一片方阵。凝眸细看军士皆是黑盔黑甲黑衣,手握钢刀,腰跨弓箭,军姿威严,排列整齐,但等号令一下,便有排山倒海之势。

李世民用异样的眼光重新打量着尉迟恭。

尉迟恭条分缕析,从天时地利、家国社稷、形势局面、情理道义、己方彼方直至胜败结局阐释的有站位、有思路、有举措、有情义、有担当，即使那些著名的军师幕僚也不过如此。

让我们记住尉迟恭在此时说过的一句千古名言："处事有疑，非智也；临难不决，非勇也。"

一个文化不高，出生在山区的武将，能够有如此胆识，谁不佩服？！

李世民犹豫着，想占卜一下吉凶。这时，幕僚张公谨从外面进来，将占卜的龟壳夺过来扔在地上："占卜是为了决定疑难之事，现在事情并无疑难，还占卜什么？如果占卜的结果不吉利，难道就停止行动吗？"

终于，李世民决定发动政变。

李世民觉得如此大事必须要房玄龄和杜如晦参与，详细制定行动方案。他命令长孙无忌秘密地将房玄龄、杜如晦召回。

他现在太需要"房谋杜断"了。房玄龄总是能够提出精辟的意见。杜如晦将意见分析后，立刻就做出决断。房、杜二人，就是这样一个善于出计谋，一个善于作决断，"房谋杜断"既是黄金组合又是李世民的左膀右臂。

房玄龄满面愁容地对长孙无忌说，秦王召唤我们，我俩想回去。可是，陛下的圣旨是不允许我们再回秦王府。如果我们现在偷偷跑回去，这是抗旨不从，让皇上知道了是死罪，我们不敢回去啊！

长孙无忌无功而返，只好实话实说。

李世民听到后非常气愤，俊秀的脸庞黑的不能再黑，他扭头望着黑黢黢的窗外，千钧一发之时的用人之际，竟然忧虑个人得失。李世民目露凶光，一字一句对尉迟恭说："房玄龄、杜如晦难道要背叛我吗！"他摘下佩刀交给尉迟恭："你马上去叫他们回来。如果他们真的不回来，你就砍下他们头回来见我！"

这个十八岁就驰骋沙场的年轻人，十年来，四方征讨，所向披靡，威名赫赫，天下谁人不知、谁人不晓，这才是李世民的英雄本色！

在死亡的威胁面前，房玄龄和杜如晦扮做道士溜回了秦王府。

李世民的夫人长孙氏，拿出美酒，端来了宵夜："为了秦王安危，各位辛苦了！请慢用。还有什么需要的，随时告诉我，我在外面伺候着。"

父母决定起点，孩子决定终点，老婆决定一生。聪慧的妻子是发动机，是润滑油，是一股催人奋进的力量。

历史上，许多成功人士都有一个贤内助。刘秀的夫人阴丽华，李渊的夫人窦氏，李世民的夫人长孙氏，朱元璋的夫人马皇后，还有孝庄皇后、三娘子等等。

有人说，男人通过征服世界而征服女人，女人通过征服男人而征服世界。这些贤惠的女人们，她们是尽心竭力帮助自己的男人征服世界。

真是军功章上有你的一半，也有我的一半。国家昌盛有你的贡献，也有我的贡献。万家团圆，是你的心愿，也是我的心愿。

长孙氏，河南洛阳人，小字观音婢。隋朝右骁卫将军长孙晟之女，长孙无忌的亲妹妹。八岁丧父，由舅舅高士廉抚养，13岁嫁李世民，武德元年册封秦王妃。

李世民登基后册封为皇后。她善于借古喻今，匡正李世民为政的失误，保护魏徵等正直忠义的大臣。长孙皇后与李世民同甘共苦同生共死，李世民登基之后想和她讨论朝政，她说："牝鸡之晨，惟家之索。妾妇人，安敢豫闻政事！"长孙皇后不但自己绝不干政，而且不让自己的亲族掌握朝中权力。

贞观十年六月，长孙氏英年早逝，终年36岁，谥号文德皇后，十一月葬于唐昭陵。她最后的谏言是："愿陛下亲君子，远小人，纳忠谏，屏谗慝，省作役，止游畋，妾虽没于九泉，诚无所恨！"

李世民誉之为"嘉偶""良佐"，既是慈爱的国母，又是一代才女。李世民非常想念长孙皇后，他在皇宫筑层观，经常眺望夫人的陵墓。

长孙氏著有《女则》三十卷，现仅存《春游曲》一首。

明君配贤妻，真正的珠联璧合。

娶妻如此，夫复何求？

李世民是一个幸运的人，运气好得让人羡慕。

一个男人能够娶上贤惠温柔的夫人，他可以放手干自己的事业，享受美好的人生。

如果你娶了一个蠢蛮的贱内，你的心情是郁闷的，你的家庭是纷乱的，你的工作是乏力的，你的生活是凄惨的，你的孩子们是无奈的。你不可能创建伟大事业，假若你勉强为之，恐怕要横生祸端。知人者智，自知者明。你还是得过且过去吧！

青年人啊，在寻找对象时，一定要慎之又慎！不要光看相貌与家庭，重点是品行高、性格好、见识广。

李世民拿出皇宫地图，立刻与房玄龄、杜如晦、长孙无忌、尉迟恭等亲信策划行动方案。

这是一份没有文字记录的行动方案。也是在任何史书中没有记载的行动方案。

但是，我们可以合理推断出它的主要内容：

一、李世民六月三日晚上面见李渊。

二、李世民当晚亲自约见玄武门守将常何。

三、在玄武门劫杀李建成。

四、尉迟恭控制李渊。

五、逼李渊发布敕令，承认事变正义性。

六、李世民统帅各部，平定事态，做好收尾工作。

以后的事情就会水到渠成顺遂而来，做太子，当皇帝。

有些事情在历史书中找不到。历史是由胜利者书写的，写什么、不写什么，哪些多写、哪些少写，都由胜利者说了算。假设让胜利者和失败者对当时的历史都写一本历史，他们写的能一样吗？

胜者王侯败者贼。

更何况，书写历史的人，有其立场、观点、见识的不同，还有其软肋和弱点，他书写的历史，一定有局限性以及不真实的地方。

史书之间，有的自相矛盾。

历史，还可以篡改。

尽信书不如无书。

我们要理智地客观地辩证地看待历史，甚至于人世间的一切。

用自己的眼睛，自己的大脑，作出自己的判断，找出历史的真相，还原当时的实际情况。

李世民提议伏击地点设在玄武门，众人深表赞同。

选择玄武门有三点好处：一是玄武门是李建成和李元吉进入皇宫的必经之路，可以守株待兔；二是玄武门守将常何早就被李世民收买为心腹，有守门将领配合容易取得成功；三是玄武门离武德殿不远，事变后可以迅速控制李渊，挟天子以令诸侯。

双方都决心用武力解决问题。摒弃了和谈、协商、让步以及由父皇出面解决问题的办法。

李建成选择在昆明池。

李世民选择在玄武门。

李建成选择在为李元吉饯行时，兄弟们饮酒谈笑中，埋伏刀斧手，诛杀李世民。

李世民选择在玄武门提前埋伏，杀李建成一个措手不及。

效果是一样的——对方必死无疑！胜利者是大唐王朝的下一任帝王，失败者将失去生存的权利。

只是时间上不同——李建成比李世民晚两天。

按照行动方案，为了避人耳目，六月初三晚上，李世民进入掖庭宫。此时，宫内彩灯高悬，幔帐低垂。李渊的寝宫里几十只棒槌粗的花烛一起点燃，照得如同白昼。茶炉热气腾腾，香雾在宫内氤氲缭绕。

值守太监禀报："皇上，秦王觐见。"

"哦，宣他进来吧。"

"父皇——"李世民双膝跪在李渊面前。

李渊凝视着自己英俊的二公子，沉默良久后问道："太史傅奕说：太白形于日侧，见于秦分，主秦王当有天下。你解释一下这是怎么回事？"

李世民请求屏退伺候的太监和宫女后，跪前一步，眼圈发红："禀告父皇：我从没有做出对不起父皇的事情。是太子拉拢朝中大臣，编造谣言，处处谋害臣儿。我有苦难言。"说着李世民流下委屈的眼泪。

李渊面对李世民的眼泪，想起他为了大唐江山四处征战，劳苦功高，一时没有了主意。

接着李世民向李渊告发：太子李建成和齐王李元吉，灭绝人伦，与后宫嫔妃淫乱。

李渊听后，脸色陡然大变，由红转白，由白转黑。两眼圆睁，眸子里迸射出犀利之光，腮帮子下意识地抖动了一下。不孝之子不仅图谋骨肉相残，竟然给自己戴绿帽子。怎么能干这些令人耻笑的事情？

久经风浪的李渊又转念一想，最近这兄弟三人互相告发，已经不是观点龃龉，双方的矛盾已经到了水火不容的地步。

究竟是真是假？李渊的脑海中划了一个大大的问号。

这两件都是李家的大事丑事，必须查清问明，再做决断。

"明日早朝在武德殿对质查证。今天我累了，早点休息吧。"李渊摆摆手，李世民叩头而退。

李渊当下命人通知李建成、李元吉六月四日上午到武德殿议事。

李渊成为李世民行动计划中的一个棋子。

这一夜，李渊必定无法入眠。但是，他千思万想也不会想到，明早的对质，将成为一场灾难的引子。

李世民从皇宫出来后，立即单独约见了常何。常何原来是李世民的部下，后来担任了玄武门守将。由于玄武门对于皇宫的特殊重要性，太子李建成多次派人拉拢常何，给予金银财宝以及高官厚禄的许诺。

李世民向常何说了自己的意图和要求。常何在最短的时间内，做出了最聪明的决定，为自己以后的人生之路奠定了最雄厚的政治资本。

李世民回到秦王府，与等待在这里的心腹，进一步细化了行动方案。

太子李建成接到明早入宫诏令。他以为是父皇明天像往常一样询问政务。过了一会儿，后宫张婕妤派内侍送来一个惊天消息，让他惊慌不已：李世民密告李建成和李元吉淫乱后宫，害他性命。高祖要求明早三人当庭对质，让李建成小心从事。

李建成马上派人找来李元吉商量对策。李元吉建议托病不去参加朝会，安排兵士守护好太子府，防范李世民有什么阴谋，静观事态发展。两天后，大功告成，一切问题迎刃而解。

李建成认为不必草木皆兵，大惊小怪。明天不去等于承认自己理亏，要向父皇申辩说明，这是李世民栽赃陷害。咱们兄弟俩明天一起去。

李建成身为太子，一直在战场和官场历练，现在已经成长为一个三十八岁成熟稳重的兄长，李元吉还是很尊重这位太子兄长的决定。

李建成的自负和轻敌把自己和弟弟送上了望乡台。

## 三

公元 626 年 7 月 2 日，唐高祖武德九年六月初四。

都城长安。

中国古代史，一直记着这个时间和地点。可见，这一天对唐王朝的走向，对中国历史的发展，甚至对世界局势的影响是多么的巨大。

这一天，对于李世民是一生中最重要的一天；对于尉迟恭，也是很关键的一天。

早晨，东方旖旎的云雾弥漫升腾，天空缓缓拽开一道口子，红光瞬间普照大地。鸟雀们在长安上空自由自在地翱翔。一只信鸽在低空滑翔而过，留下一串哨音，飞入一户朱门大院人家。

长安城商铺打开了店门，农夫荷锄走向阡陌，渔民将网洒向澄澈的湖水，铁匠铺的炉火熊熊燃烧，早摊的羊肉泡馍氤氲着馋人的香气，贵妇小姐开始盥洗打扮……

有谁能够遥望到一股杀气已经在玄武门上空隐隐飘荡？

静默的玄武门，即将见证一场在中国历史上无数次重复上演的为了皇位残杀的悲剧。

李建成和李元吉骑着高头骏马并驾而行，后面跟着随从，两人目光迷茫，虚望着前方，默然无语。听着悦耳的马蹄声，走出东宫，走在街上，走向玄武门，走上了黄泉路，走向了自己的人生终点。

7月2日丑时时分，李世民亲自率领尉迟恭等十余人埋伏在玄武门里，其余精兵强将埋伏在玄武门外，等待着一直与自己明争暗斗的哥哥和弟弟自投罗网。

时间是如此的漫长。

辰时刚过，"嘚嘚"的马蹄声从玄武门外传来，埋伏的将士屏声静气，慢慢地抽出了钢刀，攥紧了长矛。

玄武门外通报后，常何下令打开了厚厚的宫门。李建成和李元吉进入后，宫门马上关闭。

历史的镜头聚焦在玄武门内，中国历史上著名的玄武门事变不可逆转地上演了。

李建成和李元吉进入玄武门后，望见守门官兵神色异常，没有往日的问候请安。四周死一般寂静，李建成感觉气氛不对，想要掉头回去，回眸一望城门已经关闭。

李建成用目光探询常何。这位自己经常赠送财物的将军，应该帮忙解除困境，至少能够再打开城门，让自己和李元吉回去。

可是，常何惭愧地侧过脸，不敢与李建成对视。

这时，杀声四起，不啻于当顶惊雷炸响。李世民一马当先带领伏兵冲杀过来。李建成、李元吉俩人大惊失色，李元吉看见哥哥眼中充满了一种无以名状的觳觫，一时不知如何是好。

"跑！"李元吉大喊一声，立即打马向父皇所在的武德殿方向跑去。

跑，是李元吉的强项。

李建成紧随李元吉跑向武德殿。

李世民带兵在后面紧追不舍。

李元吉急忙张弓向李世民连射三箭，由于突遇变故，内心惊骇，这位征战沙场的武将，手抖臂软，三次都没有将弓拉满，所发之箭竟然没有射到李世民身旁。

李世民疾速抽箭搭弓"嗖"的一声射向李建成。李建成拍马逃跑的速度怎么能快过箭的速度？一支雕翎箭飞来，正中李建成后背，他当即栽落于马下。当鲜血像红牡丹一样洇红脊背的时候，李建成挣扎着想站起来，他踉跄了几步，重重地扑倒在地。天地间渐渐黑下来，李建成此时虽然什么也看不见了，可依旧困惑地睁着双眼。

　　李建成时年三十八岁。

　　李世民不是放箭还击李元吉，而是直接射杀李建成，这种临危不乱的镇定和方略，非常人可比！

　　我们不得不佩服李世民做事能够抓住问题的重点。我们不得不折服李世民除患可以找准要害。

　　太子李建成殒命，大唐王朝再无人可与自己争夺天下。

　　追赶的将士向李元吉放箭，李元吉中矢跌下马来，向玄武门旁边的树林逃去。李世民骑马追去，衣服被树枝挂住摔下马来，李元吉见状立即返回，夺过李世民的弓，勒住他的脖子，要勒死他。

　　李元吉自幼习武，膂力超人，单打独斗李世民根本不是他的对手。

　　在这命悬一线之际，尉迟恭赶来，大喊一声："住手！"李元吉听到断喝，抬头一看是尉迟恭，扔下弓落荒而逃。

　　为什么又是尉迟恭及时赶来救驾，别的武将呢？

　　李元吉看见尉迟恭转身就跑。

　　他为什么要跑？

　　李元吉也是闻名遐迩的武将，为什么不战而逃？以前，他和尉迟恭比武，被三夺其槊，心理上已经怯惧。可见，领导既不能和群众打架，也不能暴露自己的实力。胜负有时候是综合因素的结果。以他王子的身份可以命令尉迟恭不要管自己的家事，也可以拼死与尉迟恭一搏。

　　有道是，狭路相逢勇者胜。

　　还有时也？运也？命也？许多不确定因素。

　　你跑，能跑得过箭吗？尉迟恭抖弓搭箭，微闭虎眼，余光瞥了一眼李世民，紧抿着厚嘴唇，一拉一放，利箭射向李元吉。只听李元吉一声惨叫，双手抱住一颗垂柳，缓缓转过头，用痛苦的眼光凝望着李世民，他望见的是二哥冰凉凌厉的眼神。

　　李世民的眼神仿佛在告诉他：四弟，你太幼稚了，幼稚的人不适合在官场混，硬要在官场混，是要掉脑袋的。

李元吉抱着树干慢慢滑下去，倒在树根。树上悠悠荡荡飘下几片柳叶，落在李元吉的后脑勺上。一只蝗虫匆促地蠕动着向上爬去。李元吉的手脚抽搐了几下，随后便一动不动了。

李元吉时年二十四岁。

尉迟恭救下李世民，救下了千古一帝。

李建成留在玄武门外的随从搬来了救兵。

李建成的部下翊卫车骑将军冯立、薛万彻等率领东宫常林军和齐王府的二千多精锐兵马，急驰玄武门增援。冯立举刀号令军兵："太子对咱们不薄，今与敌决一死战，报答太子殿下。"驻守玄武门禁军将领敬君弘带兵与冯立激烈厮杀，结果全部战死。

冯立、薛万彻见一时攻不下玄武门，叫喊着准备进攻秦王府。

秦王府兵将都调来玄武门，府中守卫力量不足。一旦秦王府被攻陷，后果将不堪设想，李世民、尉迟恭等将士们大为惊恐。

战斗已经进入关键阶段。

在情势危急的关键时刻，在众人手足无措之时，尉迟恭临危不乱，他冷静地想了想，手提钢刀一个人走了。

尉迟恭疾步走到李建成与李元吉的尸体旁，剁下太子李建成和齐王李元吉的脑袋，乌黑的鲜血溅在脸上、盔甲上。

他手提李建成和李元吉血淋淋人头，走上玄武门城楼，圆睁虎眼大喊道："李建成、李元吉阴谋叛乱，被秦王平定，现两逆贼已亡，这是他俩的人头。此事与你们无关，尔等还不退去！"将士见到主人首级，知道败局已定，纷纷溃散而去。

尉迟恭喝散围攻的兵马后，奉李世民之命立即"护驾"皇上。

这也是行动方案关键的一步。

尉迟恭心领神会此时"护驾"的极端重要性。

他们的行动要让唐高祖李渊首肯，如果定性为反叛或者谋杀太子，他们将死无葬身之地。

他顶盔贯甲，手提滴着鲜血的钢刀来到海池面见李渊。

李渊正在海池领着几个大臣和嫔妃游玩，等待三个儿子前来对证查问。

历史记载确实如此，李渊在得知李世民禀报的情况后，竟然还有闲情逸致泛舟海池，正常人是做不到的。

李渊难道是一个超人？是一个圣人？

所以说，历史事实不重要，重要的是谁在台上，让谁来写。

游乐中，隐隐约约听到外面有喊杀声，李渊命龙舟靠岸，差人打探情况。

李渊领着大臣蹒跚登岸，突然瞥见尉迟恭满身血污，杀气腾腾走过来，此时他不可能知道尉迟恭身上有自己两个儿子的血迹。

不知是心灵感应，还是内心惧怕，李渊不由地浑身一颤。

这种现象，需要由量子纠缠来解释了。

奇怪的是，唐高祖的侍卫哪里去了？

慑于尉迟恭的威名不敢阻挡？

还是李世民已经买通了皇宫侍卫？

无论什么原因，尉迟恭畅通无阻来到了李渊身边。

李渊忙问尉迟恭："你来干什么？谁在外面作乱？"

尉迟恭正色道："太子和齐王谋反，秦王将他们诛杀了，秦王殿下担心陛下安全，派臣来护驾。请皇上下旨让秦王统帅各路兵马，平定大局。"（"帝惊曰：'今日之乱为谁？尔来何邪？'对曰：'秦王以太子、齐王作乱，举兵诛之，恐陛下不安，遣臣宿卫。'帝意悦。于是南衙、北门兵与府兵尚杂斗，敬德请帝手诏诸军听秦王节度，内外始定。"）（《新唐书·列传第十四》）

"护驾"！？

天底下有这么护驾的吗？这不就是逼宫吗？

惊天噩耗不啻于晴天霹雳在耳边轰然炸响，李渊感到了一阵晕眩。他双目紧闭，右手抓住了池边的栏杆。裴寂急忙上前一步搀住左臂。

此时，最需要速效救心丸了。

在风和日丽的长安城，官民们各自忙着自己的事务。澄碧的海池，碧波倒映着姹紫嫣红的各种鲜花，两个俊逸的儿子，没有牺牲在战场上，竟然倒在自己的身边。长期的担忧变成了血淋淋的现实。

苍天啊……

大地啊……

海池里，一条锦鲤潇洒地一摆尾，激起细碎的水花，弓身一跃，跳起三尺多高，又急遽钻入水中。激滟的池面上荡开层层涟漪。

东宫和齐王府不肯退却的军兵还在厮杀。尉迟恭请高祖马上颁布敕令，命令各军一律接受秦王的节制。

李渊这时有什么办法呢？如果眼下不听尉迟恭的话，看这黑头的气势，绝对会取他性命。

高祖问裴寂等人："今天怎么出了这样的事情，你们说该怎么办呢？"

裴寂慢慢垂下了头。

萧瑀看众人都沉默也不是办法，便说："秦王功勋卓著，众人钦佩。他们二人一直嫉恨秦王。陛下如果能够立秦王为太子，将国家大事委托于他，就不会再生事端了。"

唐高祖说："好！这正是我素来的心愿啊。"

李渊知道自己现在也是李世民砧板上的肉，只好面对现实、承认现实。

战斗还在继续。

李世民派宇文士及宣布高祖的亲笔敕令，各路厮杀的兵马顿时安静了。他们成为了一个新的集团，有了新的领导。

唐高祖李渊派裴寂前往东宫和齐王府安抚将士，让他们不要闹事，等待朝廷安置。

李世民面见父皇，叙说了事情的原委。高祖抚慰他说："近些日子以来，父皇听了小人的诬陷，险些对你有了误会。而今真相大白，你无需忧虑。"

李世民跪在高祖胸前，涕泗滂沱，嚎啕大哭。他的哭声五味杂陈，有内疚，有亲情，有不得已⋯⋯

痛哭是痛哭，现实是现实。

李世民知晓斩草除根的道理。

他擦干眼泪，派兵疾速赶到太子府和齐王府，屠杀的钢刀砍在太子和齐王十几个儿子的项上。侍女、仆从四处逃命。宝瓶古玩撒在鲜红的地毯上。一声声惨叫声过后，孩子们睁着惊恐的眼睛，扭曲着身子躺在血泊中。空气中，弥散着新鲜的血腥味。他们的人生才刚刚开始，他们留恋这个美好的世界，更留恋自己锦衣玉食的生活。

可是，他们到死都不会明白，自己错在出身帝王家啊！

孩子们，你们是无辜的。下辈子投胎，一定要睁开眼，远离朱门高墙的宫殿大院，寻找蓬户柴门的布衣人家。

哪怕去上木角投胎，一辈子放牛、种地，也不来这繁华的长安城。

我们宁要骑着毛驴笑，也不要坐在宝马车上哭。

我们宁可在草民家里吞糠咽菜，也不愿在明争暗斗的皇室里锦衣玉食。

李世民把侄子们从宗室名册中全部删除。

为什么要杀光年幼无知的男性侄子们？

按照中国传统观念，男性是家族的根，是传承的后代，女人们嫁出去就是外人了。所以，李世民对李建成和李元吉的男性后代要斩尽杀绝。

心软的人永远被践踏，心狠的人永远最潇洒！

女人们呢？

李建成的太子妃郑观音，活到上元三年卒，享年七十八岁。

李元吉王妃杨氏，与唐太宗李世民生下第十四子李明。

做女人还是平安呐！红颜不一定薄命。

李世民与众人商议如何处置李建成和李元吉的亲信时，众人都主张全部治罪，尉迟恭坚决反对，他说："太子和齐王已死，罪魁祸首是他们俩，再波及余党，不利于社稷的稳定。"（《旧唐书·尉迟敬德传》："为罪者二凶，今已诛讫，若更及支党，非取安之策。"）

杀戮与绥靖，激情和理智，在尉迟恭身上同时具备。

杀人如砍瓜切菜，这是消灭敌人必须的暴力手段；安抚无辜的民众，这是稳定天下需要的政策。

这就是尉迟恭性格中的密码。尉迟恭在和平与动荡的年代里，在安抚黎民百姓与打击凶残敌人的斗争实践中，自己的人生观、价值观、世界观逐步成熟。

再请各位注意，尉迟恭在你心目中是一个什么形象？

闭着眼睛想一想。

尉迟恭的大胸怀大境界，折服了李世民，说服了众人，为李世民赢得了民心，从此天下英雄纷纷归附，其中就有李建成的太子洗马——后来的贞观名臣——魏徵。

海纳百川，有容乃大。

这样的政治眼光和长远谋略，一介武夫能做到吗？多少生灵免于涂炭，多少书生和将士有幸为社稷踔厉奋发逐梦前行。尉迟恭对于无辜者义无反顾的保护，证明他是一个内心善良热忱之人，他明白有所为有所不为，他知道如何建立广泛的统一战线，他邃晓千古一帝李世民的战略意图和内心欲求。

尉迟恭是一个善良大度的山汉，是一个着眼长远的硬汉。正确举措征服了无数后人，他不是一个只懂得打打杀杀的武将，让人们不得不佩服他的政治素质！

唯大英雄真本色，是真名士自风流。

窗外，骄阳普照着大地，一群鸟儿在自由地飞翔。几缕阳光照进屋里，细小的灰尘在光柱中飞舞。大臣们进进出出，踏起地上更多的灰尘，众人都是满身征尘，一脸疲惫。

李世民突然发现，尉迟恭身上布满金色的阳光。

## 四

玄武门事变三日后，李渊任命李世民为太子，昭告天下：自今以后军国庶事，无大小悉委太子处决，然后闻奏。

随后，李渊在精神恍惚中，大病了一场。尚药局的四位御医根治不了李渊的病。唐高祖李渊茶饭不思，脾气暴躁，自己体弱无力，近侍搀扶，却动辄打骂。奉御、侍御医和司医十余人会诊后，一致认为心病无法用药治。

为了延长自己的自然生命，只好提前结束政治生命。两个月后，八月初八，李渊禅让皇位于李世民。

八月初九，李世民在东宫显德殿登基。他迈着从容的步伐走向梦寐以求的皇帝宝座。同日，宣布大赦天下，免除赋税和徭役。废除了李渊时期的弊政，制定了一系列强国富民的新举措，《资治通鉴》评价为"政令简肃，中外大悦"。

自此以后，李渊的身体渐渐好转，睡眠安慰，能吃能喝，脸色红润，走起路来踩得地球"咚咚"响。他完全倾心于琵琶演奏，每天召集一班歌舞艺人弹琴歌舞。

李世民开始让李渊住在自己的大安宫。后来，为了向世人体现自己的孝心，李世民在皇宫的东北方向，地势干燥高突处修建大明宫，让李渊颐养天年。

李世民登基后论功行赏，将尉迟恭立为第一功，任命尉迟恭为右武候大将军，赐爵吴国公，食邑一千三百户，赏绢一万匹，齐王府的钱财宝物全部赏赐尉迟恭。

这些财宝，靠打铁去挣需要多少年？

尉迟恭虽然出身贫困，但是一直豪爽大气仗义疏财。《册府元龟·将帅部·轻财》里称赞尉迟恭："敬德轻于货财，所得遗赐，多散之于士卒及故旧亲族。"真正的英雄决不是追名逐利之徒，他们是以天下苍生为重，惩暴孽，扶弱困，倡大道，矢志不渝地实现国泰民安。

尉迟恭转手把李世民赏赐的钱财宝物分给了属下。

人和人不一样。

壁立千仞，无欲则刚。

正因为不一样，尉迟恭名列凌烟阁武将第一位，成为鄂国公，享受开府仪同三司的待遇。尉迟恭是平鲁人民的骄傲，也是工匠精神的典范，更是华夏子孙的楷模。

李世民识人眼光如刀，他重用太子李建成的心腹——太子洗马魏徵，拜为谏议大夫。太子洗马并不是为太子洗马，这是一个官职，是太子府里教太子处理政事，辅佐太子理政的官职，差不多相当于太子府办公厅主任。

薛万彻逃到终南山，李世民知道他打仗勇猛顽强，多次派人请他出山。他感到李世民真心招纳人才，走出大山，后来跟随李世民征战沙场，立下许多战功。

正如毛主席的教导："不但要团结和自己意见相同的人，而且要善于团结那些和自己意见不同的人，还要善于团结那些反对自己并且已被实践证明是犯了错误的人。"

在朝堂上李渊征求意见时，不肯表态发言的裴寂，让李世民抓住了一些把柄。他与散布妖言的僧人法雅过从甚密，主管的律法方面纰漏和谬误极多，导致地方官吏施政混乱。李世民免去裴寂的官职，削去他一半的食邑，让他返回故里。

后来，在不长的时间内，裴寂又犯了四条死罪："位为三公而与妖人法雅亲密，罪一也；事发之后，乃负气愤怒，称国家有天下，是我所谋，罪二也；妖人言其有天分，匿而不奏，罪三也；阴行杀戮以灭口，罪四也。"李世民赦免其死罪，流放广西静州，让他去山清水秀的原生态风景区养老。

平时的站队，关键时刻的转向，相当重要！

这就是常说的，识大体，顾大局。

玄武门之变后，地方官吏利用派系斗争公报私仇，极力告发对手是太子党成员，达到清除异己、邀功请赏的目的。李世民不得不再次颁布大赦令，与玄武门事变有牵连者，一律赦免，禁止相互告发，违令者将处以"反坐罪"。他派魏徵前往山东一带宣慰和安抚，魏徵在磁州，遇到当地州府用囚车押着前太子千牛李志安和齐王府护军李思行两个人，准备送往京师问罪。魏徵当即把囚车拦下，将李志安和李思行当场释放。

裴寂被逐出朝廷，刘文静彻底平反，这些政治事件注定会对太上皇李渊造成强烈的精神打击。这一切，都是政治需要。

公元 626 年 10 月 26 日，李世民追封已故太子李建成为息王，谥号为"隐"；

已故齐王李元吉为海陵郡王，谥号为"刺"。对二人以皇家丧礼重新安葬。

这是一个政治家安抚局面的需要，也是报答亲人愧疚的举动。出葬那天，李世民大哭一场。命令太子府和秦王府的官员都去送葬。

通观整个政变过程，尉迟恭干得雷厉风行目标明确，他心怀"国之大者"，是一个具有战略眼光的英雄。他说服了李世民先发制人，取得了主动权；他绝对保证了李世民的安全，没有李世民的安全，政变就没有任何意义；他用两颗人头打败了对手的精兵良将，稳定了胜利的局势；他抢先控制了李渊，使得他没有任何翻盘的机会，只能乖乖听话，为李世民保住了胜利果实。

玄武门事变后，李世民实质上执掌了大唐江山，由秦王华丽转身为太宗，开启了彪炳史册的贞观之治；尉迟恭建立了不世之功，从一个王府统领跃升为朝廷的国公。

玄武门前人踩血，虬须天子谏凶孽。

谁开贞观太平功，夺朔将军三寸铁。

三寸铁，鄂国公，将军真有回天功。

呜呼，海池一语开天听，手敕亲颁宫府定。

人知房杜掌经纶，谁识将军善词命？善词命，万古之无谁与并？

元末高士杨维桢以他道家的眼光看出了尉迟恭不为人知的一面。纵观尉迟恭的作为，确实是"万古之无谁与并？"。

在尉迟恭的鼎力协助下，李世民成功了。

玄武门里有头与无头的尸首早已埋入黄土，凝固的血迹已被清洗干净，红彤彤的太阳喷薄出万丈光芒照耀华夏大地。大唐帝国的历史掀开了新的一页。

玄武门事变，改变了李世民的命运，也改变了中国的历史。玄武门事变是李世民一生中最重大的转折点，它将李世民推上了大唐帝国的权力巅峰，同时也将他推上了一个彪炳千秋的历史制高点。然而，不可否认的是，这个骨肉相残的悲剧事件无疑也使他背上了一个沉重的道德包袱。

玄武门政变的最大失败者是谁？

不是魂赴黄泉的李建成和李元吉。

是李渊！

李渊感到痛苦万分。

他最痛苦的时候，窗外的翠鸟在快乐地歌唱。

成功者不必说。逝者如灯灭。三个儿子互相残杀，内心巨大的痛楚将伴随李渊的余生。本来，兄弟明争暗斗，早已尽人皆知，作为一个父亲和皇上可以未雨绸缪，提前化解，做出正确的决策。

李渊想过各种决策：

——废掉李建成，立李世民为太子；

——将洛阳分封给李世民，做他的秦王；

——褫夺李世民的兵权，让他做一个文官。

但是，他的决策没有实施。

如果你是李渊，你将如何决策？

李渊选择了李建成，历史选择了李世民。

人生充满了无数的选择，选择权究竟在个人手里，还是在上天手里？

虽然，我们现在想起玄武门事变仍然不寒而栗，但是，我们不必因为李世民杀兄诛弟逼父而过于苛责。

开明人士从来认为：民为重、社稷次之、君为轻。

如果如李渊之愿，还会有那个贞观之治吗？李世民的文治武功无疑是历史上成就非常高的，他在位的二十三年，经济、政治、文化、外交、军事均取得了非常高的成就。开启了"贞观之治"，为近三百年的大唐王朝奠定了基础，也使唐朝主宰的中国成为当时世界最为强盛的东方大国。"唐人街"至今是炎黄子孙的重要标识之一。

玄武门事变给后人有许多启示。

李渊的启示：为人主者，切莫优柔寡断、模棱两可。军政大事要正确决策、果断处置，不留后患。

李建成的启示：面对危险要先发制人，不要心存侥幸，稍有迟疑，就会受制于人。

李世民的启示：无毒不丈夫，量小非君子。为了一劳永逸，就要斩草除根。

李元吉的启示：头脑简单，不要搞政治。跟不对人，脑袋会搬家。

尉迟恭的启示：紧跟领导，保护领导，不折不扣地按照领导意图办事。

一部中国古代史给人的启示：说说笑笑，打打杀杀。尔虞我诈，文韬武略。所有的改朝换代，都是为了一把龙椅。

李世民在皇位上屁股还没有坐热，突厥瞅准唐朝内乱时机，大举进犯长安。在这内忧外患之际，作为右武候大将军的尉迟恭能不能独自执掌军队，挂帅亲征？

## 第十六章
## 泾阳战突厥

一

边关告急文书传到长安：突厥兵分两路，颉利可汗指挥十万铁骑进军长安，派大将阿史那乌默啜带领十万兵马进攻泾阳。

历史上，突厥与李唐有着说不清道不明的恩恩怨怨。

关于突厥族起源，历史传说突厥本是匈奴的一支，后被邻国所灭，当时有一个十岁的小男孩，士兵见他年小，没忍心杀死他，便将他砍去双脚扔到荒草中。后来，小孩被一只母狼救去，长大以后与狼结合。

邻国国王听说这小孩已长大，怕有后患，便派人将他杀了。杀他的人，见他身旁有一条狼，也想一起杀掉，狼逃跑了，逃到高昌北边的山洞里。在那个山洞里，狼生下十个小男孩，他们逐渐长大成人，各自成家，繁衍后代。其中一支，生活在阿尔泰山一带，阿尔泰山形似作战时的头盔，当地人称其为突厥，所以他们就以突厥为族号了。

突厥，是中国北方的游牧民族，从6世纪开始活动于阿尔泰山一带，随水草迁徙，以毡帐为居室。弓、稍、刀、剑为兵器。突厥人掌握冶铁、铸铜、造车等手工业技术，逐步强化了自己的军事实力，支撑其部族逐渐发展壮大。

突厥当时的阿史那氏部族只有数百家，是柔然的炼铁奴，被称为

"锻奴"，是一个无足轻重的小部落。后来，突厥打败柔然，建立起幅员广阔的突厥汗国，势力迅速扩展至蒙古高原。

突厥人以狼为图腾。

突厥人借鉴狼的生存法则，用狡猾和凶狠来应对外界的变化。狼群精神就是其部族的民族精神。

中国的南北朝，是中国历史上十分混乱的时期。突厥汗国恰恰在这个动荡时期崛起。突厥的版图最大时东自辽海，西至里海，南自蒙古沙漠，北至贝加尔湖，东西长万里，南北五六千里。

如今，突厥的后人分布在东亚、中亚、西亚数十个国家和地区。

隋朝统一之后，国力渐强，腾出精力对付突厥，通过一番离间和打击，突厥分裂成了东、西突厥。东、西突厥恰似如今的南、北朝鲜，而隋王朝犹如美国。

公元607年，隋炀帝北巡边塞，启民可汗亲自割草开道，态度甚是恭敬。隋炀帝兴奋不已，赋诗一首道："鹿塞鸿旗驻，龙庭翠辇回。毡帐望风举，穹庐向日开。呼韩顿颡至，屠耆接踵来。索辫擎膻肉，韦韝献酒杯。何如汉天子，空上单于台。"

李渊于公元617年在太原起兵时，他担心进军长安时突厥攻打自己后方，遣刘文静至突厥，两家结为盟友，赠送大量丝绸玉器，请始毕可汗派兵协助。刘文静对始毕可汗说："事成后，民众土地入唐公，金玉缯帛归突厥。"

始毕可汗要派大军协助李渊，刘文静根据李渊的意图，主要是和突厥搞好外交关系，派兵做个样子就行。要了五百多突厥兵，跟随唐军行动。李渊不想让突厥大军进入中原烧杀抢掠。更为重要的忧患是：请神容易送神难！

眼看中原又起战火，始毕可汗想趁机发一笔战争财，他要卖给李渊两千多匹战马。

李渊明白这是自以为强国的突厥，在做军火生意。突厥的战马，那是战场上的重装备，李渊内心求之不得，但是他装作拿不出钱的样子，只买了一千匹，还是分期付款。

冷兵器时期战争的骏马，如同热兵器时代战争的坦克。李渊怕的是买了一批，又来一批。到时候麻烦不断，外交关系难以协调。

在如今的动荡地区，这种情况似曾相识。某些大国一面鼓吹维和，扩大政治影响；另一面兜售军火，牟取经济利益。

人人都有一双眼睛，贪图眼前蝇头小利，叫目光。放眼长远，胸怀天下，叫眼光。

东突厥颉利可汗趁内地烽火连天之际，数次侵扰边境，抢掠朔州，袭击代州，曾亲率大军十五万攻入并州，掳去男女五千余口。

唐王朝缓过气来后便果断出击。东突厥与西突厥，分别亡于公元630年和公元657年。突厥从此退出历史舞台，一部分并入回鹘汗国，另一部分融入唐朝。

唐朝在原东、西突厥领地分别设立都督府和都护府。

一部中国史，就是中原王朝与游牧民族的碰撞交融史。

农业政体与草原政体，经过了几千年的冲突。马背上的游牧民族，虽然几次占据中原，但是没有根本改变中国儒法国家的政治结构。

在大汉王朝在与北方的游牧民族博弈中一直是此消彼长，按下葫芦起了瓢。

以长城为界，长城外是游牧民族，长城内是农耕民族。

平鲁就位于长城脚下。

平鲁就是古战场。

游牧部落能够始终保持活力，在地缘政治竞争中取胜，有三个重要因素：气候条件、首领智慧和快速移动。

长城外的游牧民族，也有一部血腥的荣辱变迁史。

历史记载，东胡是一个最古老的游牧民族，自商代初年到西汉存在了大约1300年。

公元前3世纪左右，匈奴悄然崛起，成为秦国等北方诸侯国的外患，为对抗频繁袭扰的匈奴骑兵，秦始皇命蒙恬在北方边境修建长城。

公元前206年，东胡被匈奴击败。匈奴，成为草原上的第一任霸主。

匈奴在汉武帝"犯我中华者，虽远必诛"的打击下，走出了历史舞台。

曹操北征乌桓，从此乌桓彻底衰落，地位为鲜卑取代。

鲜卑是东胡的后人。鲜卑在东汉末年、三国纷争时强大起来。分成了东、北、西三大部落。鲜卑通过一系列战争，最终统一了北方，鲜卑拓跋部创立了北魏。进入五胡十六国时期，成为五胡老大的鲜卑纷纷南下入主中原，先后建立八个鲜卑人政权。尉迟恭就是拓跋鲜卑人。

鲜卑被北周、北齐所灭。柔然鸠占鹊巢，将鲜卑人赶出草原。失了老巢的鲜卑人，进行了非常彻底的汉化改革，成为汉化最成功的游牧民族。

突厥趁中原内乱，打败柔然，占领了鲜卑以前的领土。

唐朝灭了突厥。

回纥取代突厥成为草原主人，回纥更名回鹘，建立回鹘汗国。回鹘汲取之前部落盲目称霸的教训，成为唐朝自始至终最可靠的盟友。

回鹘因内乱失去在草原的统治地位。契丹不断发展壮大，把回鹘撵到西部，成为如今新疆维吾尔族人的祖先。

北宋面临契丹。在五代十国的时候，契丹取得了燕云十六州。建立了辽朝。

女真，清朝后称为满族。东北的女真是一个古老的民族，完颜阿骨打统一女真各部后与契丹死磕，最终联合北宋灭了契丹。建立了金朝。

女真攻略了北宋中原大片国土，俘虏了徽、钦二宗并虐待致死。宋室赵构跑到杭州，建立南宋。

金朝在蒙古国的攻击下灭亡，但女真族依然存在于关东地区，分成了不同的部落。

铁木真建立蒙古帝国。在他的带领下蒙古国灭了金国，又灭了南宋、西夏、大理等国，统一了华夏，入主中原建立了元朝，成为中国历史上疆域最大的帝国。

朱元璋被逼造反，建立明朝，将蒙古人赶回漠北。后世称蒙古人为鞑靼，现在北方一带称呼父亲叫"大大"，即是来源于此。可以预见，随着"爸爸"这个称呼的普及，在下一代青年人中，"大大"必将成为历史，成为一个传说。正如七月十五捏面人，八月十五杀鞑子一样。

失去蒙古压制的女真，在明末再次兴起。1644年，满族入主中原，建立了中国历史上最后一个封建王朝——清朝。

1911年辛亥革命，推翻清政府，封建王朝落幕。

从以上简要的叙述中，可以看出，每当内乱，外部势力就会趁机强大起来。所以说，我们要聚精会神搞建设、同心同德谋复兴，让中华民族永远屹立于世界东方。

家国一理。家和万事兴。

中华文明是世界上唯一未曾被中断过的文明。中华文明主体的华夏民族也经历过其他文明古国所遭遇过的劫难。多次遭受自然灾害和被北方少数民族侵占，中华文明的火种都多次面临被彻底扑灭的重大危机。作为五大文明古国，古巴比伦、古埃及、古印度、古希腊文明都在历史长河中湮灭，只有华夏文明一直延续下来，走到了今天。

中国是唯一一个一直使用象形文字的国家。中国是世界文明古国中，唯一一个前面不用带"古"字的国家。

中国是一个统一多民族国家，如今五十六个民族和谐相处、共同生活在中华大地上，组成了伟大的中华民族大家庭。那些曾经被人们视为外族的国家，在历史和自然的选择中最终都成为中华民族的一部分，汇聚成中华民族璀璨的历史和文化。

历史的逻辑就是这样，为了统一，就要进行战争，就会人头落地。一个国家四分五裂，就会陷入动荡不安，经常发生攻城略地的争夺，统一是结束混战的唯一出路，统一是人心所向，而统一的方法，和平谈判办不到，只能依靠武力解决。所以，战争不可避免。

黎民百姓祈盼和平，关心统一，拥护为人民服务的统治者，得民心者得天下。

## 二

颉利可汗看到唐太宗李世民刚刚即位，玄武门事变余波未尽之时，命拔野古部和同罗部的骑兵围攻乌城，牵制住柴绍、程咬金和屈突通的唐军主力，兵分两路，派阿史那乌默啜进攻泾阳，自己带领大军攻占离长安不远的武功城。

颉利可汗派遣帐下能言善辩的大将执失思力进长安城威胁李世民，提出许多苛刻条件，同时亲率大军进逼到渭河北岸。

此时，长安内兵力空虚，从外地调军又来不及。唐太宗李世民任尉迟恭为泾阳道行军总管、领兵大元帅，率两万大军快速北上阻击来犯之敌。

以往，多数都是尉迟恭跟随李世民出征。

这一次，尉迟恭担任主帅，以两万迎战十万。

而且，这一仗只能胜不能败，还必须尽快取胜。

因为，胜败决定着李世民能否坐稳江山，唐朝能否开启太平盛世，百姓能不能免于兵燹。

尉迟恭率领部队昼夜兼程赶到泾阳附近时，突厥已经占据了泾阳城。

突厥守将阿史那乌默啜站在城头，瞭望到远处尘土飞扬，知晓是唐军到来。一丝得意的微笑浮上嘴角，你唐军远途奔袭而来，已经是人困马乏，岂不是我砧板上的羊肉？！

阿史那乌默啜的自信是有底气的。多年来，突厥军兵强马壮，善于骑射，特别是骑兵部队的战斗力强于中原的骑兵。他们的快速移动和突袭能力，让汉族的军队吃尽了苦头。

他下令立即打开城门，带领兵马向唐军掩杀过来。

唐军的前队兵马立即分向两边，避开突厥军冲锋锐气。阿史那乌默啜顿感唐军无力抵御，耀武扬威呼喊着见人就砍。谁知分开的前队马上合拢，随后追杀过来。

突厥军冲到中军，迎面碰到一排弓弩手，齐刷刷放完箭，立即闪到两边，后面一排弓弩手接着放箭，第二排放完退到旁边后，第三排立即继续放箭。前面放完箭的两排兵士，从两边又向敌军射箭。

刹那间，利箭带着呼啸声，犹如遮天蔽日的飞蝗，射向突厥军。

抬望眼，满天是射来的箭矢，突厥军眼里是无奈的恐慌。

阿史那乌默啜没砍着几个唐军，就遭受了箭雨阵，冲在前面的骑兵死伤惨重，冲锋的士气一下被打击下去。自己在沙场征战半生，从未见识过如此的布阵和打法。阿史那乌默啜像一头被戏怒的狮子，"嗷嗷"吼叫着，踏着倒地的尸体，带头冲向唐军后队。

双方在泾阳城下展开激战。

尉迟恭大吼一声："杀！"带领后队纵马挥槊冲入敌阵，左挡右挑、上下翻飞。将士们冒着刀光剑影，奋勇与敌军拼杀。尉迟恭眺望到一面狼头大纛下，敌将哇呀呀乱叫，他拍马径直跃过来，挺槊刺去。

敌将正是阿史那乌默啜，他慌忙挡开尉迟恭的马槊。两马交错，闪身而过。阿史那乌默啜刚要兜转马头迎战尉迟恭。不料尉迟恭急转身，马槊瞬间回劈过来，阿史那乌默啜闪身让开。他青筋暴怒，大吼一声，举起大刀砍向尉迟恭。尉迟恭挥槊拨开，顺势横扫，阿史那乌默啜躲闪不及，身子下意识地避让了一下，打马就跑，腰部的铁甲被劈开一道口子。

这个黑圪旦如此骁勇！

阿史那乌默啜心惊胆战，已经知道中计，边跑边急吼："撤退，回城——"

突厥军大部逃回泾阳城，一部分脱逃不及，被唐军斩杀、俘虏。

尉迟恭如果生在今天，也是一个卓越的合成军战争指挥官。嗖嗖的箭矢宛如怒吼的火箭，玄甲军便是特种兵，骑兵如同机械化部队，协同作战的步兵总是在合适的位置。

阿史那乌默啜望见了尘土，没有遥想到尉迟恭战前的休整和布阵。

阿史那乌默啜不知道的是，尉迟恭在率兵即将到达泾阳时，进行了短暂的休息，他预料到这些好斗凶狠的突厥人，一定会在自己兵临城下时杀出来，打自己一个疲于应对、措手不及。

尉迟恭在休息的间隙，进行了简短的战前动员。他没有讲那些慷慨激昂的大道理。他亮开嗓门大声地说："弟兄们，休息一下，吃点干粮，喝点水，检查刀枪、弓箭，马上就要和突厥人决战。我们要多杀敌，打胜仗，保护我们的父老乡亲不受突厥伤害。打了胜仗，提拔、领奖、喝酒、吃肉、娶媳妇。"

利益，只有利益，才是调动人们积极性的真正动力。

尉迟恭知道敌军以逸待劳，出城决战士气正高，他设计了一个避其锐气、诱敌深入的围歼方案。

不愧是久经沙场的名将！

军人的韬略和男人的雄性淬火出膛。

尉迟恭能够从胜利走向胜利，从隋唐无数的名将中脱颖而出，并不是靠侥幸，确有其超人的智慧和胆识。

正如《孙子兵法》所说："昔之善战者，先为不可胜，以待敌之可胜。不可胜在己，可胜在敌。故善战者，能为不可胜，不能使敌之必可胜。"

尉迟恭有村里人的憨厚、有城里人的精明，有读书人的见识、有独行侠的仗义，有谋略家的机智、有大将军的威风，更有士为知己者死的忠贞。

尉迟恭是一个综合性人才。

开始吃了败仗，无论唐军如何挑衅，突厥军连续两日闭门不战。

第三日，尉迟恭派兵继续叫骂。

"缩头乌龟一辈子，出来挨我一刀子。浪费粮食等着死，不如跪下当孙子。"

"老狼老狼拉屎靠墙，突厥突厥不敢打仗。"

"……"

唐军的十几名士兵，穿着突厥女人的衣服，在城下表演歌舞游戏，不时发出奇异的怪叫声。

阿史那乌默啜经受不住唐军的辱骂和挑衅，一双眼睛瞬间鼓起，像两颗从鸡屁股里挤出来的鸡蛋。我十万大军怕你几个乌合之众？他下令在泾阳城外摆开阵势，要与尉迟恭决一死战。

尉迟恭持槊策马，走到阵前："哪个是突厥领兵大将？快快前来送死。"他指名道姓要突厥大将出战。

射人先射马，擒贼先擒王。他知道自己兵少将寡，与敌军耗不起，必须实行"斩首行动"，达到一战而胜。

从战争中学习战争。

在经历中总结经验。

尉迟恭已经成长为一名杰出的军事统帅。

"那日受了你的偷袭,黑贼不要得意忘形,今天我劈了你!"阿史那乌默啜拍马挥刀,一招"泰山压顶"砍向尉迟恭。

尉迟恭挥槊用劲一挡,阿史那乌默啜感觉虎口发麻,不由心中大吃一惊,这黑头果然有些蛮力,今日一定小心。马打来回,他又一招"野马追风"向尉迟恭斜砍去,尉迟恭挺槊挑开后,正要"青龙出海"刺向他,猛然想起活捉敌将更有价值,便虚晃一槊,阿史那乌默啜躲闪时,尉迟恭伸手抓住勒甲绦,将阿史那乌默啜提溜过来,返回阵前,扔给自己的亲兵:"绑了!"

尉迟恭接着马槊一挥,大喊一声:"杀——"身后将士一齐向突厥军冲杀过去。突厥官兵望见自己主将被俘,无心恋战,四散奔逃,尉迟恭乘势夺了泾阳。

在你死我活的战场拼杀中,能够疾速反应,瞬间改变主意,由杀——改变为——擒,这需要何等敏捷的应变思维!

尉迟恭立即派快马给李世民报捷:夺回泾阳,歼敌数万,俘敌将阿史那乌默啜。

尉迟恭在泾阳大捷,为李世民抵御颉利可汗进攻、实施疑兵之计,赢得了宝贵的时间。

泾阳大捷,有力地证明了尉迟恭既有将才,也有帅才。

从此,再也没有人说,我尉迟恭只能在李世民麾下冲锋陷阵了!

古今中外,会打仗的人不一定要上军校,有的科班出身就会纸上谈兵。

各行各业都有天才。尉迟恭就是一个军事天才。

李世民在危急时刻重用尉迟恭,确实用对了。尉迟恭挽狂澜于既倒、扶大厦于将倾,将劣势转化为优势,奠定了和平谈判的坚实基础。

矢志不移的追寻,介州的等待和忍耐,力排众议的重用,李世民是一个天才伯乐。

先有伯乐,而后有千里马;千里马常有,而伯乐不常有。

李世民与执失思力数次谈判,没有成效。他接到尉迟恭的战报后,果断扣押了执失思力。李世民在通往渭水的路途中,命令骑兵高举战旗,来回奔跑,造成大军进发、尘土蔽日的景象。他率长孙无忌等六骑到长安城外的渭水便桥南岸,隔河责问颉利可汗为什么背信弃义,前来挑衅。

道德与公理,只有在实力相等的情况下才能拿出来谈判。

颉利可汗远眺河对面唐军军容整齐，将士威严，后面尘土飞扬，不断有大军跟进。

唐太宗又许他以金帛财物，要与他长期缔结盟友。

政治和人生就是一场交易，不懂这个道理的人，很难化险为夷。无论是工作、生活还是人际关系，都是一种交易。明白了这个道理，才能把握机会，提升自己。

颉利可汗自知理亏，更主要的是自己的左翼被尉迟恭击败，内心忐忑不安，武力进攻恐怕难以取胜。

两人共同提议：歃血为盟。

颉利可汗与李世民在渭水便桥上斩了白马，举办露天宴会，饮了血酒。

李世民与颉利可汗深情回顾了多年来的发展历程，深入讨论了双边关系，就共同关心的问题深入交换了意见，在许多方面达成了重要共识。双方决定本着相互尊重、求同存异的精神，继续保持睦邻友好关系，加强贸易往来，在各领域开展合作，互通有无，增进民众福祉。双方一致认为，加强对话与合作，妥善处理分歧，避免因误解导致摩擦升级，坚决反对挑起争端和纠纷，为保持地区和平稳定作出积极贡献。

颉利可汗向李世民荣任皇帝表示祝贺。

会谈结束后，双方签订了赠送协议。颉利可汗献马三千匹、羊万只。李世民赠送大量丝绸、瓷器及珠宝。

李世民释放了执失思力和阿史那乌默啜。

懂得暴力的人是强壮的，懂得克制暴力的人是强大的。

不久后，李世民剪灭了盘踞在统万城的突厥走狗梁师都，开始着手准备消灭东突厥。

正如人民领袖毛泽东指出的："我们中华民族有同自己的敌人血战到底的气概，有在自力更生的基础上光复旧物的决心，有自立于世界民族之林的能力。"

他还告诉我们："凡是反动的东西，你不打，他就不倒。这正如地上的灰尘。扫帚不到，灰尘照例不会自己跑掉。"

贞观四年唐太宗李世民诏命：兵分六路出兵剿灭东突厥。兵部尚书代国公李靖为定襄道行军总管，鄂国公尉迟敬德为副将，率领中军向马邑挺进。正月，李靖率领大军从马邑出发，进占平鲁，袭击襄城，一路北上。

李靖为六路中的主力。

尉迟恭是主力中的主力。

谁不厌烦常年的征战？尉迟恭也是战争消灭论者，他是不想进行战争的。但是只能经过战争去消灭战争，用战争换来和平。

批判的武器不能代替武器的批判，物质力量只能用物质力量来摧毁。

连续的追击取胜后，颉利可汗提出求和的请求。李世民已经派人与颉利可汗议和。李靖与尉迟恭商议后，两人一致认为这是颉利可汗的权宜之计，他在谋求来年春暖花开时卷土重来，李靖与尉迟恭决定不给突厥喘息的机会。

李靖派尉迟恭率骁骑星夜追击突厥大军。

黄沙百战穿金甲，不破楼兰终不还。

尉迟恭坚定树立一切反动派都是纸老虎的信念，他带着干粮，人不下马，马不卸鞍，在大漠上衔枚疾进。边月随弓影，胡霜拂剑花。他们在路上遇到突厥人，全部扣押，防止给颉利可汗通风报信。尉迟恭带领精锐骑兵一直追到颉利可汗的牙帐，在双方混战中，颉利可汗趁乱逃走。

这是一场举世罕见的千里大溃逃，也是一场酣畅淋漓的千里大追击。

说起来，尉迟恭和颉利可汗还是同行——开始都以打铁为生。

可是，在激烈交锋后，锻铁奴被祖师爷击败，颉利可汗覆灭，尉迟恭成神。

在向西逃亡路上，颉利可汗被尉迟恭擒获。

李靖率大军跟进，突厥军四散溃逃，被歼数万人，被俘男女十余万。在大漠上展现了威力。草原诸部大受震动，纷纷表示对大唐臣服，并给唐太宗李世民奉上了"天可汗"的称号。

这是少数民族对大唐皇帝李世民诚心实意的敬佩与礼遇。

李世民此时已经拥有三个"天字牌"称呼：天策上将、天可汗、天子。

从此，唐太宗李世民不仅是大唐帝国皇帝，也是四夷番邦的首脑。大唐帝国成为维护国际秩序的主导力量，是处理国际争端的仲裁者，是周边各国的宗主国。以唐朝的国力和威望稳定国际秩序、维护地区和平。

天可汗制度，是中国历史上第一个具有国际性质的组织和制度。周边各国自愿结成联盟，共推大唐天子为联盟首脑，实行"一国多制"。

唐朝上下举国欢腾。最强大、最危险的敌人彻底铲除了。李世民拉着尉迟恭与民众一起翩翩起舞。

至此，蒙古高原正式被纳入大唐的版图。

为了有效管理突厥、回纥、靺鞨、铁勒、室韦、契丹等少数民族，从李世民开始，唐朝建立了安东、东夷、安北、单于、安西、北庭、昆陵、蒙池、安南等九个都护府，抚慰诸藩，抵御外寇。唐王朝的州、县官府设置在苍茫的草原和戈壁滩上，朝廷的旨意畅通无阻地在各民族地区传递和执行。

唐王朝一统天下，结束了战乱，天下趋于稳定。废除了贵族统治制度，建立新型官僚政治，完成了民族大融合。

中国太需要统一了。

民众太需要安宁了。

贞观八年（公元634年），颉利可汗在无尽的悔恨和哀伤中郁郁而终。李世民以突厥礼仪葬之，赠其"归义王"，谥号"荒"。

李世民以一个天可汗的宽容大度安置突厥将官："凡有功于我者，必不能忘；有恶于我者，终亦不记！"他开始安顿颉利可汗在太仆寺居住，看到他终日以泪洗面，悒悒不乐，随后让他去飞禽走兽很多的虢州任刺史，可以狩猎游玩。颉利可汗已经心如枯井，无心贪婪红尘。李世民便授予他右卫大将军之职，赐给住宅和土地，聊以度日。

李世民任用突厥降官一百多人，东突厥进入长安定居的高官显爵和贩夫走卒近一万家。

李世民的天可汗时代值得每一个中国人景仰和钦佩。华夏帝国的疆域广袤而辽阔，许多肤色不同、语言不同、信仰不同的民众在唐朝做官、求学、经商、务农，心甘情愿地融入大唐帝国的血脉中。

## 三

尉迟恭凯旋后，每日上朝参与讨论和管理国家大事。尉迟恭忠勇仁直为人仗义，心底无私直言敢谏，对炙手可热的朝廷红人，如房玄龄、杜如晦、长孙无忌等人，只要有错误言行就毫不留情地当面批评指正。

在风云岁月中，尉迟恭用铁匠精神告诉后人，出身只是起跑线，只要你有抱负有实力，铁匠也可以议政金銮殿。

唐代科举制进一步完善并全面实行，寒门庶族迅速崛起，许多布衣子弟通过勤学苦读跻身于社会上层，甚至走进帝国的权力中枢。李义府在贞观年间科举考试及第后，担心出身贫寒，不会受到重用，赋诗表达自己的忧虑："上林如许树，不借一枝栖？"李世民听到后，马上安慰他："吾将全树借汝，岂惟一枝！"后来，李义府位及宰相。

李世民有一年在端门看到天下读书人纷纷前来参加科举考试，脱口而出："天下英雄，入吾彀中矣！"

彀中，意思是弩射程所及的范围。比喻圈套、牢笼。

一天散朝后，李世民和吏部尚书唐俭下棋，尉迟恭在一边观棋。李世民要悔棋，唐俭不允，两人争执起来。李世民一怒之下，将唐俭发配到潭州。

李世民余怒未消，感到受了侮辱，对尉迟恭说："唐俭言语极端，态度嚣张，目无皇上，我要杀了他，你在现场，你要为我作证。"

尉迟恭诺诺而退。

第二天上朝，李世民提出此事，要尉迟恭作证。尉迟恭跪下叩头道："臣实在没有听见唐俭有何不妥言论。"

李世民再三询问，尉迟恭还是说："臣实不闻。"李世民大怒，砸碎玉梃，拂袖而去。

过了一段时间唐太宗命人举办宴会，京城三品以上官员都来参加。有人问李世民："为什么赐宴？"

太宗说，尉迟敬德最近做了三件事，使各方面都得益：

一、使唐俭免于枉死，有了再生的幸运；

二、使我免于枉杀，增添了改过的美名；

三、使敬德自己免于曲从，本人多了忠直的声誉。

他极力称道尉迟恭人品义气俱佳，为人厚道正直，堪为众卿表率。赏赐了尉迟恭一千匹绸缎。

尉迟恭坚守自己的良知，传承平鲁人的淳厚仗义，没有趋炎附势草菅人命，真乃豪杰也！

尉迟恭一直是李世民集团的核心成员。

唐朝将尉迟恭和李靖分别树立为内、外之功的典范。他们分别代表了古代帝王成就霸业的两大基石——保卫皇权、攻城略地。没有尉迟恭，皇权无以拱卫；没有李靖，霸业难以成就。他们俩具有典型示范意义，值得人们学习。

从某种角度讲，尉迟恭对李世民的奉献，要远远大于李靖。尉迟恭对外带兵作战冲锋陷阵，对内保驾护航精忠报主。他对李世民的忠心，他的骁勇善战，几乎让人忘了，他是改换门庭的降将，是一个平鲁的山汉。

通观尉迟恭一生的作为,当时的文武大臣,还有后世的人们,只能说一个字:服!两个字:佩服!三个字:愿拜服!

这个淳朴的山汉,已经逐步登上了功勋垒就的神坛,他能够修炼成神吗?

## 第十七章
## 中华门神

一

门神的前身是桃符。就是王安石说的:"爆竹声中一岁除,春风送暖入屠苏。千门万户曈曈日,总把新桃换旧符。"

古人认为桃木是五木之精,能辟邪,人们就用桃木做桃人、桃印、桃板、桃符等用以辟邪。

中国人有"万物有灵"的朴素信仰。传说商末周初,度朔山上生有奇桃,肉甜味美,吃上可以祛病益寿。

在古代,人们将许多坏事和异事看成是鬼怪作祟,充满恐惧心理。门神的产生与古人的神鬼崇拜有关。夜晚紧闭房门,可以防范坏人闯入,但古人觉得防不住无影无踪的魑魅魍魉,需要有个能驱鬼降妖的神明,替自己看家护院。

史料记载,周代的时候就已经出现了"祀门"的活动,是极为重要的一项典礼。"门神"一词最早见于《礼记》,由此可知早在秦汉之前,人们就已经有了门神的信仰。

门神,守卫门户的神灵,是新年贴在门上的一种年画,以驱邪避灾、保佑平安,是深受中华民族欢迎的守护神。

每到春节前夕,炎黄子孙们便忙碌起来,家家户户贴春联和门神,祈福来年风调雨顺国泰民安。

最早史书记载的门神，是古代的一个叫成庆的勇士，穿短衣大裤，手持长剑。接下来传说的门神就是神荼和郁垒。

在沧海之中，有一座大山，叫度朔山。山上有一棵大桃树，树龄逾万年，树干粗壮，枝杈蜿蜒虬屈，绵延三千里。树顶有一只金鸡，日出报晓。

在树枝的东北方向，树梢一直弯下来，挨到地面，变成椭圆形，就像一扇天然的大门。度朔山上住着各种妖魔鬼怪，出入门就得经过这扇鬼门。每当清晨金鸡啼叫的时候，夜晚出去游荡的鬼魂就必须赶回鬼域。

在鬼域门边有两个神仙，一个叫神荼，一个叫郁垒。如果鬼魂在夜间干了害人的事情，神荼、郁垒就会将它们捉住，用芦苇编的绳索捆起来，扔到山下喂老虎，因而所有的鬼魂都畏惧神荼、郁垒。

人们于除夕时，用桃木雕成神荼和郁垒二神的模样，挂在门上，使鬼怪不敢进入，保佑全家平安。

桃人雕刻起来比较麻烦，后来简化成了桃板，一左一右地钉在门上，上面用朱砂笔画上二神的图像或者写上二位的大名，用来驱鬼避邪。这便是最初的桃符，也是后世楹联的滥觞。

为了满足人们多种需求，有的地方将门神分为三类，即文门神、武门神、祈福门神。文门神即画一些身着朝服的文官，如天官、仙童、送子娘娘等。武门神即武官形象，如秦琼、尉迟恭等。祈福门神即为福、禄、寿三星。

## 二

到了唐代，门神便被秦叔宝和尉迟恭取代。

唐太宗李世民平定四方做了皇帝。他夜晚睡在皇宫，每到夜深人静，一会儿听到凄凄惨惨鬼哭狼嚎，一会儿室外噼噼啪啪抛砖掷瓦，屋内无缘无故咔咔作响。睡梦中窦建德、单雄信等被他斩杀的将领，特别是李建成和李元吉领着他们的儿子们，还有一些不知名的冤魂厉鬼向他索命。李世民闭上眼就看见血淋淋的人头，只好睁开眼苦盼天明。后宫夜夜不得安宁，李世民向太监和嫔妃们诉说闹鬼之事，他们说晚上什么都没听到。

旭日东升，满朝文武官员，都在朝门外候朝。等到日上三竿，不见临朝，唬得一个个惊惧踌躇。

唐太宗李世民只能在天明后，小憩一会儿。

李世民非常害怕，他告诉文武大臣每天晚上宫内闹鬼。自己夜不能寐，神思恍惚，萎靡不振，身心疲惫不堪，如同得了大病。

这就是老百姓说的，鬼反了。

可是，谁见过鬼？

正因为谁也没见过，所以才人人怕鬼。

找来御医给李世民诊治，从脉象看，也看不出有什么症候，用了无数灵丹妙药，唐太宗的病仍无起色。他总觉得自己病入膏肓，已难医治。他越想越怕，越怕越想，每天胡思乱想。自己刚要励精图治，大展宏图，是不是就要一命呜呼了？

难道这是苍天的报应吗？

但是，有两个人不怕鬼，相反鬼怕他们。

他俩就是秦叔宝和尉迟恭。

他将此事告诉了尉迟恭，尉迟恭便约秦叔宝经常来看望李世民。每当秦叔宝和尉迟恭来看望李世民时，他就感觉到神清气爽，浑身充满生机，病情大为好转。

尉迟恭对李世民说："我和秦叔宝给你守夜吧。我们俩一生征战沙场，杀人无数，恶人都不怕，何怕鬼怪？我们穿上盔甲、拿上兵器，夜夜为你把守宫门，让那些鬼邪不敢进入后宫。"

李世民过人的阅历，此时显露出来了，他凝视着尉迟恭，目光同时笼罩着尉迟恭身边的秦叔宝，带着微笑，带着信任，带着欣赏，马上同意："多谢两位将军！那就辛苦你们了。"

尉迟恭和秦叔宝当晚手持铜鞭，头戴金盔，身披铠甲。秦叔宝凤眼朝天星斗怕，尉迟恭虎睛放电神鬼惧。俩人如塑像般守卫在李世民寝宫的门口。尉迟恭的耳朵和眼睛时不时伸向唐太宗李世民的居室。唐太宗竟然一夜无梦，也没有听到响声，甜甜蜜蜜睡了一晚。

一轮红日跃上山巅，霞光普照皇宫。李世民盥洗完毕，宣二将军进宫，给予丰厚的奖赏。他高兴地说："朕自得疾，数日不能得睡，今夜仗二将军威势甚安。卿且请出安息，待晚间再一护卫。"二将谢恩而出。自此以后，李世民便让二将夜夜守卫。

从此以后，后宫晚间果然寂静无声，平安无事。

朝廷文武官员对尉迟恭和秦叔宝齐声赞叹：人鬼俱怕的名将，当之无愧的大唐功臣啊！

双锏打成唐世界，单鞭挣定李乾坤。

过了几天，李世民觉得两位老臣实在辛苦，每晚不能睡觉，长此以往，累坏了身体，难以持久把守宫门。于是便命阎立本绘出二人全身守卫像，悬挂在宫门，试看能不能镇鬼驱邪？

当夜，如同往常一样，鬼魂也无骚扰，同样起到了避鬼除妖作用。

上有所好，下必甚焉。

很快，尉迟恭和秦叔宝门神故事流传民间，成为大众门神。民间逢除夕，将尉迟恭和秦叔宝画像贴在门上，用以避邪驱灾，纳福迎祥，保佑阖家平安。门神传说一直延续至今，炎黄子孙每年春节都要在门上贴敬德、秦琼门神像。他们二人成为流传最广、贫富皆爱的门神，至今长盛不衰。

秦叔宝和尉迟恭二位门神像的样式有坐式、有立式，有披袍、有贯甲，有徒步、有骑马，有舞鞭锏、有执金瓜，多种多样。

常见的画像，秦琼是白脸，面目和善；尉迟恭黑脸、面容凶狠。秦琼负白日守门之责，故常在像前标一"日"字。尉迟恭负黑夜守门之责，故常在像前标一"月"字。

在两门神的左右，有时还贴上这样一副对联：

昔为唐朝将，今作镇宅神。

《白毛女》中喜儿唱的"门神门神骑红马，贴在门上守住家；门神门神扛大刀，大鬼小鬼进不来。"正是贫苦大众在无助时祈盼神灵保佑的真实写照。

在全国各地，门神像各有创新。有的将秦琼、尉迟恭直接画在门上，这样省得每年换了；有的直接将门神像刻在门上；甚至还有的将门神像直接刻在石材上。

随着科技发展，秦琼、尉迟恭门神像又增添光电声音。秦琼嘴里发出"哼"声，尉迟恭嘴里便发出"哈"音。

上元元年，礼仪使颜真卿向唐肃宗建议，追封古代名将六十四人，为他们建庙享祭，其中就有尉迟恭。

这是尉迟恭正式入庙为神。

宋宣和五年，朝廷依照唐代惯例，为古代名将设庙，七十二位名将中也包括尉迟恭。

这是另一种坐享其成。

生前驰骋疆场、建功立业；逝后尊为神仙、扬名万代，谁的人生能达到如此辉煌的地步？

秦叔宝和尉迟恭成为门神，鬼魅惧怕，民众敬重。他们两为大唐、为民众做了力所能及的事情。

后来，秦叔宝感到朝廷是一个是非之地，不可久待，他急流勇退，借口多年征战，身体屡受重伤，流血过多，回家养病去了。

李靖觉得自己在朝廷任官多年，功劳不小，受到的封赏也不少，应该早点解甲归田，免生后患。所以趁唐太宗派他去访察民意的机会，说自己的脚有毛病，奏请退休归家。

唐太宗见他的奏书写得十分恳切，便答应了他的请求，并派中书侍郎牟岑少去传他的旨意说："朕看自古以来，身居富贵而能知足的非常少，不论是愚人还是智者，都莫能自知。有些人没有什么才能，却硬是要占据官职。就是有了病，也勉强硬撑，不肯辞官。李靖能识大体，顾大局，实在可嘉。朕如今批准你的请求，不仅是成全你的志向，还想把你作为一个时代的模范人物。"

什么叫知足常乐？

什么是急流勇退？

尤其是，懂得帝王心，及时交出兵权，赋闲在家，你好我好大家都好。

从古至今有许多正反面的教训。

尉迟恭身强体壮，正是大有作为时期，他不想过早赋闲在家。他凭着对李世民的忠贞，对天下苍生的挚爱，还想做一些润泽民众的好事。但是，不知他那耿直爽快的性格能不能与达官显宦和谐相处？

## 第十八章
# 冲动是魔鬼

## 一

李世民登基之后，宣布了自己的施政纲领："朕虽以武功定天下，终当以文德绥海内。文武之道，各随其时。"

唐太宗实施了一系列治国理政举措。任人唯贤，量才录用，任免了一批文武官员。

朝廷调任尉迟恭先后担任襄州都督和同州刺史。

贞观三年（公元629年），尉迟恭出任襄州都督。襄州位于鄂西北，地处汉水中游，人文资源丰富，江河湖泊纵横。诸葛亮当年曾在襄州隆中隐居躬耕，刘备前往隆中三顾茅庐，诸葛亮向刘备提出了三分天下、联吴抗曹的《隆中对》。

尉迟恭在贞观六年任同州刺史，同州是点缀在秦东大地上的耀眼明珠，处于八百里秦川最开阔地段。同州居晋、陕要冲，黄、洛、渭三水环流，白鹤翔天，野鸭嬉水，渔歌对唱，一幅农林牧渔各业兴旺的原生态风光。

贞观之治大见成效，官吏清正廉明，民众安居乐业，社会风清气正，一派欣欣向荣的景象。

贞观六年九月二十九日，李世民在庆善宫大摆酒宴，并且在宴会上发表了热情洋溢的讲话。

他说，在这秋风送爽的美好时刻，我们共聚一堂，祝贺大唐江山终于一统！我要感谢各位文臣武将为平定四方、治国安邦作出的伟大贡献！

他指出，如今天下太平，外夷臣服，万国来朝，大唐已经是国际中心、世界强国。四夷大小君长，争遣使臣入见，每年朝贺达数千人。

唐太宗李世民特别强调，我们要凝聚力量，同心同德，戒骄戒躁，杜绝功高自负、不求进取的不良思想，尽心竭力地做好本职工作。我们要励精图治、踔厉奋发，让黎民百姓安居乐业，让大唐江山万古长青。

李世民提议，为了大唐更加富强，为了民众幸福安康，为了各位的平安健康，干杯！

宴会上，表演了《九功之舞》和《秦王破阵乐》。

尉迟恭也接到邀请回京赴宴。

在古典琵琶名曲《阳春白雪》清新流畅、轻松明快的旋律中，宾客们感受到了万物欣欣向荣的喜庆气氛。美酒、好友、名曲，繁华的场面、高雅的氛围，置身凉爽的秋风，唐王朝的高官显爵尽情畅饮。

大家走斝传觞，有说有笑，兴致都很高。尉迟恭爱喝酒，新朋旧友都来和他干杯，几大杯下肚，豪气干云，他正要回敬朋友们，坐在他上首的长孙无忌端着酒杯咬文嚼字、指手画脚叫嚷着。

尉迟恭进来时看到此人座次排在他的前边，内心就愤愤不平。

城府深的人，即使再讨厌一个人，表面上也与其保持友好。

此时，酒壮胆气，尉迟恭实在忍无可忍，他怒气冲冲地瞪着长孙无忌说："我在战争年代冲锋陷阵、舍生忘死，在和平建设时期赴任地方栉风沐雨、亲力亲为。你有什么功劳，配坐在我的上席？还他妈咋咋呼呼，不知道自己几斤几两？"（"汝有何功，合坐我上？"）

任城王李道宗坐在他的下位，和尉迟恭是老朋友，怕他有过激的言行，急忙劝解："国公息怒，这等小事不值得计较……"

尉迟恭的拳头几乎是压着李道宗吐出的最后一个字呼啸而来。一拳打在李道宗的眼睛上。

李道宗的眼睛霎时变成了熊猫眼。（"敬德勃然，拳殴道宗目，几至眇。"）

尉迟恭挥着拳头训斥："怎么是小事？关你什么事？你明白，啊？你肚量大，你想做好人。"

力微休负重,言轻莫劝人。

是非只为多开口,烦恼皆因强出头。

徐茂公笑而不语。他将一切看在眼里,又好像什么都没有看到。风流不在谈锋胜,袖手无言味最长。

其他人想劝,又不敢劝。

聪明的人,借助经验说话。更聪明的人,根据经验不说话。

众人酒也没心思喝了,名曲也没兴趣听了,谁也不知道该怎么办,都傻傻地站在那里,闪烁不定的目光中充满意料之外的震惊,有的眼神包涵各种寓意望着李世民。

空气凝固了。

豪华宽敞的宴会厅里,充溢着尴尬。

轻缓的乐曲依旧在奏鸣,每一个音符都在尽力化解着尴尬的气氛。

唐太宗李世民喜悦的心情一下降到冰点,放下酒杯,拂袖而去。

尉迟恭凝望着李世民的背影,抓起桌子上的酒杯,头一仰,把酒倒进喉咙。

哼!爱咋咋地。

老大不高兴,后果很严重。

国宴上打架,不是亘古未有,起码举世罕见。

若要戒酒法,醒眼看醉人。

不得不承认,尉迟恭修炼不到家,还有山汉的弱点,山汉的劣根性!水太清则无鱼,人太急则无智。

控制情绪是每个人都应该具备的基本素质,特别是天生脾气暴躁的人,要通过生活实践的磨炼,总结经验教训,不断提升稳健、和气、忍耐的修养。

这一拳,不啻是重炮轰顶,打得长孙无忌从此谦卑随和,不再摆国舅的架子。

这一拳,李世民颜面扫地,喜庆的国宴不了了之,皇亲国戚在自己的眼皮底下挨打,竟然爱莫能助。

这一拳,给奸佞小人进谗言提供了佐证。

李道宗一只眼圈黄白,一只眼圈乌青,闭着那只乌青的眼睛,用睁着的那只狠狠地瞪了尉迟恭一眼,气呼呼走了。刚走出院门,又出现了耳鸣,两只耳朵里像飞进了蜜蜂。

第二天,唐太宗李世民命人叫来尉迟恭,绷着脸对他说:"我常读《汉书》,发现汉高祖的功臣能够保全性命的很少,心里常常责怪汉高祖。我登基以后,决心摒弃那些做法，一直想保护功臣，和你们同享富贵。让功臣的子孙继承爵位，享受祖辈的福泽。但是，看到你昨天的所作所为，太让我失望了。你做了高官，不懂低调内敛，谨慎从事，竟敢触犯国法。我明白韩信、彭越遭到杀戮，不是汉高祖的过失。治理国家最重要的事情，就是赏罚分明，分外的恩惠不能给得太多。今后，你要严格要求自己，谦虚谨慎，与人为善，不要自以为有功就可以无法无天，别做追悔莫及的事情……"

什么是"追悔莫及"？

李世民留下空白让尉迟恭自己思考。

空白效应，在为人处世和文化艺术中都有极高的价值。

写作与绘画，留一些空白，让人展示自己的想象力，能够取得良好的艺术效果。

在为人处世方面，留下空白，让你自己思考、回味，得出切身的感悟。

李世民留给尉迟恭的空白是什么？

汉高祖刘邦为什么杀功臣？那是不得已而为之。你尉迟恭如果继续骄傲自满、飞扬跋扈，小心我砍了你的黑头。

尉迟恭从唐太宗李世民的言语中，听到了死神的登音。他第一次对"生存"这个词有了深刻的感受。但是，从尉迟恭的脸上看不出任何表情，他是不知道自己该如何反应，在沙场上经历了多少次生死考验，自己并不是贪生怕死之辈，但是稀里糊涂的死去是不可取的，他忙磕头谢罪，说自己追悔莫及，做了诚恳而严肃的自我批评。

从此，尉迟恭感到了害怕，开始约束自己的行为。

一个人最大的敌人原来是自己。

冷藏了一段时间后，李世民调任尉迟恭为荆州总管府总管。

管理的地盘变小了，条件艰苦了。

上任前，李世民赶来送行，尉迟恭很感动，他说一定不辜负皇上的重托，宵衣旰食地治理好荆州。

尉迟恭红着眼圈表完态，李世民冷不丁问了一句："有人说你要谋反？"

尉迟恭气得脸色铁青，嘴唇哆嗦着说："我跟着陛下多年征战沙场、出生入死，如今身上留下无数刀剑伤疤。现在，天下太平了，陛下怀疑我谋反，我是谋反的人吗？"说着，尉迟恭脱下衣服让李世民看自己身上的疤痕。

凝视着尉迟恭身上的一块块伤疤，唐太宗李世民想起了尉迟恭为了救他，不顾自己性命，舍身杀敌的一幕幕感人场景，禁不住流下两行热泪："爱卿，快穿上衣服吧。那是别人的谗言。我不怀疑你，才和你说，你不要多心。"

尉迟恭真正地沉默了，他望向了窗外的蓝天，没有看那些凌乱的乌云，而是望向了一只展翅翱翔的苍鹰。沉默中，心底涌起一股寒气。

尉迟恭不多心。可是，李世民是不是多心了？

自古道，高处不胜寒啊！

尉迟恭在荆州期间构筑三关，北筑乐乡关，中筑马牙关，南筑虎牙关。三关的建筑，使荆州进可攻、退可守，成为荆襄古道上的战略要地。修筑荆门城、沙洋堡，他还在荆门隋代皇后的行宫旧址凤凰台修建署衙，建立城堡，修筑汉江堤防。

贞观十一年（公元637年），册拜尉迟恭为宣州刺史，吴国公改封为鄂国公。宣州位居安徽省东南部，属皖南山区。

贞观十三年（公元639年），尉迟恭任鄜州都督。

鄜州，位于陕西北部，与甘肃接壤，属渭北黄土高原丘陵沟壑地带。十年九旱，环境恶劣。一年一场风，从春刮到冬。黄沙遮天蔽日，民众苦不堪言。

尉迟恭担任鄜州都督后，由于鄜州城池窄小，破烂不堪，州府地势低洼，经常遭遇水淹，他另选良址。为了节省花费，聘请工匠设计节俭的建筑方案，重新修建了鄜州城。尉迟恭安抚民众安居乐业，自己统领兵马维护治安。当地百姓称颂道：五谷杂粮遍地有，九州不收鄜州收。军民互市马牛羊，尉迟都督兵马壮。

尉迟恭在回长安述职时，李世民对他说："朕想把女儿许配给你，你愿意不愿意？"

尉迟恭沉默了，他必须选择沉默，不是那种思索对策的沉默，而是用沉默表示对李世民的话很重视，自己的态度也很慎重。

沉默片刻后，尉迟恭不卑不亢跪下辞谢："我的老婆虽然低贱，但是和我相处多年，她与我同甘共苦、相敬如宾，多少年了知冷知热，我们感情深厚。我没文化，可听圣人说富不易妻。我不能娶陛下的公主，请皇上谅解。"

在古代，男人想要把老婆休掉，必须有公认的七种理由："不顺父母去，无子去，淫去，妒去，有恶疾去，多言去，窃盗去。"

尉迟恭不关心这七种理由，李世民更不会提醒他以此办事。

李世民这是笼络尉迟恭，态度上表明我还是看好你，并不是真想把自己如花似玉的公主嫁给这个老黑旦。

尉迟恭也知道李世民这是给自己恩宠，给自己一个友好的信号，并不是真的要把公主嫁给自己。

李世民知道尉迟恭明白自己的意思，他也不会真答应娶公主。

明眼人可以看出前前后后的一系列操作，都是李世民在敲打和拉拢尉迟恭。他为了自己的江山稳固，对任何人都不放心。

几千年以来，人性从来没有变过。变的是人心，变的是环境，变的是手段。

李世民和尉迟恭有着生死与共的经历，本来可以成为情同手足的朋友。但是，李世民要成为苍生之主，君临天下，皇帝不能有朋友，尉迟恭只是他的下属、他的保镖、他的打手、他的大将。

永远不要企图和领导做朋友。

要准确地定位自己。

北斗导航可以定位你的地理位置，人生的位置就要靠自己的智慧定位了。

一切都是过眼云烟，花开花落，云卷云舒，尉迟恭经过了无数的风霜雨雪和生死考验，他虽然不是玩弄权谋的政客，但是，认清了人世间的悲欢离合、人情冷暖，你们好自为之，各尽所能折腾去吧。

我要做一个真实的自己。

我要对得起自己的信念、自己的良心、自己的后人。

所有的一切，让后人评说去吧！

公道自在人心。

心和气平者，百福之源；心澄体胖者，万祥之渐。

牢骚太盛防肠断，风物长宜放眼量。

尉迟恭牢记自己的初心，不忘做人的本分，能上能下，能苦能甜，尽人事听天命。

不久，尉迟恭又出任夏州都督。

夏州位于今陕西省靖边县北。各民族杂居，地处沙漠边缘，种植业落后，以游牧为生。夏州是党项拓拔氏建立西夏王朝的根据地之一。党项人是我国古代羌族的一支，长期生活在青藏高原的东部。党项部落以游牧为生，不会种地，也没有文字，以一年草木荣枯记录岁时。

管理的地方更小了，条件更加艰苦了。

一次冲动带来了多少麻烦和后患。

发脾气是本能，不发脾气是本事。

纯真善良的人们啊，永远记住：乱发脾气是人生失败的根源！

你不要说我就这脾气，除了你的父母，没有人原谅你。你就这脾气，那么你就这苦命。

遇事三思，沉默是金；水低成海，人低成王。

不与三季人讲道理，不与垃圾人争高低。夏虫不可语冰，井蛙不可言天。

你记住了吗？

听风吹雨。

李世民毕竟是千古一帝，他不拘小节，也没有以瑕掩瑜，内心里记着尉迟恭的数次救命之恩，在名誉上给尉迟恭一个合适的地位。

## 二

贞观十七年二月二十八日（公元643年3月23日），唐太宗李世民为表彰功臣建筑凌烟阁。凌烟阁位于唐朝皇宫内三清殿旁一个小楼。唐太宗命阎立本在凌烟阁内描绘了二十四位功臣的图像，皆真人大小。

著名书法家褚遂良题字。褚遂良是初唐四大书法家之一，唐朝宰相。李世民评价他对人很有感情，平时一副飞鸟依人的模样，惹人怜爱。

李世民时常前往凌烟阁怀旧。

凌烟阁二十四功臣排名：

第一位：司徒、赵国公长孙无忌

第二位：司空、凉州都督、河间郡王李孝恭

第三位：司空、莱国成公杜如晦

第四位：司空、相州都督、太子太师、郑国文贞公魏徵

第五位：司空、梁国公房玄龄

第六位：开府仪同三司、尚书右仆射、申国公高士廉

第七位：开府仪同三司、鄂国公尉迟敬德

第八位：特进、卫国公李靖

第九位：特进、宋国公萧瑀

第十位：辅国大将军、扬州都督、褒忠壮公段志玄

第十一位：辅国大将军、夔国公刘弘基

第十二位：尚书左仆射、蒋忠公屈突通

第十三位：陕东道行台右仆射、郧节公殷开山

第十四位：荆州都督、谯襄公柴绍

第十五位：荆州都督、邳襄公长孙顺德

第十六位：洛州都督、郧国公张亮

第十七位：光禄大夫、吏部尚书、潞国公侯君集

第十八位：左骁卫大将军、郯襄公张公谨

第十九位：左领军大将军、卢国公程知节

第二十位：礼部尚书、永兴文懿公虞世南

第二十一位：户部尚书、渝襄公刘政会

第二十二位：光禄大夫、户部尚书、莒国公唐俭

第二十三位：光禄大夫、兵部尚书、英国公李世勣

第二十四位：徐州都督、胡国公秦琼

二十四功臣中，长孙无忌排第一，尉迟恭位列战神李靖之前居武将第一，秦琼居末。

人们看到这个排名愤愤不平，议论纷纷。

长孙无忌是李世民的妻兄，任人唯亲。

其实，长孙无忌是一个苦命人。少年丧父后，被同父异母兄长孙安业赶出家门，他与母亲和妹妹投奔舅舅高士廉，由高士廉抚养长大。唐太宗病重时，将长孙无忌召到含风殿，用手抚摸他的面颊，泪流满面，难舍难离之情无法言表。长孙无忌痛哭不止，多少年的酸甜苦辣涌上心头，哽哽咽咽不知从何说起。太宗把后事托付给他和褚遂良，又对褚遂良道："无忌对我竭尽忠诚，我能拥有大唐江山，多亏他的帮助。我死了之后，你要保护好无忌，不要让小人进谗挑拨离间。"可惜的是褚遂良早于长孙无忌去世。

显庆四年(公元659年)，许敬宗指使人向高宗呈奏密章，称监察御史李巢勾结长孙无忌，图谋造反。唐高宗下诏削去长孙无忌的官职和封邑，流徙黔州。后来派袁公瑜到黔州审讯长孙无忌谋反罪。袁公瑜一到黔州，就逼长孙无忌自缢。长孙无忌死后，家产被抄没，近支亲属都被流放岭南为奴婢。

文臣的排名高于武将，在血雨腥风中打下江山，和平时期忘记了吗？

高士廉有什么功劳？只不过是皇后的亲舅舅。

李靖领导唐军灭亡三个政权，是军事家、战神，为什么排名靠后？

秦琼是隋唐闻名遐迩的大英雄，立了不少功劳，排在最后一位，连程咬金都

不如。

没有尉迟恭的三次救驾，秦王李世民和唐朝的历史就要改写。尉迟恭是唐朝历史的书写者和定盘星。

秦琼和尉迟恭都是能征惯战的名将，为唐朝的建立和稳定作出了巨大贡献。隋末唐初，秦琼的名气在尉迟恭之上，江湖人称"秦二哥"，马踏黄河两岸，铜打三州六府，威震山东半边天。为什么在凌烟阁二十四功臣中，尉迟恭排名第七，是武将第一位，秦琼排名最后一位？

在李世民心里，尉迟恭的地位要远远高于秦琼。李世民把尉迟恭当作自己的家将和贴身保镖，是可以同生共死的兄弟，是自己多次的救命恩人。秦琼是国臣，他效忠的是李唐王朝。唐高祖李渊曾经动情地说，你抛妻弃子来投奔我，多次立下大功，我的肉都能割下来给你吃。玄武门之变后，秦琼被封为左武卫大将军，之后，他就淡出朝廷政坛，在家养病。

议论归议论，大唐我说了算，排名有依据，你们慢慢品味去吧！

唐代鬼才诗人李贺应进士举受挫时，有感而发：

男儿何不带吴钩，

收取关山五十州。

请君暂上凌烟阁，

若个书生万户侯？

李世民是千古一帝，文韬武略纵横捭阖，善于处理君臣之间的关系，建立凌烟阁的初衷是为了平衡各个势力，笼络人心。文臣武将谁不想出将入相，名留青史？凌烟阁就可以让大唐的功臣万古流芳，永垂竹帛。

我想，尉迟恭应该是心满意足了。

尝尽了酸甜苦辣的尉迟恭，年纪也大了，无心在政坛留恋，唐太宗李世民又将赋予他什么样的重任？

## 第十九章
# 监造寺庙

一

隋末唐初狼烟四起。李唐王朝为了一统江山，派出各路大军征讨。各地割据势力或战或降，华夏走向安宁。长年的战争，给军民造成了巨大的伤亡。为了安抚人心，超度亡灵，唐太宗李世民决定广修庙宇，让无边的佛法慰藉阴阳两间。

他决定成立"大唐寺庙建设总公司"。

任命尉迟恭为董事长兼总经理。

相当于现在的房地产公司。

从事的业务是特种房地产。

这个房地产公司是大唐王朝直属企业，属于央企。业务专一——高端大气上档次的寺庙建筑。

为什么又是尉迟恭？朝廷里那么多学识渊博才干出众的精英，李世民不用，偏偏任用一个斗大字不识半箩筐的武将。

经过一段时间对尉迟恭的打压，磨灭了尉迟恭的傲气，李世民还是重用了尉迟恭。

这是亘古通今领导用人的一种套路，对于才能出众有傲气的人才，必先对其进行磨炼甚至打压，让其夹着尾巴做人，各方面锻炼得差不多了，然后再赋予重任。让你先苦后甜，对领导感恩戴德，既听话又忠心。

千万不要在领导故意磨炼你时，和领导对着干，这样你就真的会苦海无边。

大唐有那么多能干的文臣武将，李世民为什么偏偏重用尉迟恭？

概括起来，四条原因：忠心，威信高，廉洁奉公，执行能力强。

尉迟恭修建的最有名的寺庙是大相国寺。

故事还得从头说起。

在长安城外泾河岸边，有两个贤人：一个是渔夫，叫李文；一个是樵夫，叫唐宝。他俩是不登科的进士。他们两个经常在一起谈天说地：那些争夺名位的，一辈子疲惫不堪；那些牟取私利的，最后一无所有；在朝廷做官的，是靠着老虎睡觉；那些贪赃枉法的，藏起来的是冬眠的蛇。说起来，还不如我们在水秀山青中逍遥自在地生活，每天无忧无虑，悠闲淡薄，随缘而过。

有一天，李文说："这长安城西门街上，有一个算卦的先生。我每日送他一尾金色鲤鱼，他就与我开一卦，按照他说的方位下网，每次都能捞上鱼。今日我又去买卦，他教我在泾河湾头东边下网，定会满载鱼虾而归。明日上城来，卖钱喝酒，再与老兄相叙。"

路上说话，草里有人。泾河水府有一个巡水的夜叉，听见后急转水晶宫，慌忙报与龙王道："不好了！有祸事了！"

龙王问："有什么祸事？"

夜叉道："臣巡水到河边，只听得两个渔樵说，长安城里西门街上，有个先生，算卦最准。每日送他鲤鱼一尾，他就送一卦，教他精准捕鱼。照此下去，很快就将咱们的水族捕完了。"

龙王不相信，他浮出水面，摇身一变，变作一个白衣秀士。来到西门街，望见一个算卦招牌：神课先生袁守诚。

此人是谁？原来是当朝钦天监袁天罡的叔父，袁守诚是也。

袁先生问："先生有何事卜卦？"

龙王曰："请卜一下天上阴晴事。"

袁守诚即排了一卦，断曰："飒飒南风送雨来，长安城里有滚雷。若占天上阴晴，卦上显示必在明天。"

"明日何时下雨？雨有多少尺寸？"

"明日辰时布云，巳时发雷，午时下雨，未时雨足，共得水二寸一十八点。"

龙王微微一笑："天上阴晴大事，不可儿戏。如果明日有雨，依你断的时辰数目，我送你黄金五十两奉谢。若无雨，或不按时辰数目，我与你实说，定要打坏你的铺面，砸碎你的招牌，马上赶出长安，不许在此妖言惑众！"

先生欣然而答："好，明朝雨后来会。"

龙王刚回到龙宫，只听得半空中叫："泾河龙王接旨。"抬头看去，是一个金衣力士，手擎玉帝敕旨，径投水府而来。慌得龙王整衣端肃，焚香接了旨。

拆封看时，上写着："敕命八河总，驱雷掣电行；明朝施雨泽，普济长安城。"

旨意上时辰数目，与袁先生算的毫发不差，吓得龙王心惊胆战。

龙王在布雨时改了时辰点数。

天晴后，龙王走到卦摊乱砸一顿后骂道："你这妄言惑众的妖人，你的卦不灵，尽是胡说！今日下雨的时辰点数俱不对，趁早滚去，饶你死罪！"

袁守诚仰面朝天冷笑道："我无死罪，只怕你倒有个死罪！别人好瞒，只是难瞒我。我认得你，你不是秀士，乃是泾河龙王。你违了玉帝敕旨，改了时辰，克了点数，犯了天条。你在那剐龙台上，将会一刀毙命。"

龙王听见说破自己诡计，毛骨悚然，大惊失色，跪下哀求："先生休怪。以前那是开玩笑，岂知弄假成真，果然违犯天条。望先生救我一救！"

袁守诚说："我救不了你，可以给你一条生路。"

龙王一拱手："请先生指教。"

"你明日午时三刻，由魏徵处斩。你想活命，须赶快去求唐太宗。那魏徵是李世民的丞相，让他帮你，方保无事。"

当天晚上，龙王等到子时前后，收了云头，径直来到皇宫门口。此时唐太宗正梦到出宫门之外，忽然龙王变作人相，上前跪拜。口叫"陛下，救我！救我！"

太宗问："你是何人？为什么要朕救你？"

龙王说："陛下是真龙，我是业龙。我犯了天条，明天午时三刻，由陛下贤臣魏徵处斩，故来拜求，望陛下救我一命！"

唐太宗说："既是魏徵处斩，朕可以救你。你放心去吧。"

第二天快近中午时，李世民命侍从取过棋来，对魏徵说："朕与贤卿对弈一局。"

君臣两个在说说笑笑中开始对弈，正下到午时三刻，一盘残局未终，魏徵忽然伏在案边鼾睡。

片刻后，只听得朝门外大呼小叫。原来是尉迟恭提着一个血淋淋的龙头，风风火火走进宫里。

唐太宗慌忙问道："此物何来？"

尉迟恭说："在十字街头，云端里落下这颗龙头，微臣提来禀奏主公。"

李世民惊问魏徵："这是怎么回事？"

魏徵转身叩头道："是臣梦中所斩。"

唐太宗李世民闻言大惊道："贤卿酣睡之时，不曾见动身动手，又无刀剑，如何斩了此龙？"

魏徵奏道："主公，臣的身在君前，梦离陛下。臣拿神刀，奉玉旨斩老龙。"

这天晚上，唐太宗正蒙眬睡间，见那泾河龙王，手提着一颗血淋淋的首级，大声叫嚷："唐太宗！还我命来！你昨夜满口许诺救我，怎么午时让魏徵斩我？你出来，我与你到阎君处说理！"他扯住太宗，再三嚷闹不放，太宗有口难言，挣扎得汗流遍体。

折腾了几天，唐太宗骨瘦如柴，气息奄奄，他强打精神道："我的病已入膏肓，命将休矣，如何是好？"

魏徵劝解道："臣写一封书信，陛下拿上，捎去到冥司，交给丰都判官崔珏。"

太宗问："崔珏是谁？"

魏徵解释道："崔珏是太上皇驾前之臣，任礼部侍郎。在日与臣八拜为交，相知甚厚。他如今已死，现在阴司是执掌生死文簿的丰都判官，梦中常与臣相会。此去将此书付与他，他念微臣薄分，必然放陛下回来，管教魂魄还阳世。"

唐太宗将书信接在手中，笼入袖里，霎时气绝而亡。

李世民来到阴曹地府。崔珏对他说："微臣半月前，在森罗殿上，见泾河鬼龙告陛下承诺救命，反而让魏徵诛杀性命。第一殿秦广大王即差鬼使催请陛下，要三曹对案。"

太宗大喜："朕的贤臣魏徵有书一封，让交给先生。"

崔珏判官看了书，满心欢喜道："魏徵梦斩老龙一事，我已经知道。我们是故交，多年的密友，蒙他早晚看顾臣的子孙，今日既有书来，陛下宽心，微臣管送陛下还阳，再坐龙椅。"

阎王对李世民说："龙王在此申诉，定要陛下来此三曹对案。我将他送入轮藏，转生去了。今又有劳陛下降临，望乞恕我催促之罪。"言毕，命掌生死簿判官："拿生死簿来，看陛下阳寿天禄该有几何？"

崔判官将天下万国国王天禄总簿，逐一检阅，只见神州大唐太宗皇帝注定贞观一十三年寿终。崔判官吃了一惊，急取浓墨大笔，将"一"字上添了一画，却将簿子呈上。阎王从头看时，见太宗名下注定坐江山二十三年。

阎王惊问："陛下登基多少年了？"

太宗道："朕即位到现在一十三年了。"

阎王道："陛下宽心勿虑，还有十年阳寿。现对案明白，请返本还阳。"立即差崔判官送太宗还魂。

来到枉死城，只听吵吵闹闹说："李世民来了！李世民来了！"太宗闻听，觳觫不已。

崔珏说："陛下，那些人都是十八路反王、六十四处烟尘、七十二处草寇，众王子、众头目的鬼魂。尽是枉死的冤业，无收无管，不得超生，又无钱钞盘缠，都是孤魂饿鬼。陛下送他们些钱钞，你就可以走脱。"

太宗说："寡人空身到此，哪里有钱钞？"

判官道："陛下，阳间有一人，姓相名良，他是河南开封府人氏，有十三库金银在我这阴司里寄放。陛下立一借据，小判作保，借他一库，给这些饿鬼，方得过去。陛下到阳间还他便了。"

众鬼得了金银，俱喏喏而退。判官令太尉摇动引魂幡，领太宗离了枉死城，奔上平阳大路，飘飘荡荡而去。

回到阳间的李世民大赦天下，同时差鄂国公尉迟恭到开封府，访相良还债。

尉迟公拉着一库金银来到开封，寻访到相良。原来相良是一个黎民百姓，他卖水，他的妻子卖瓷器，两个人赚些零花钱度日。

两个人挣的钱虽然不多，却爱斋僧布施，还买些金银纸锭来焚烧，因此有善果臻身。阳间乐善好施的穷汉，在阴间却是积玉堆金的长者。

尉迟恭说明来意，将一库金银送给他们，吓得那相公、相婆魂飞魄散。

又看到本地官员坐车骑马聚集在一起，老两口痴痴呆呆，跪在地下，不住地磕头。

相良战战栗栗地答道："小的从来没有借钱给人，也没有金银放债，如何敢受这不明之财？"

尉迟恭对他们说："老人家请起。我是钦差官，赍着皇上的金银送来还你。二位老人家放心把这些钱收下，这是当今的皇帝陛下送给你们的。万岁从你们阴间账户里借走一库金银当买路钱散发给众鬼，这件事情有地府的判官崔珏做担保，你们就放心收下吧。"

相良诚惶诚恐地说："烧纸记库，是冥冥之中的事。无凭无据我们决不敢要。我们祖祖辈辈都是受苦人，享受不了大富大贵，有了这么多钱，死得更快了，您还是让我们清贫自在地多活几天吧。"

无奈之下，尉迟公回到长安如实复旨。

唐太宗听到相良不要这一库金钱，万分感慨："放眼天下，多少人不讲亲情、不顾性命巧取豪夺。两位庶民以苦为生不贪富贵，还能长期行善积德，此诚为善良长者！"

李世民传旨将这些金银为相良建寺院、起生祠，请僧诵经作法，保佑他长命百岁、平安康泰，就当还他一般。

尉迟恭领了圣旨，披星戴月赶回开封。他成立了建设相国寺项目部，将地方官员量才录用，编入劳力处、物资处、技术处、后勤处。

他在开封城里选择一处无人占用的土地，约五十多亩，召集各地能工巧匠，采购精良物料，建起了寺院。

唐太宗李世民亲自书写"敕建相国寺"。里边有相良夫妻的生祠。镌碑刻石，写着五个大字"尉迟恭监造"。

大相国寺殿宇高大宽敞，巍峨壮观。游览的人们无不赞叹其金碧辉映、精彩绝伦。各尊塑像姿态各异，造型生动。大小殿宇琉璃瓦盖顶，重檐斗拱，雕梁画栋，气势庄重威严。各殿之间曲径通幽，假山、花木和流水环绕其间。

好人有好报！

各门各派的理论，无数的事实证明，还是要做一个好人——三界无嗔。

北宋以来，大相国寺多次扩建，是开封最大的寺院和全国佛教活动中心。鼎盛时期辖六十四禅律院，养僧一千余人。

人们津津乐道的花和尚鲁智深"倒拔垂杨柳"的故事，就发生在大相国寺。

## 二

贞观盛世期间，风调雨顺，国泰民安。唐太宗继续在全国各地广修寺庙。

尉迟恭连续做了好几年修建寺庙的老总。他前前后后修建了柳林县香严寺和南山寺、吕梁洞阳观、北京和平寺、沈阳中华寺、鞍山效圣寺、杭州灵隐寺、安徽六安昭庆寺、安徽无为双泉寺、河南叶县圆觉寺、武昌宝通寺、武汉嵩阳寺、长沙九溪古寺、湖北天门白龙寺、湖北安陆双泉寺、重庆宝轮寺等等。

尉迟恭重修了洛阳景室山铁顶老君庙，并赐名景室山为"老君山"。老君山是八百里伏牛山脉的主峰，玉皇顶海拔两千二百一十七米。距今已有两千多年人文历史，是道教中历史最长的山脉。道教始祖的老子李耳曾经到此归隐修炼，使之成为道教起源地和祖师之庭。

在他的家乡朔州修建了崇福寺。

崇福寺后来毁于兵燹。2011年，朔州市在崇福寺广场东侧修建了"尉迟敬德庙"，占地近五千平方米，两进院落，有山门、中殿、正殿、东西配殿等建筑，内有塑像十二尊，壁画三百九十平方米，记述了尉迟恭叱咤风云、戎马倥偬的传奇一生。

尉迟恭选择修建寺庙的地方，大都是山清水秀、鸟语花香、林木葳蕤、景色旖旎的风水宝地。有道是世间好语书说尽，天下名山僧占多。

作为"大唐寺庙建设总公司"的老总，尉迟恭不是内行，但是他能够礼贤下士，虚心请教各界人士。

公元633年秋天，金灿灿的麦子随风摇摆，树叶换上了金色的衣裳，澄碧的河水映照着凉爽的天光。尉迟恭奉敕命修缮潞县镇河塔。塔身之中有从东都洛阳请来的数枚佛舍利，是镇河塔的镇塔之宝。尉迟恭将原先土垒的塔身全部用砖砌了，请工匠彩绘门户拱檐，将一面鎏金铜镜安置于塔顶上。

镇河塔位于大运河边。

人们提起隋炀帝杨广总是说他横征暴敛、荒淫无道、穷兵黩武，是个十恶不赦的昏君。

其实，一个人不是非白即黑，要么是都好，要么是都坏。作为一个社会人是复杂的，有各种优缺点，在不同的环境中有不同的表现。

隋炀帝的优缺点都十分突出，他聪慧精明，富有开创精神，具有战略眼光，一生至少做了两件大事：其一，创立了科举制，为天下出身卑微的读书人脱颖而出提供了平台，许多学识渊博之士可以出将入相，有的甚至建立了不世之功；其二，开凿了大运河，将中国的政治中心和经济中心连在一起，便捷地沟通了南北交流，惠及千秋万代。

在隋炀帝时期，国力达到了一个前无古人的鼎盛阶段，各项经济指标实打实地超越前期王朝。唐朝在开元年间才达到这个水平。

隋炀帝的最大缺点在于意气用事，不惜民力，许多发展、改革和战争大事放在一起进行，民众难以承受，加之严刑峻法，导致了官逼民反。

搜集四方奇珍异兽、宝石名木，在洛阳、江都大兴土木，修建豪华宫殿。

征调几十万民工开凿大运河。民众承担不起繁重的徭役和摊派，死在工地上的民工十有八九。

兴兵征辽东。大业八年（公元612年），隋炀帝杨广第一次调集一百多万军队，进攻高句丽，后勤和民工是士兵的两倍。队伍分为二十四军，每天发一军，连绵一百多里,"近古出师之盛,未之有也"!原本以为必胜的征讨,不到半年就以失败而告终。大业九年(公元613年),征调天下军队二征高句丽,大军正在猛攻辽东的时候,国内传来上柱国、礼部尚书杨玄感叛乱的消息。杨广不得不回兵救援东都洛阳,二征高句丽无功而返。大业十年(公元614年),杨广三征高句丽,高句丽国王假意投降。三次征讨高句丽,死伤将士几十万,耗费资财无数,民生凋敝,国力陷入衰败。

杨广的政治指数跌倒最低,民气指数急速下滑。

民众被逼无奈,纷纷揭竿而起,光山东就爆发了十几起农民起义。

当年的《无向辽东浪死歌》是最流行的歌曲:

长白山前知世郎,纯着红罗锦背裆。

长槊侵天半,轮刀耀日光。

上山吃獐鹿,下山吃牛羊。

忽闻官军至,提刀向前荡。

譬如辽东死,斩头何所伤!

与其被你逼死、累死、饿死,不如起来造反被你杀死,假如你杀不死我,我还可以活下去。

普罗大众唱着这首歌,拿起武器,参加了王薄的起义军。

谁愿意冒着生命危险起义造反?中国的老百姓,只要能守着老婆孩子,粗茶淡饭,烂衣破裳活下去,就不会铤而走险反抗。他们吃苦耐劳、忍辱负重的精神,在全世界罕见。

但是,为了活命,只好造反。反抗也许有一线生机。全国各地冒出无数大大小小反王。朝廷内部心怀不满者、受到猜疑者,也举兵反叛。

隋炀帝自己葬送了大隋江山。他的掘墓人正是他自己。

强大的隋朝,从外部无法攻破。内部的腐烂,导致一败涂地。

隋炀帝在顺利时,可以有效作为,实施创新举措,展现自己的雄才大略;遭遇挫折时,便破罐子破摔,思想颓废,一蹶不振,得过且过,不能想办法攻坚克难,转败为胜。

这种人,我们平时也常见:得意时,踌躇满志,趾高气扬,目空一切;失落时,灰心丧气,怨天怨地,满腹牢骚。

他们的共同缺点是:内心不强大,意志不坚定,作风不顽强,眼光不远大。

一句话,不敢面对失败!

人的本质并不是单个人所固有的抽象物。在其现实性上,他是一切社会关系的总和。

镇河塔竣工之后，举行了隆重的典礼仪式。

仪式的最后是尉迟恭率众人绕塔三周。就在人们肃静地绕塔时，一位身着布衣的僧人在外面大声吟诗：

燃灯福佑界万千，

垂明普照佑流年。

瑞豪祥耀牵魂客，

扬帆难有万里天。

如此郑重严肃的场合，有人竟敢无故喧哗，军士就要出去捉拿。尉迟恭急忙呵止。他快步走出院外，向正在洗脸的高僧稽首施礼："在下尉迟恭这厢有礼，冒昧请问高僧法号？"

所谓隐士，就是别人已经吃完中午饭，他才起床洗脸的那种人。

"贫僧来自西南，名叫净慧。云游至此半年有余，见此地风光绮丽，不忍离开。"僧人擦着脸低头而对。

"方才所作诗句，一定有所隐喻，请大师明示我等凡夫俗子。"尉迟恭含笑讨教。

僧人放下毛巾双手合十，面露慈祥："阿弥陀佛，我佛慈悲，今见祥光藏于塔下，何不明耀万里？"说完施礼而退。

话有玄机，尉迟恭一天都在揣摩其中的要义。

到了晚上，尉迟恭一下明白了。他让工匠们点燃塔周围的炉火，围上反光布幔，火光反照在塔顶的鎏金铜镜上，铜镜霎时放射出明亮的光芒，数十里都照耀得清清楚楚，大运河宛如涂上了金光。

从此以后，无论狂风骤雨，还是月落星暗，大运河上南来北往的船舶在鎏金铜镜的照耀下从未偏航。

伟大这个名词未必非出现在震天撼地的事业中；平凡的为人处世中，照样可以显现一个人的伟大。

## 三

尉迟恭最有创意的是修建杭州仙林寺。

仙林寺与众不同的是光有大殿，前面少了个山门。

传说唐太宗小时候体弱多病，李渊怕他长不大，就让他拜一个名叫仙林的和尚做师父。李世民登基做了皇帝后。仙林和尚到长安请唐太宗李世民在杭州修建一座大寺院，让他养老。

唐太宗答应下来。派尉迟恭到杭州，修建寺院。

仙林和尚与尉迟恭到了杭州后，两人规划这座寺院怎么建。仙林和尚说："这寺院以后供皇帝的师父养老，至少也得占五里地。"

尉迟恭一听火冒三丈："哪里有过五里大的寺院呀。我当年和七八个徒弟开铁匠铺，打铁的工棚也不过五丈大小。你一个老和尚，除了吃饭、睡觉、念经，又不做别的事情，要么么大的地方做啥？给你五十丈地皮造寺院。"

仙林和尚那脸一下拉成了驴脸。

两个人从早晨争到天黑，没有商量出结果。

第二天清晨，仙林和尚派人请尉迟恭再来商量。尉迟恭到了仙林和尚门口，刚刚下马，只听仙林和尚在屋里朗声叫道："圣旨下。"

尉迟恭听到有圣旨，跪在地上听旨。

仙林和尚站在屋里拖长声调慢慢念起圣旨，几十个字的圣旨，一直从清晨念到中午。尉迟恭跪了半天，累得腰酸背疼满头大汗，腿僵得站不起来。

仙林和尚假意搀起尉迟恭，逼视着他说："鄂国公，我念了好几回，听清楚了吧？圣旨上讲得明明白白，要造一座顶大的寺院给我养老。至少得方圆五里地吧。"

尉迟恭迎上仙林和尚的目光，在他等待的眼神中，摆摆手说："圣旨上只讲造一座顶大的寺院，却没有讲要造五里大。我是钦差监造寺院的，一切我说了算，还是顶多五十丈。"

仙林和尚左脸写着"恼怒"，右脸写着"不满"。

"枉称大师，修行不到位！"一丝不易察觉的表情在尉迟恭脸上一闪而过。

两个人又争了一天，还是没有结果。

次日黎明，仙林和尚又差人去请尉迟恭。尉迟恭猜到老和尚又要耍笑人。他拿起"定唐鞭"，骑着马去了。他刚在门口下了马，仙林和尚高喊道："圣旨到！"

尉迟恭神态自若地走进屋里，往太师椅上一坐，举起定唐鞭喝道："太上皇御赐定唐鞭在此，下跪宣读圣旨。"

定唐鞭是唐高祖李渊亲笔赐封尉迟恭。见鞭如见高祖，上打君下打臣，中间可打老百姓。仙林和尚没想到尉迟恭会有这一着，只好跪下来，急急忙忙把圣旨念了一遍。他直起腰板刚想起身。尉迟恭却说:"慢着,我耳朵不好,还没听清哩。"

仙林和尚只好跪下再念一遍。尉迟恭还是说没有听清楚。念了一遍又一遍,念得仙林和尚声音嘶哑,呼吸急促,脸上流下串串汗珠。尉迟恭看折腾得差不多了,才让他起来。仙林和尚知道自己斗不过尉迟恭,只好答应建五十丈方圆的仙林寺。

仙林寺主体建好后,唐太宗急招尉迟恭回长安,有重要军情处置。尉迟恭安排杭州官员继续修建收尾工程,便跨上乌龙驹回京去了。仙林和尚一路追赶上来,一直追到海宁县地界才追上尉迟恭。仙林和尚气喘吁吁叫住尉迟恭:"国公,还有一桩事没定下来。"

尉迟恭调转马头:"还有什么事?"

仙林和尚急忙说:"还没有修山门,天下哪有没山门的寺院呀?"

"后续的收尾工程,我交给杭州的官员了,让他们定吧。"尉迟恭说完,打马就要走。

"我问了,他们定不了。"仙林和尚拉住了尉迟恭马缰。

尉迟恭想了想,说:"就在寺前造一个山门。"

仙林和尚不满意,摇摇头:"太小了,山门要造出九里路以外。"

"为什么要九里?"

"这个你就不懂了。"仙林和尚煞有介事地说,"仙林寺是唐太宗亲赐修建的一座寺院。山门造九里,大唐江山可以长长久久。"

仙林和尚也懂得寓意效应。

尉迟恭听后哈哈大笑:"为了大唐江山长久,九里也不多。"他翻身下马,用定唐鞭在地上画了一道,说:"山门就建在这里。"说完,策马而去。

这一下,仙林和尚哭笑不得。他原想拿大唐江山来镇住尉迟恭,把山门九里内的田地都划归自己,租给平民百姓,坐地收租,自己一辈子衣食无忧。尉迟恭却把山门安排得更远。海宁到杭州隔着一府一县,自己哪能管理这么大一片地方?这真是聪明反被聪明误。

直到如今,仙林寺的寺院坐落在杭州,山门却孤单地矗立在海宁。

满腹经纶的高僧想捉弄尉迟恭,舌头舔鼻子——还差那么一截子。

天生一个尉迟恭,成功密码何处寻?

## 第二十章
## 月夜访白袍

一

唐太宗李世民做了一个奇怪的梦。

他梦见自己骑马出营游玩，也没有带人保驾。他正在观赏外边风光，不想后边来了一人，红盔铁甲，青面獠牙，雉尾双挑，手中执赤铜刀，催开一骑绿马，飞身赶来，要杀他。李世民呼救不应，只得加鞭逃命。山路崎岖，不好行走，跑到海滩，马的四蹄陷在泥沙中，他大叫"救驾！"

这时，后面来了一人，头裹白巾，身披白绫战袍，坐下白马，手提方天戟，叫道："陛下，不必惊慌，我来救驾了！"与青面汉斗了四五回合，穿白的小将一戟刺死青面汉，救起李世民。

李世民忙问："小英雄，姓甚名谁？随朕回营，加封厚爵。"小英雄说："臣家内有事，不能随驾，改日还要保驾南征北讨。"说完就要走。李世民连忙扯住说："快留个姓名，家住何处，好改日差使臣召你到京城封官受爵。"小英雄说："名姓不便留，有四句诗在此，就知小臣名姓。家住遥遥一点红，飘飘四下影无踪。三岁孩童千两价，保主跨海去征东。"说罢，往东跳入龙口而去。

李世民登基后，不避嫌疑，广纳贤才，此时麾下人才济济，干什么的都有。三省六部，各类司台一应俱全：中书省、门下省、尚书省；吏部、户部、礼部、兵部、刑部、工部；九寺五监；御史台；司天台——掌天文、历数、占候、推步之事。还有精通阴阳、开卦看相的李淳风、袁天罡等等。

做梦是个奇妙的事情。有待科学家揭开梦里云遮雾罩的神秘面纱。有些梦对人事真有预兆，仿佛冥冥之中给人的启示。

神机妙算的徐茂公给李世民解梦，他说："家住遥遥一点红，那太阳沉西只算一点红了，这个人家住在山西。他纵下龙口去的，乃是龙门县了。山西绛州府有一个龙门县，若去寻他，必定去山西绛州府龙门县。飘飘四下影无踪，乃寒天降雪，四下里飘飘落下没有踪迹的，其人姓薛。三岁孩童千两价，那三岁一个孩子值了千两价钱，岂不是个人贵了？仁贵二字是他名字了。其人必叫薛仁贵。陛下跨海去平复东辽，一定要薛仁贵来效力。"

李世民点头称是。

理清了梦境与现实的思路。于是，李世民决定到龙门县去招兵。

三十六路都总管、七十二路大先锋张士贵愿意去。

李世民说："爱卿此去，招到一个叫薛仁贵的，穿白袍，用方天戟。"

张士贵禀告："陛下在上，这薛仁贵无影无踪，不可深信。陛下说的应梦贤臣是臣的家婿何宗宪。"

李世民问："何以见得？"

张士贵说："万岁在上，这应梦贤臣与家婿一般，他也穿白袍，惯用方天戟，力大无穷，十八般武艺件件皆能。用他去征东，也可马到成功。"

张士贵有四个儿子，两个女儿。大儿名唤张志龙，次儿志虎，三儿志彪，四儿志豹，不仅能征惯战，而且奸计多端。长女配与何宗宪，也有一身武艺；次女送与李道宗为妃。

李世民让张士贵叫来女婿何宗宪看了看，长得很像，穿衣打扮一样，正在犹豫之间，他瞥了徐茂公一眼，徐茂公摇摇头。

唐太宗明白徐茂公的意思，吩咐张士贵，启程去龙门县招兵，招到薛仁贵。

亘古通今，不仅有赝品，还有赝人。赝品，人们把玩而已；可是赝人，往往误人、误事，甚至误了性命。

薛仁贵是山西绛州府龙门县薛家村人。在父亲五十岁庆寿时，他才开口会说话，这一年他十五岁。过了几天，父母亲双双暴病而亡。

薛仁贵一个孤儿，他在走投无路时，只好去柳家庄柳员外盖房工地打工。

冬天，薛仁贵在工地看门。滴水成冰的寒冬，薛仁贵睡在门房冻得瑟瑟发抖。柳员外的女儿柳金花看见薛仁贵冻得可怜，偷偷送给他一件红棉坎肩。

一件衣服，改变了柳金花的命运，成就了一段美好姻缘。

可是，在甜甜蜜蜜的姻缘来到之前，柳金花却遭受了常人无法忍受的孤单、贫困、歧视、无奈、绝望……

先苦后甜，好人最后有好报。

这件事让柳员外知道了。他要处死败坏门风的女儿，惩罚薛仁贵。

薛仁贵听到府中吵闹，提前逃走了。柳金花在奶妈的帮助下也逃了出来。

千里姻缘一线牵。天黑后，薛仁贵与奶妈、柳金花前后进了破庙躲避。薛仁贵躲在神龛内，听到奶妈和柳金花的诉说后，一切都明白了。

薛仁贵出来双膝跪下："小姐所赐红衣，我实在是不知道。以为是别人送给我的，就穿在身上。没想到被员外看见了，害小姐受了委屈，又逃出来……"

奶妈连忙一把扶起说："不能怪你。你也是受苦人，有什么办法？我看你们年纪相仿，不如结为夫妻。请问小官人是哪里人，年庚多少？"

薛仁贵答道："我家在薛家庄，父母亲双亡，眼下住在破窑里，穷苦不堪。故此在员外府上做些小工谋食。"

奶妈说："我们也没有亲眷，无处栖身。你若感小姐恩德，领我们到窑内权且住下。你说破窑中不分内外，不好行事。我做个主张，把小姐终身许了你。等你发达之时再报今日之恩，也算你有良心了。"

薛仁贵怕小姐受不了寒窑之苦，再三推辞。奶妈连劝带骂，薛仁贵勉强答应。

薛仁贵知道小姐为了逃命，已经身软力乏，走不动了，就背着小姐回到破窑。

我想，那八抬大轿也不如薛仁贵宽厚的脊背舒服和温馨。这次，应该是柳金花一辈子最幸福的回忆了！

薛仁贵做梦也想不到，自己一个穷小子，能娶上仙姿玉色的漂亮媳妇。他健步如飞，背回了媳妇，也背回了日后的王后。

天上掉下个林妹妹啊！

薛仁贵听说迁祖坟能给人带来好运，就想把自己家的祖坟迁移一下，希望从此以后改变自己的运气。

柳金花劝他说，自己有一身力气，而且武功高超，先去投军，日后发达了，再迁移祖坟。

安顿好柳金花，薛仁贵在朋友周青的资助下，头戴印花抹额白巾，身穿白绫战袄，腰中拴了五色鸾带，脚踏乌靴，前来投军。

张士贵看到薛仁贵投军，心想绝不能留下这小子。不然的话，我女婿的功名就没了。

第一次，张士贵嫌弃他犯了自己的"贵"字，绝不录用。

第二次，薛仁贵瞒隐"仁贵"二字，称薛礼，张士贵恼怒他身穿白衣，好像给大军戴孝，一顿乱棒打出。

第三次，在老虎嘴下救了程咬金，拿着程咬金的令箭，前来投军。张士贵见到程咬金令箭，眉头一皱，计上心来说："薛礼，你两次投军，不是我不用你，我想救你性命。你有大罪，朝廷正在寻你，你知道么？"

薛仁贵满脸问号："小人是良民百姓，一直规规矩矩，有何大罪？"

张士贵微微一笑："朝廷传出四句诗：家住遥遥一点红，飘飘四下影无踪。三岁孩童千两价，生心夺位做金龙。君王细详此诗，家住遥遥一点红，是山西地方。第二句其人姓薛。第三句是"仁贵"二字。末句是薛仁贵要夺天下的意思。留此人在世，必为后患。于是降旨，要在暗中查找你，解到长安处决，以绝后患。你现在不知死活，钻入网来。我有好生之德，故托言犯讳犯忌，使你不敢再来。"张士贵沉默良久后，接着说："如今，你有此令箭，你要回家，也不能放你去了。我一向乐于助人，再说梦中之事，也不可相信。看你本事高强，要保全性命，须瞒隐"仁贵"二字，就叫薛礼。前锋营内缺一名火头军，你去烧火做饭，以后立些功劳，我在驾前保举，将功赎罪。"

薛仁贵连连叩头："蒙大老爷恩德，愿为火头军。"

## 二

贞观十九年（公元645年）二月，唐太宗与文武大臣商议御驾亲征高句丽。

尉迟恭上书劝道："皇上如果御驾亲征，皇太子又在定州。洛阳、长安东西二京都是国家战略要地。虽然有卫戍部队，但兵力还是很薄弱。到辽东路途遥远，颇费时日，怕有意外情况发生。讨伐一个边远小国，不必麻烦皇上龙体亲征，这件事交给一位将领，统帅大军，即可马到成功。"

唐太宗李世民没有听取尉迟恭的意见，取笑他谨小慎微，是不是已经老了。

尉迟恭听后，豪气冲天，在皇宫抱起千斤重的石狮，转了一圈，稳稳放回原处。他请缨再次跟随李世民挂帅出征。

请将不如激将。

李世民看到尉迟恭雄风犹在。他敕命尉迟恭为元帅，张士贵为先锋，三十万大军浩浩荡荡东征高句丽。

一路上薛仁贵隐姓埋名，替何宗宪擒董逵，摆龙门阵，作平辽论，立了不少战功。

唐太宗李世民坐上大船就要渡海东征。大海上巨浪滔天，波涛涌起数丈高。船只被颠上跌下，兵马在船中东倒西歪，站立不稳。龙案被颠翻，李世民紧抓栏杆，面如土色，觳觫不已。

李世民在惊恐万分之下，改变了主意，决定不去征东了，要回长安。

保命要紧！

命都没了，要江山干什么？

徐茂公劝道："陛下放心。臣观天象，这几天风大，过几天风就小了。咱们在这里等几天，待风平浪静，就可以渡过海，平定高句丽了。"

徐茂公把瞒天过海的任务交给尉迟恭。尉迟恭想不出好办法。徐茂公提醒他，你可以去找张士贵。

张士贵又找到薛仁贵："皇上惧怕风浪，不想征东了。尉迟恭要我献个瞒天过海之计，使陛下看不见风浪，不致圣驾惊恐。等皇上过了大海，平定了高句丽，你可将功赎罪。"

怀才就像怀孕，时间久了才能让人看出来，人们遇到疑难杂症一定会找你来。

薛仁贵想了想，禀告张士贵："需要买几千株大树，让匠人们建起一座木城，方圆达五里，四面用布围住。城内造些楼房，下面铺上土，种些花草，就像城里街道和花园。找些士兵扮为城中百姓和商人等。中间建一座三层清风阁，请几位佛供在上面。将木城先推下海，哄万岁上了木城，入住清风阁。看不见海，又不感到晃动，既瞒了天子又过了海。"

张士贵吩咐何宗宪依计而行。

木城完工，张士贵让尉迟恭给女婿何宗宪上了功劳簿。尉迟恭心里非常疑惑。

这就是《三十六计》中的第一计——"瞒天过海"之计。

木城建好后，尉迟恭对李世民说："陛下，咱们上避风寨躲几天。这个寨子是用木头做的，是大唐的边寨。"

尉迟恭忽悠唐太宗上了木城。君臣在谈笑风生中渡过大海。

唐军上岸后，双方展开激战。

几场恶战过后，李世民被番兵困在凤凰山。

张士贵让薛仁贵想救驾办法。

薛仁贵说："摆个空营之法。十座帐内六空四实。空营内羊擂鼓，就是把羊的后蹄吊起，下面摆上鼓，鼓上放草，这羊要吃草，前蹄在鼓上就擂起来。饿马嘶，就是在战马前放些青草，那饿马吃不着草，也会嘶叫。空营里多插旌旗，让敌军不知道唐军有多少兵马。"

尉迟恭凝眸远望，有一个白袍小将在山下指挥兵马调动。他决定悄悄过去拿住，看看究竟是不是何宗宪？

他一把扯住白袍小将后摆，说："我看你到底是谁？"

薛仁贵吓了一跳，他急忙间用方天戟往白袍后摆划去，割断衣衫。尉迟恭又伸手去抓，薛仁贵挥手一推，将尉迟恭推下山坡。

薛仁贵一路狂奔。

尉迟恭站起来，手中只剩一块白绫，有半朵牡丹绣在上面，他欣喜若狂地跑上山顶。

徐茂公问他："元帅，应梦贤臣在哪里？"

尉迟恭扬了扬手中白绫："军师，在这里。"

李世民和徐茂公禁不住笑出声。

尉迟恭郑重地说："今天，我没捉住他，但有一块袍服在此。咱们找穿白袍的人，前来对证。有半朵牡丹花在上，他人不好伪装。配得着的就是应梦贤臣薛仁贵。"

薛仁贵跑回大营，全身颤抖，惊慌失色，站在张士贵身旁，一句话也说不出来。

张士贵大吃一惊，问薛仁贵："你这是怎么了？"

薛仁贵哆哆嗦嗦，语无伦次："大……大老爷救命，元帅要……捉我，刚才被他，扯去一片衣幅，要是——前来对照，小人性命完了……"

张士贵听完薛仁贵断断续续的诉说，心中已经有了主意："不怕，不怕；莫慌，莫慌。你要活命，快脱下白袍与何宗宪调换，保你无事。"

世界上的笨鸟有三种：一种是知道先飞，一种是嫌苦不想飞，还有一种是一心一意生蛋，以后逼孩子们使劲飞。

想必各位已经知道结果——尉迟恭把手中袍幅与何宗宪身上白袍一配，果然严丝合缝，两半个牡丹对成一个。

尉迟恭端详何宗宪，面貌、气质、身材总是觉得不像，但是事实胜于雄辩，怎么办？

尉迟恭决定微服私访。

尉迟恭晚上来到唐军大营，望见火头军帐篷外，有一个人在蹒跚徘徊。他悄然走进，听到那人对月长叹："我薛仁贵，冒着生命危险，跨海保驾征东。立了多少功劳，皇上全然不晓，隐埋在月字号为火头军。如同鸡鸣狗盗一样，不敢抛头露面。妻子在寒窑受罪，苦苦等我好消息，祈盼有出头之日，哪知我在这里，每天担惊受怕。许多心里话无处说，只能对月倾诉。月神啊，你给金花捎句话，我对不起她，让小姐受苦了！只好暂时忍耐吧，我以后一定报答她。"

天将降大任于斯人也，必先苦其心志，劳其筋骨，饿其体肤，空乏其身，行拂乱其所为，所以动心忍性，曾益其所不能。

古往今来，一帆风顺只是美好的祝愿。哪一个杰出人物，没经过栉风沐雨的苦熬和奋斗？

尉迟恭听得明白，赶上前来，双手把薛仁贵拦腰抱住说："这下你跑不了了。"

薛仁贵回头一看，见是尉迟恭，双手扳开尉迟恭的大手，身子一摆，尉迟恭站立不稳，仰面摔倒在地。薛仁贵一口气跑回伙房。

白袍小将的动作是如此矫健而有力，尉迟恭心中倏然涌起"老了"的苍凉。

尉迟恭寻到张士贵帐内，瞅见何宗宪也在，他说了刚才白袍小将逃跑之事。

张士贵说女婿就是刚刚跑回。其实，何宗宪刚刚在外面操练了一番武功，面色红润，气喘吁吁。

张士贵想到了最准确的谎言。

何宗宪附和着岳父，点头称是。

尉迟恭找到了最准确的笑容。

他也想到了一个准确的办法。他提议，让他抱一下何宗宪，如果何宗宪能挣脱逃掉，就是真的应梦贤臣。

尉迟恭要用排除法寻找应梦贤臣。

尉迟恭如果光靠蛮力和武功，根本不可能走到今天。尉迟恭天赋异禀，又在实践中锻炼出卓越的才干。他是一个遇到问题善于动脑筋想办法的人，选择最佳方法，然后取得最佳效果。

张士贵嘿嘿一笑，说这有何难？爱婿你就让元帅抱一抱。

何宗宪微微一笑，立定站好。

谁也不知道，这是何宗宪在阳世间的最后一站。

尉迟恭走到何宗宪身旁，双手抱住他。何宗宪拼命挣扎。尉迟恭用尽力气箍住。何宗宪手脚并用，仍然无法逃脱。双方拼争了一阵子，何宗宪头一歪，嘴角流出一丝殷红的鲜血，裤裆传出一股臭味，咽气了。

我们不在现场，不能妄加揣测，不知道何宗宪是不是屙在裤裆里？

最后的结果是，尉迟恭活活把何宗宪抱死了。

老话说得好，人不能打肿脸充胖子，死要面子活受罪。

张士贵打落牙齿往肚里咽。

命苦不能怨政府。

尉迟恭一不小心弄出人命。

尉迟恭逼视着张士贵的眼神渐渐坚硬起来。

张士贵垂下头，低沉地"唉——"了一声，这一声极其怪异，是后悔，还是愤怒，他自己都不清楚。

张士贵向尉迟恭摆摆手，做了一个请走的动作。

尉迟恭"哼"了一声，大步离开。

两个人心有灵犀一点通，都选择了沉默——不向唐太宗禀告。

张士贵经历了这世上最痛楚的事情，眼睁睁看着自己的心碎了，还得自己动手把它粘起来。他带着几个心腹，在夜深人静时悄悄掩埋了爱婿。

高句丽草木葱茏的山坡上，多了一座无名坟。

张士贵仰望惨白的明月，凝视闪闪烁烁的星斗，听到了自己心底的叹息。他拖着身心俱疲的身体蹒跚在山路上，瘦长的身影飘在地上，仿佛山里的幽灵。

几千年的历史，书写着报效国家、杀敌立功，阴谋夺权、宦海沉浮、中饱私囊、勾心斗角，并且在不厌其烦地重复着：像尉迟恭这样不图名利，苦苦寻找一个无名之辈，确实是难能可贵！

人性的光辉在尉迟恭身上闪烁。

为了事业的长久，发现、培养、擢拔、重用青年人才至关重要。

打江山的时候，得人心者得天下。

坐江山的时候，得人才者安天下。

## 三

这几天，双方大军对峙。唐太宗李世民无事，带领御林军狩猎。到了一处广阔地方，李世民降旨摆下围场。御林兵有的仗剑追虎，有的举刀砍鹿，众人在场中喜滋滋跑马围猎。

李世民龙心欢悦，纵马跑到树林前，见一只白兔在前跑过，连忙扣弓搭箭，正中兔子臀部，那兔带了金披御箭往大路上跑了。李世民快马加鞭追去。追下来有二三里路，总赶不上，李世民兜住马缰，不想追了。那兔见李世民不赶，也就停住不跑了。李世民见兔儿蹲住，又拍马追赶。那兔又发开四蹄往前跑了。

李世民体会到了什么叫惊喜。喜的是，你看见了苦苦寻找的兔子；惊的是，后面跟着狼！

追下来有三十多里路，兔子一会儿看见，一会儿看不见。

李世民四顾张望，又望见了兔子，他急忙赶过去。倏然，兔子前边有个人骑马跑来，头上顶盔，身上贯甲。李世民凝神注视，原来是高句丽大将渊盖苏文。李世民拨马就跑，后面渊盖苏文紧追不舍。

跑出山凹，李世民抬头眺望，只见白茫茫一片大海，两旁高山隔断。李世民回头见渊盖苏文将近身边，猛抽宝马一鞭，往海滩上一纵，马四蹄陷在泥沙里。

李世民无奈，只得祈求："盖王兄，饶朕性命，情愿领兵退回长安。"

渊盖苏文跑到海滩边，让李世民快写一道降表，饶他性命。

李世民无奈之下，仰天大叫："谁人救得唐天子，锦绣江山平半分；有人救得李世民，你做君来我做臣。"

薛仁贵遛马正到此处，听见前面有人大叫。拍马赶来，原来是唐太宗有难。薛仁贵把方天戟一举，大吼一声："休伤我主！"

李世民抬头一看，见一白袍小将，不觉龙颜大悦，叫声："小将军，快来救朕！"

渊盖苏文举刀往薛仁贵面门砍下去，薛仁贵用方天戟架开。二人战了六个回合，薛仁贵抽出白虎鞭，一鞭打在渊盖苏文后背上。渊盖苏文吐出一口鲜血，掉下马来。薛仁贵一戟割下他的头颅。

薛仁贵抽出宝剑，割了些茅草，捆了五六捆，撂下沙滩，李世民踩着草捆，爬上岸边。

李世民一生爱马成癖，他要薛仁贵想办法救出他的宝马特勒骠。

薛仁贵将方天戟杆垫到特勒骠的前蹄下，马前蹄着力，后足一蹬，跳在岸上。

在消灭刘武周势力作战中，李世民骑着特勒骠，曾一昼夜急追二百多里地，交战数十次。这次追歼，李世民曾一连两天水米未进，三天人不解甲，马不卸鞍。在雀鼠谷，一天连打八次硬仗。它载着李世民驰骋三晋大地，为收复大唐霸业发祥地，立下了不朽战功。

薛仁贵救出唐太宗李世民，君臣相随走向唐营。

一路上，薛仁贵向李世民诉说了自己的遭遇。

李世民向众将叙说完薛仁贵相救的经过，命将张士贵父子监入大牢，正要商议进军高句丽国都，忽报高句丽派使臣前来。

原来，高句丽国王闻报渊盖苏文已死，国内再无大将可用，派人献上降表。

国王还想保住性命，更想保住王位。

江河之所以能够到达大海，是因为它懂得怎样避开高山峻岭。

降表首先写明了错误的滥觞——

臣不才，误听渊盖苏文之言，浑乱天心，失其国政，十分欠礼，得罪天颜。

接着写明了本身失误的渊薮——

臣又不率文武到边接驾，早早招安，献表归顺，以免后患。窃听众臣逸言，藐视圣主，屡屡纵将士作横，欺负我主，全不尽其天理，所以有这场杀戮。

对唐太宗李世民极尽赞许溢美之词——

臣闻我王向有仁政好生之德，所以邦邦感戴。罪臣虽在不赦，理当献过头颅，以赎前罪。然奈臣实无欺君之心，陛下龙心明白，乞求恕臣之罪。

最后表明了自己的决心和态度——

情愿年年进贡，岁岁来朝，以后再不兴兵侵犯。望主容纳，深感仁德。

谁言书生无用，笔下亦显英雄。

高句丽也有高人呐！

唐太宗李世民接受了降表。择日班师回朝。

唐朝大军，穿州过府，一路上子民香花灯烛迎送回朝。回师途中，李世民对薛仁贵说："朕以前的将军年纪都大了，无力承担征战沙场重任。当下又缺少年轻骁勇的将领，朕甚为忧虑。这次东征，朕得到辽东不高兴，高兴的是得到你啊！"

得民心者得天下。

得人才者打天下。

想做成一件事，要么你是人才，要么你有人才，要么你既是人才、又有人才。否则，你就是癞蛤蟆想吃天鹅肉——肚皮朝天瞎思谋。

大千世界"万物负阴而抱阳,冲气以为和。孤阴不生,独阳不长"这句话需要细品、深悟!

从李世民的角度讲,尉迟恭和长孙无忌、房玄龄、杜如晦都是他的心腹,都是他重用的文武大臣。

但是在尉迟恭看来,这几个人在李世民登基后,作风、作派都变了,他又是个心直口快的人,为了李世民,为了老百姓,为了大唐,他都想管一管。

尉迟恭错了,现在是和平时期,是文官的天下,是厚黑学和关系学上市的时期。

武将的市值箭头向下,大盘绿意盎然。

更重要的是,这几个人智商超高,对人性的把握,权谋的玩弄,达到了炉火纯青的地步。他们伺候李世民如小猫挠痒那样舒服,对下级恩威并用,驾驭得下属服服帖帖。

人的一生,不能逆势而行,要顺势而为,也要审时度势。经过辩证思维、系统思维、底线思维、创新思维、历史思维、战略思维,找到自己正确的出路,稳妥地走下去。

实际上,不管尉迟恭你的心肠多么热,责任心多么强,你已经不是朝廷的核心成员了。

尉迟恭想不起有那么多思维和对策,他感觉到自己这个成精山汉斗不过成精政客。

其实,也不能过于苛责朝中的权臣。

谁没有三亲六友?利用自己的权力给他们揽点工程,安排个职位。

谁没有一点私心?为自己享受生活,为子孙后代积攒些财富。

身在官场都想往上爬,下属难免搞一些动作,既有好处,又可培养自己的嫡系,何乐而不为?

蝎子从不认为自己有毒,苍蝇也不以为自己在吃垃圾。在某些时候,没有对错,只有利用和利益。人们说蜜蜂好,给人类酿造蜂蜜;人们骂老鼠坏,偷吃粮食;但是对它们来说都是生存的需要,正常的生理活动。

尉迟恭郁闷的是,自己的意见都正确,李世民为什么置若罔闻?要么是微笑,要么是点头,要么是顾左右而言他。

你要表态呀!你还是不是一代明君?

皇帝既需要人才,也需要奴才。人人出去干事,谁伺候自己?

皇帝也需要平衡各种势力,哪方面都不能过于强势,让他们互相制约,自己实现轻松的统治。有时候重点考虑的不是对错，而是稳定。

可幸的是，贞观年间很少官商一起、警匪一家、蛇鼠一窝，浩荡正气始终占据上风。

但是，从某种角度说，权力就是毒品，官场就是游戏场。它不管你在什么朝代，也不管君主是谁。

几千年，人们争斗的就是一个字——权。

可能有人说，不光争权，还有夺利的呢！可是你顺着夺利的藤蔓摸下去，又摸到了争权的根部，权力分配利益，有权就有了一切。不管世人争什么，最后都殊途同归，回到了"权"的角斗场。

权力、金钱、荣誉、美色永远是罪魁祸首，也永远是胜利者的战利品。

从古至今，便有了武派、文派；大臣派、宦官派；左派、右派；等等。

为此，不要让孩子们玩游戏，不要加入派别。

玩惯了电脑游戏，习惯成自然，你以为社会游戏、政治游戏也是一样，不自觉、下意识地施展本能应对，造成的后果会让你追悔莫及，甚至付出昂贵的代价。

因为，政治游戏只有冠军，没有第二、第三名。无知地加入派别斗争，被人出卖都替人数钱，面对凄怆结局懵懂不知缘由。

尉迟恭不是一个政客，他当然不懂官场内的这些潜规则，仅凭自己的正直和善良，改变不了大局。

那些人站在人类智慧的顶峰，精通厚黑学、成功学、韬略学，与人对阵不是正大光明出拳，玩的是太极、诡谲和套路。城门洞的石头——挦光磨明了。

在朝中搞政治，第一要有靠山，第二要有势力。朝廷的几个重臣，背靠李世民撑腰，把任何人都不放在眼里，擢升官员和科举录用培植了大批亲信，从上至下势力极其强大。尉迟恭为人耿直，从不结党营私，他独木难支，内心孤寂而无奈。

尉迟恭在朝堂过得别扭，自己已年过花甲，不值得和这些油皮子政客耍心眼、玩权谋。

他萌生退意，向唐太宗李世民告老还乡。

东风吹醒英雄梦，笑对青山万重天。

我们一家子回上木角村种地、打铁。

阳光大道。

尉迟恭坚持自己的良知，守住了自己做人的底线。

朝中大臣不理解尉迟恭的举动。

世界上，竟然有这样的人！

出生入死奋斗了半辈子，不图名、不图利、不图官，为了天下苍生，为了大唐江山，誓死不同流合污，和朝廷权臣翻了脸。到后来，位子不要了，儿子不管了，房子不住了，票子不挣了，回老家务农。

善良的人们，一声叹息，无可奈何。

奸佞小人，巴不得他早日离去，从眼前消失，彻底消失。

历史记着他，老百姓记着他！

在我们的心中永远记着这个为民请命、一心为公的汉子。喜欢这个有缺点的耿直、憨厚的老乡。从他的身上，也可以学到一些经验教训。

在日常生活中，我们应该尊重人性，如没有原则性争议，要习惯性地对别人多说"是"，少说"不"。即使否定别人的意见，也要婉转地在肯定其有价值的基础上提出来。了解人性、尊重人性既是一种人生智慧，也是一种处世态度。

人人都知道，人人做不到。

人无完人，金无足赤。

尤其是，上有老下有小的"陈年人"，遇到事情更要周全考虑，慎重决策。

能够改变一点就是进步，缺点尽量少一些，优点尽量多一些，就可以取得了不起的成就。

无善无恶心之体，有善有恶意之动。知善知恶是良知，为善去恶是格物。

天地虽大，但有念向善，心存良知，虽凡夫俗子，皆可成圣贤。

知行合一。

不要以为是简单的"知道和行为"的统一。

你知道什么？现象还是本质？局部还是整体？暂时还是长久？你认知了人生规律、社会规律、自然规律吗？

你如何行动？刚正不阿，清清白白过一生；见风使舵，八面玲珑求生存；奴颜婢膝，攀高结贵实现自己私心；两面三刀，投机钻营让自己立于不败之地；同流不合污，拉拢人心实现自己的抱负；因地制宜，因人而异，务实求真见成效。

人们啊，社会是复杂的，人心是难测的，在"知"中"行"，"行"中"知"，在符合实际情况的"知"下，指导具体的"行"，在稳健的"行"里，贯彻正确的"知"。

个中奥妙自己体会把握，人生能不能有所建树，就在于能否机动明达地运用"知行合一"。

以尉迟恭为核心的唐王朝第一代战将，以后还能有所建树吗？

## 第二十一章
## 认父归朝

一

西凉国以苏宝同为元帅、苏宝林为先锋，进犯唐朝。

苏宝林年轻气盛，武艺高强，远攻丈八蛇矛，近战一条九节钢鞭，连续打伤唐军五员大将。

唐太宗李世民与军师徐茂公商议，调镇守山西代州的薛仁贵前来应战。

徐茂公分析道："臣观那小将，面黑身壮，一双虎目炯炯有神。手拿钢鞭与尉迟恭的钢鞭一模一样。在下估计苏宝林就是尉迟恭失散多年的儿子。薛将军远道前来，对阵厮杀，伤了谁都会遗憾终身。如果设计擒拿，还要枉费许多人性命。微臣建议去马邑上无忌请尉迟恭相认亲生儿子，兵不血刃得一员虎将，还可退西凉之兵。"

李世民听后大喜："朕这就下一道圣旨，让尉迟恭尽早前来。"

"不可，不可。"徐茂公摆手否定，"尉迟恭告老还乡，已经无心在朝廷供职。况且，他又与陛下的妻兄长孙无忌龃龉极深。见到圣旨，他一定会装聋作哑，不予理会。让尉迟恭出山，需陛下亲自前往相请。"

唐太宗李世民和徐茂公、程咬金，率领一千御林军，晓行夜宿一路向上无忌村疾行而来。

他们一行迤逦走进上无忌村边，观赏着边塞雄浑的自然风光。

塞上的秋天，身穿金黄的礼服，迈着轻快的脚步，笑盈盈地迎接李世民一行。

路边不知名的野花恣意生长，惊起无数蜂蝶，缠绕马蹄翩翩起舞，"嘤嘤嘤……"哼唱着山曲。蚂蚱在路上蹦来蹦去。两条黑乌蛇追着一只老鼠，盘曲着穿过路面。

草香弥漫在四周，涨红脸的黍谷飘溢着芳香，坡梁沟峁都醉了。牛羊骡马在草坡上自在徜徉，悠悠然啃食着青草。

山坡上惊飞一群艳丽的长尾野鸡，在阳光下闪耀金属般的红、绿、黄、白光泽，发出"咯咯咯"的叫声，滑翔着又落入灌木丛。在灌木中吃草的几只黄羚羊，猛然被惊起，平地跳起一人多高，肚皮贴着沙棘梢纵跃两丈多，蹦跳了一阵，黄羚羊站在坡上，回头眺望着人马，观察了一番，又飞速奔逃，刹那间消失得无影无踪。

葱郁的林木中，一只金钱豹探头探脑窥探着这群陌生人。程咬金正要取弓射豹，李世民微笑着摆手制止。他问程咬金："你听，哪里来的天籁之音？"

原来，农田里一男一女边劳作边对唱山曲：

男人没娶上个，好呀么好老婆，倒不如上后山，拉呀么拉骆驼。

逛一回这庙会，看呀么看一次戏，遇不上好后生，不如在家推石磨。

反穿那烂皮袄，毛呀么毛毛迎外，咱二人脾性对呀，不说那个人好赖。

黄灵灵的莜面，石呀么石沙沙地，苦命鬼你挑花眼，打不上个好伙计。

……

两个黧黑的面孔，望着这一对陌生的人马，停下了对唱。

程咬金问李世民："这小曲唱得是好听，就是听不懂唱的啥？"

"我在并州虽然呆了多年，晋北的方言很独特，有的我也听不懂。"李世民转头看向徐茂公，"你问军师吧，他可是古今中外、天文地理，无所不通。"

徐茂公呵呵笑着，告诉程咬金："就是告诫你，找老婆、打伙计，不用看外表顺眼不顺眼，主要是两个人要情投意合。"

说话间，一行人马走进上木角峡谷。空气中，充满秋天成熟的味道。狭长的峡谷，吞噬着天空，瘆人的峭壁危耸。天，蓝得像海水，丝丝缕缕的白云有序地排列在空中。没有风，白云自在漂浮变换着形状。一缕云挂在山顶，宛若山的灵魂出窍。

上无忌村的灵魂就在祥瑞的白云里。

李世民抬头观望两边崚嶒的山岭，他指着山上茂密的林木说："这里是打埋伏的好地方啊！山坡密林中足可藏匿千军万马，堵住沟口和沟尾，不要说用火攻，就是乱箭齐发，军兵只能束手待毙。然后两面埋伏的将士居高临下砍杀下来，必定大胜。"

"尉迟恭祖上选择这里，很有眼光！"徐茂公打量着周围地势，脱口称赞，"三面环山，一条峡谷通往外面，进可攻退可守。不进峡谷，谁也不知道这里有一个小山村。男耕女织，养禽放牧，远离纷乱社会，好一个世外桃源！"

君臣说话间，已经来到村口。一个盲姑臂挎花篮，手拄竹杖，滴滴答答过村路。李世民急忙挥手制止人马停下，先让盲姑过去。

李世民放眼望去，上无忌这个小山村，山清水秀，层峦叠嶂，靠山坡碹着一排排窑洞，门户齐整，道路清洁，一派祥和安静氛围。

浓郁的塞上民俗风情在峡谷里弥漫。

尉迟恭回到家乡上木角后，白天种地、打铁，晚上手捧《道德经》，揣摩其中的要义。

"知人者智，自知者明。胜人者有力，自胜者强。知足者富，强行者有志。"

"善为士者不武，善战者不怒，善胜敌者不与，善用人者为之下。"

"人法地，地法天，天法道，道法自然。"

村里的乡亲们来家里串门，看到尉迟恭捧书苦读就打岔。

读那些发黄的古书有什么用？你和县令、刺史打个招呼，帮咱们村建个陶瓷、纺织、皮毛作坊，人们在农闲时有个做的，还能多挣几个钱。

要不你教青年人练武，锻炼好身体，关键时候能抵挡匪盗。

给我们讲讲朝廷的故事哇——

尉迟恭只好放下书，给他们讲起朝廷中的逸闻趣事。

今日无事，尉迟恭带着黑、白夫人与几个徒弟正在院内打铁，给乡亲们加工几件锄头、镰刀和铁犁。尉迟恭砸下小锤，摸了一把汗。黑夫人拉着风匣，让尉迟恭给讲笑话。

尉迟恭喝了一口水，想了想，说：

一个秀才的儿子，说话爱抬杠，做事认死理，尤其是把话说得很绝。秀才就告诫儿子："但凡说话，要察言观色，分清场合，留有余地，不可把话说死。"

儿子问他："怎么说话才能留有余地？"

秀才就教他："比如说有人来借东西，就要分情况，不可说很多，也不可说很少；也有家里有的，也有家里无的。这就是留有余地。"

儿子牢记在心。

过了几天，父亲不在家，有客人来访，进了门就问："令尊在家否？"

儿子胸有成竹地说："我也不好说多，也不好说少；其实也有在家的，也有不在家的。"

客人起先莫名其妙，随即哈哈大笑。

黑夫人爬在风匣杆上，捂着嘴大笑。

白夫人正要往火炉里添炭，憋不住笑，把炭撒了一地。她蹲下边捡炭边说："想不到黑圪旦挺会讲笑话，再给我们讲一个。"

尉迟恭搓搓手，笑呵呵地说："好，咱们歇息一阵，我给你们再讲一个笑话。"

两个徒弟给尉迟恭异过板凳，他一屁股坐下，一本正经地讲开了：

从前，有一个人叫赵平，见人说人话，见鬼说鬼话，十分机灵。他的邻居是一个性格古怪的女人，每天板着面孔，不苟言笑。一天，朋友对赵平说："你若能说一个字，逗这个女人发笑；再说一字，让这个女人骂你，我就请你喝酒。"

赵平说这好办。两个人一起去找那女人。

女人绷着脸正站在门口，不知生什么闷气。她的身旁有一条狗。

赵平轻轻走到狗跟前，扑通一声跪下，像模像样地叫了一声：

"爹——"

那女人一愣，随即哈哈大笑起来。

赵平又抬起头，郑重其事地对女人说：

"娘——"

女人旋即破口大骂："瞎眉砍眼，是不是让疯狗咬了？连你娘都认不得，臭屁嘴乱叫。"

白夫人搂着尉迟恭的脖子笑弯了腰。黑夫人直叫笑得肚子疼。一个徒弟喝了一口水，一下喷了尉迟恭满脸。

另一个徒弟说："师傅的笑话真多，再给我们讲一个。"

尉迟恭摇摇头，笑话不讲了，考你们一个问题："有一种动物跟狗一样大，长的却像牛，请问是什么东西？"

黑夫人："獐子。"

尉迟恭摆摆手："不是。"

白夫人："鹿。"

尉迟恭摇摇头："不对。"

几个徒弟猜了好些，都没猜中。

白夫人撒娇道："我们猜不着，你说嘛——"

尉迟恭正要说出谜底，一个村民气喘吁吁跑来对尉迟恭说："国公，村外来了一对人马，旌旗招展，气宇不凡。边走边说说笑笑，不像山贼盗匪，好像是朝廷军兵。一路打问国公住处。"

尉迟恭听了，心中已有几分明白："估计是朝廷有事，差官员领兵前来请我了。如今我已回归故乡，自耕自食，生炉打铁，活得逍遥自在，无忧无虑，何苦再去做官？他来寻我，我自有办法推辞。"

尉迟恭悄悄吩咐黑、白二夫人："一会儿有朝廷差人到此寻我。你们就说，我得了疯病，连人也认不得。火炉上放一把药壶，把打铁工具藏起来。你们装作愁眉苦脸的样子，给我熬药。徒弟们各自散了。"

黑、白夫人偷笑着："知道了。"

尉迟恭走到厨房，将锅底的黑灰摸了一把，搽了满面，黑脸显得更黑更脏。又将身上的衣服撕碎，抹了些油脂。人弄得如流浪乞丐一样。二位夫人见他霎时间把自己弄成这般模样，忍不住发笑。尉迟恭挤眉弄眼，提示她们装得要像。

片刻后，李世民与徐茂公、程咬金来到尉迟恭大门口。

大门是石碹弓顶门楼，石头垒就的院墙。大门两边的木刻对联分外醒目。

上联是：绿水本无忧因风皱面

下联是：青山原不老为雪白头

横批是：济世爱民

李世民看到后，当下眼眶发红。

居庙堂之高则忧其民，处江湖之远则忧其君。

程咬金率先走进来高声叫道："黑圪旦在家么？"

黑夫人问道："是谁呀？"

程咬金抬头瞭见是黑夫人，嘿嘿笑道："找到好夫婿，认不得我了？我是你的媒人程咬金啊。"

黑夫人和白夫人一看，唐太宗、徐茂公都来了，吃惊不小："呵呀！万岁爷来了！"急忙见了礼，又与徐茂公、程咬金一一见礼。

里面丫鬟送出茶来，吃罢。黑夫人问道："不知万岁爷驾到，有何贵干？"

李世民就将西凉国入侵，眼下无人能够抵御，想请尉迟将军出山，细说一遍。

白夫人长叹一声："唉——，皇上还不知道。尉迟恭回家没几天，不知怎么得了疯病，日夜打人骂街，哭闹无常，连人也认不得了。请郎中看了几次，不见好转。我们俩正在给他熬药。他这个样子，怎么可以带兵出征？不好意思，让万岁爷白跑一趟。"说完，抹了一把眼泪。

李世民听后，只是不住地叹息。

徐茂公脸上掠过一丝冷笑，装模作样地问："不知鄂国公现在何处？在下对疯癫之病略知一二，我给看看。"

话音未落，忽听里面叫骂起来，李世民三人抬头一看，只见尉迟恭蓬头垢面，衣衫褴褛跑出来，大叫道："哎哟哟，不好了，有鬼了，有神了！在后面跟着我——快救我。原来是你们带来的鬼神。"

他指头点着徐茂公的头说道："你是马王爷。"看着程咬金喊道："你是阎王爷。"他一把拉住程咬金的手，傻傻呆笑："你把孤魂野鬼都收回。我要睡一觉。我想当玉皇大帝。把你们抓起来，统统抓起来——"尉迟恭去抓徐茂公，徐茂公闪开，没有抓住，自己跌倒在地。他就在地上滚来滚去。一会儿又爬起来，说道："我要变成老虎，去吃人了。""嗷——"地一声叫，学着老虎爬，跑回卧室，躺在炕上呼呼睡着了。

李世民看了，眼圈发红，心中很是难受。与黑、白夫人打了招呼，让他好生调养，便带着人马离去。

二位夫人相送出门，远眺李世民一行走远，关了家门，回到卧室，对尉迟恭说："今日相公装疯，真像疯了一般。连那神机妙算的军师，也被骗了。"

三人坐在一起大笑不止。

李世民走在路上还在嗟叹可惜。出了村口，徐茂公对李世民说："陛下，你被那黑圪旦蒙在鼓里，他是装疯卖傻。请陛下稍等片刻，我就叫那尉迟恭前来效命。"他接着对程咬金耳语了几句，程咬金笑呵呵领命而去。

程咬金将自己面孔涂红，扮做山大王，领二百御林军扮作喽啰，返回上无忌村，把村口堵住。程咬金大叫道："我乃黑驼山金大王，听说你们村里有黑、白二夫人，长得如花似玉，快快送出来，给我做压寨夫人。让老子也快活快活。若说半个不字，我就杀光全村男女老小！"

村里百姓听了这话，惊慌不已，连忙报告了尉迟恭。尉迟恭正与黑、白二位夫人说笑刚才之事，一听村民来报，顿时大怒道："何处毛贼，活得不耐烦了，敢来俺们村放肆！"遂提鞭上马，跑到村口。

果见有一个山大王，红脸黑须，手提大刀，带着一群喽啰，在村口耀武扬威，骂骂咧咧。

程咬金见尉迟恭出来，捏着嗓子喝道："你这黑头，快将黑、白夫人送来，给大王做压寨夫人，我便饶你这黑贼一死。如若不肯，今天将你砍为两段！"说着举起大刀砍来。

尉迟恭听了勃然变色，举起钢鞭架开大刀，随即挥鞭打去。程咬金挡开，喊了一声："厉害！"拨马就跑。

尉迟恭大喝道："你这山贼，往哪里跑？今天我要为民除害！"随后赶来。

两人一前一后跑出村外。忽见树林内走出两个人来，挡在了尉迟恭马前。尉迟恭瞧见是李世民和徐茂公。

徐茂公拍掌大笑道："尉迟将军，你装得好疯病啊！"

程咬金返回来叫骂道："你这个黑圪旦，是不是真疯了？连媒人也认不得，真要杀我。"

尉迟恭看见李世民，立即跳下马来，不好意思地说："对不起，陛下！我，我中了军师之计了。"连忙下马赔罪，将众人请回家中，摆酒接风。

尉迟恭在自己家中和院里摆了几桌，安顿李世民等人就座。

其余坐不下的官兵，吴鹏村正帮忙派到了其他村民家中。

全村的男女老少纷纷行动起来，搬桌凳的、烧水的、倒茶的、做饭的、拉风箱的，忙得不亦乐乎。

小孩子领着小狗在人群里穿来穿去，打量着军兵们的武器和服装。

村民们高兴得合不拢嘴，这是自古以来皇上第一次到咱们村。我们上木角村虽然没有出皇帝，但是皇帝亲自来了村里，这是天大的喜事啊！

尉迟恭派人上山，从羊群里抓回十只山羯羊，买了村民两头大肥猪、十几只家鸡，现杀现做菜。他让村里的巧妇帮忙，做了盐煎羊肉、炖家鸡、扣肉、披头大烩菜、地皮菜炒鸡蛋、过油肉、糖醋丸子、肉炒山菇，桌子中间放着什锦铜火锅，壶里分别盛着村民们送来自家做的醋和酱油，喝的是尉迟恭自己酿造的家酒。

铜火锅中木炭红亮，锅内食物沸腾，香气四溢，窑内光与气交辉，充满欢快与温馨的气氛。

尉迟恭抱起酒坛子，给李世民及众将士每人满了一碗。程咬金低头先尝了一口，咂咂嘴："好酒！想不到黑圪旦多才多艺，还会做酒。"

"多谢程将军夸奖！"尉迟恭顿了顿，眼里闪着泪花："陛下光临寒舍，我是做梦也想不到。我先敬陛下一碗……"说罢，尉迟恭一饮而尽。

李世民凝视着尉迟恭豪爽畅饮的样子，脑海里闪现出以前一幕幕患难与共的画面……

他端起碗，就着心中的泪水一口喝下。

宾主频频举碗，相谈甚欢，各自说着分别后的心里话。尉迟恭介绍了家乡的美食、土特产和风俗人情，劝众人多吃、多喝。黑、白夫人受热烈气氛感染也举杯前来敬酒，李世民等众人各自回敬。

程咬金干了几碗，知道扣肉好吃，便放下碗，急忙夹着肥而不腻的烧猪肉吃。尉迟恭呵呵笑着说："看到程大将军吃猪肉那么香，我就想起一句话，本是同根生，相煎何太急。"

"滚一边去！"程咬金嘴里含着扣肉，边嚼边瞪眼，"小家子气，吃得你心疼了？"

众人放下杯箸，大笑起来。

主食是莜面压饸饹。

最后每人一碗羊杂割。

酒足饭饱后，李世民和徐茂公将西凉国进犯以及黑脸小将之事，从头至尾细说了一番。尉迟恭听到失散多年的儿子有了下落，非常高兴。他同黑、白夫人，别了父老乡亲，随皇上李世民起身，往长安进发。

走到歇马关，尉迟恭和黑、白夫人下马休息片刻。白夫人问起那个长得像牛一样的动物是什么？

尉迟恭哑然失笑："你还记着这个？"

"我一路都在思谋。"白夫人莞尔一笑。

"是个牛犊子。"

"——牛犊子？"

"是牛犊子！"

三个人互相看着朗声大笑。

徐茂公回头对唐太宗说："皇上，瞅瞅这傻乎乎的一家子。"

李世民若有所思："有的人，外精内傻；有的人，外傻内精。他们不是傻，他们活得明白，活得痛快，其乐融融，真正幸福的一家子啊！"

## 二

君臣一路急行军，不几日便到了边关。

尉迟恭胯下乌龙驹，手提马槊，点名道姓要苏宝林出战。

苏宝林手持丈八蛇矛，腰挎九节镔铁鞭，器宇轩昂来到阵前。

尉迟恭眼前一亮。

苏宝林定睛细看。

双方对望，都有似曾相识的感觉，还有那么一丝爱怜的情分。

这就是心灵感应。

尉迟恭举起马槊大骂："野蛮番邦，不懂礼义廉耻。我主对尔不薄，你们丧尽天良，竟敢犯我大唐边境，快来决一死战！"

苏宝林并不答话，策马上前，与尉迟恭战在一起。双方斗了数十个回合不分胜负。尉迟恭虚晃了一下马槊，拍马向山中逃去。

为什么要向山中逃？因为，进入山中，别人看不见。

天下大事，必作于细。

尉迟恭心中默念："追来、追来、追来……"

跑了一阵，尉迟恭回头一瞥，苏宝林果然在后面紧追不舍。

尉迟恭跑到山背后，勒马回来。苏宝林挺起蛇矛又要刺，尉迟恭急忙喊了声："小将军，且慢，我有话说——"

"有话快讲！"苏宝林收回丈八蛇矛。

"小将军你是哪里人？"

"不用你管。"

"你叫啥名字？"

"苏宝林。"

"你还有名字吗？"

"少啰唆。"

"你母亲叫什么名字？"

"这么多废话，看枪！"苏宝林挥舞蛇矛刺来。

尉迟恭抽出钢鞭挡开蛇矛："小将军，拿出你的钢鞭。"

苏宝林看见钢鞭一下傻眼，愣在那里不动。

两双眼在对峙。

尉迟恭的眼中，苏宝林的眼神彷徨而困惑，蒙着一层雾翳，却闪烁着遮不住的精光。

苏宝林的眼中，尉迟恭沧桑的目光亲切而湿润，像一位慈祥的长者，眸子里满含说不清的期待。

这是两双多情温柔的虎眼。

"你是不是也有这样一把钢鞭？"尉迟恭眼含泪水又问道。

苏宝林慢慢抽出了自己的钢鞭。

两个人瞅瞅自己的钢鞭，又望望对方的钢鞭。

"你母亲和你说过什么？"尉迟恭终于没有抑制住眼中的泪水，两行热泪顺着脸颊淌下。

苏宝林的脑海中瞬间回想起母亲去世前的话："儿呀，娘——不行了……你拿着钢鞭，去认父亲吧。你父亲……和你，有一样的钢鞭……"

"我父亲叫什么？"苏宝林慌忙扶起母亲的头，稚气未脱的脸上满是热泪。

"他叫……叫……"母亲苏斌头一偏，全身渐渐冰凉。

眼前这个人！？

苏宝林下意识地轻轻叫了一声："爹——你，你难道是我爹？"

尉迟恭用手背擦干眼泪，重重地点点头。

苏宝林扔掉蛇矛和钢鞭，滚鞍下马，磕头在地，撕心裂肺地叫了一声："爹——"

尉迟恭赶忙跳下马，扶起苏宝林——此时，已经是尉迟宝琳了。

尉迟恭禁不住老泪纵横……

"你们这么多年受苦了——"

尉迟宝琳痛哭流涕……

"我天天想着爹啊——"

尉迟宝琳拉着父亲粗糙的大手，诉说了十几年的艰难历程——

在尉迟宝琳刚懂事的时候，母亲突然得了急病去世。他流落马邑街头讨吃要饭。后来，给财主家打工。过了几年，西凉国抢掠马邑郡。他和一些小孩被掳掠到西凉。

一个叫苏凤的人，给他取了新名字，叫苏宝林。让他与苏宝同一起生活和习武。

有时候，屈辱地活着比悲壮地死去更需要勇气。

苏宝同祖父苏定方原来是刘黑闼部下，俩人设计在战场上引诱罗成落入陷阱，将其万箭穿心。刘黑闼兵败后，苏定方投降李世民。罗通为报杀父之仇借机杀死苏麟。苏麟弟弟苏凤逃到西凉国定居，生下一子一女，男孩即是苏宝同，女孩叫苏金莲。苏宝同从此对罗通恨之入骨，立志推翻唐朝，杀死罗通。少年时拜李道符道人门下，练成飞刀之术。长大后，苏金莲被西凉国国王纳为后妃，苏宝同被招为驸马。

苏凤对宝林十分喜爱，视如己出，对其爱护有加，请了许多名师来教宝林习武。宝林天赋极高，经过勤学苦练，练得一身好本事。

此次，苏宝同发誓要帮助西凉国夺取中原。命尉迟宝琳做了先锋官。

尉迟恭给儿子擦干眼泪，高兴地说："我曾经派人回马邑找你们母子，打听许多人，都不知道你们的下落。如今，你已经长大，为父放心了。"

尉迟宝琳拉起父亲的手，涨红了脸，端详着父亲："父亲，我现在就跟你回去。"

尉迟恭想了想，安顿儿子："父亲身为朝廷命官，当为国家排忧解难。家事、国事我们都要处理好。你马上返回西凉军营，就说将我打败逃走了。今夜五更天，你打开西凉营寨大门，放火为号，父亲带大军杀入营寨，一举剿灭西凉军。"

当夜五更天，西凉大营的门哨刚要给尉迟宝琳施礼，一把冰凉的匕首插入心脏。尉迟宝琳打开寨门，燃起熊熊大火。

尉迟恭一马当先直冲中军大帐。苏宝同来不及披挂，跳上马仓皇逃窜。

尉迟恭挥起马槊刺向苏宝同。尉迟宝琳急忙用丈八蛇矛挡开："父亲，看在孩儿面上，放他一条生路吧！"

"父亲！"——听到这一声，苏宝同的脑袋"嗡"的一声，刹那间整个人惊愕失色。

尉迟宝琳与尉迟恭一样的厚道仗义，感恩回报。

父亲对儿子的请求一般都能接受，特别是多年不见的亲生儿子。

尉迟恭收起马槊。

原来父子已经相认了。苏宝同先惊后喜，报以尉迟宝琳一个感谢的眼神，拍马逃向茫茫戈壁。

天下有比生命宝贵的东西——情缘！

世界上还有金钱和权力换不来的东西——情义！

尉迟恭父子为人们演绎了"问人世间情为何物，直教人生死相许"的悲喜剧。

西凉大军群龙无首，四散奔逃，唐军喊杀声惊天动地，如入无人之境。

命大的逃走了，命短的做了沙漠孤魂，胆小的举手投降。

"以力假仁者霸，以德行仁者王。"（孟子语）尉迟恭一路宣慰李世民以仁德治理天下的思想，大乱之后，达到大治。

唐军在尉迟宝琳的带领下连续收复了界牌、接天、金霞三关。尉迟恭安抚当地的百姓，恢复正常的商贸经营活动，最大限度减少民众的损失，体现了王者之师的风范。

在多年的拼杀中，尉迟恭已经深深懂得吊民伐罪、以战止战的道理。这是尉迟恭征战的密码。

回乐峰前沙似雪，受降城外月如霜。尉迟恭在接受西凉降将时，想起了洛阳城外牢房中的那个月夜。这些降将后来在尉迟恭的举荐下，都受到了李世民的任用。在唐朝朝廷中，可以经常看到西凉国的官员。

苏宝同后来纠集兵马，又犯边关。上天给他安排了一个无敌对手——薛丁山。实际上，昔日的实力已经不复存在，他又不肯放下复仇之心。广袤大漠，荒草萋萋，又多了一个坟墓。那里，有他的伯父、父亲、母亲和姐姐。

尉迟宝琳名声大振，他与父亲一起远征胜利后，随军回朝住进了尉迟府。

尉迟恭给儿子谋了一个管理典籍的职位。相当于现在的档案馆馆长。

尉迟恭的智慧，堪比朔州老乡——三国时期的张辽。

凌烟阁二十四功臣的后代，只有尉迟宝琳一生平安。他远离朝廷权力斗争中心，放弃唾手可得的兵权，抛却位高权重的要害部门。

尉迟恭在家里，是一个好父亲、好丈夫；在单位是一个好干部、好领导。

唐太宗李世民授予尉迟恭开府仪同三司待遇，一个星期可以上一次班。

尉迟恭一路仕途爵位：朝散大夫——偏将——右一府统军——秦王府左二副护军——右武候大将军、吴国公——泾阳道行军大总管——襄州都督——同州刺史——荆州总管——宣州刺史、鄂国公——鄘州都督——夏州都督——开府仪同三司——司徒、并州都督。

开府仪同三司，开府就是以自己的名义自置幕府与幕僚部属的行为，三司（司空、司马、司徒）也就是三公（太师、太傅、太保），因均冠司字，故又称三司。开府仪同三司，设置的府邸和进出仪式都跟三司一样，非"三公"而享受"三公"一品的待遇。

古人根据级别不同，设置的府第形制、规模也不一样。出门的仪式也有严格的制度，鸣锣开道，旗、牌、伞、扇都有严格的等级制度。即使有钱，也不能违制，而违制就是谋反的罪行。

朝廷给予"开府仪同三司"的奖赏，尉迟恭可以算是功德圆满了。

谁能想到，一个放牛娃，能够成为国公；一个铁匠，竟然是大唐帝国的开国元勋；一个孤儿，最后成为炎黄子孙的门神。

尉迟恭，一个无依无靠的孤儿，没有后台，没有靠山，没有金钱。生在隋末唐初的乱世，他不甘心做一个平庸度日的草民，毅然走上从军的道路。在戎马倥偬中，建立许多功勋，自己躲过无数次死神的召唤，还数次救了李世民的命。

他靠着自己单枪匹马的奋斗，战胜了比他武功高强的许多武将，打败了那些权势熏天的对手，取得了令人惊叹的成就。

总结尉迟恭的一生，可以告诉我们许多人生的哲理。

忠贞不渝的品格，淳朴厚道的作风，智勇双全的素质，仁义亲民的善行，廉洁奉公的胸襟……

强大的内心，扎实的功夫，能屈能伸的广阔胸怀，淡泊名利的思想境界……

长远的眼光，坚定的信念，不屈不挠的精神，不畏强敌的勇气……

所有这些，都是尉迟恭取胜的法宝、成功的密码。

正如《国际歌》所唱：

起来，全世界受苦的人！

满腔的热血已经沸腾，

要为真理而斗争！

旧世界打个落花流水，

奴隶们起来起来！

不要说我们一无所有，

我们要做天下的主人！

从来就没有什么救世主，

也不靠神仙皇帝。

要创造人类的幸福，

全靠我们自己！

……

说尉迟恭，写尉迟恭，唱尉迟恭，演尉迟恭，但是又有几人真正能懂尉迟恭？

我们为了演义传奇故事，为了烘托英雄不凡的功绩，增添了一些神话成分，但是，这丝毫不影响大家认识一个真实的尉迟恭，一个从底层立志成才的尉迟恭。

尉迟恭如果写自传，他可以为自己的一生感到骄傲和自豪。

他会不会告诉人们，自己取胜的法宝、成功的密码？

李世民不羡慕尉迟恭的功绩，他艳羡尉迟恭的身体。

四海升平，百姓安居乐业，李世民却感觉到自己身体渐渐虚弱。

唐太宗李世民为了长生不老，从外国引进丹药。大臣们向他推荐了天竺国一名方士。"洋方士"那罗迩婆婆寐自称寿命已过二百多岁，有长生之术，宣称能配制金石秘剂。李世民晚年，随着功业的隆盛与年岁的增高，加之王室内乱，他情绪逐渐消沉，健康状况恶化，精神虚无，开始服食丹药。贞观二十三年（公元649年）春，丹药终于出炉。正在重病中的唐太宗见到盼望已久的仙丹，如获至宝。每天按照方士嘱咐服用。

长生药竟成了催命药，他在贞观二十三年三月吃下丹药，病情加剧。公元649年7月10日（贞观二十三年五月二十六日），李世民驾崩于终南山上的翠微宫含风殿，享年五十二岁，在位二十三年，庙号太宗，葬于昭陵。

在唐朝担任公职的少数民族官员和正在长安朝贡的各国使节，听到天可汗李世民驾崩的消息后，无不失声痛哭。依照各自的民族风俗，剪去头发、用刀划脸，沉痛悼念尊敬的天可汗。

这一年，尉迟恭六十四岁。

唐太宗李世民在他人生的前期，反对道教的方术迷信，秉持事在人为的理念。他曾经说："神仙事本是虚妄，空有其名。秦始皇非分爱好，为方士所诈，乃遣童男童女数千人，随其入海求神仙……汉武帝为求神仙，乃将女嫁道术之人，事既无验，便行诛戮。据此二事，神仙不烦妄求也。"他认为"生者天地之大德，寿者修短之常数"，对人的生死看得相当超然和洒脱。可是，明君也是人，面对死神，他相信了迷信。

李世民整饬吏治，复兴文教，不计前嫌，知人善任，从谏如流，开放包容，用人不问出身，大量任用少数民族官员。改革弊政，薄赋尚俭，实行均田制和租庸调制。命房玄龄裁撤冗员，派李靖等大使巡视全国，考察地方官员。

李世民杜绝买官卖官，严查虚假政绩，以品行和实绩擢拔官员。他将地方官功过写在宫内屏风上，作为升降奖惩的依据。规定五品以上的京官轮流值宿中书省，以便随时召见，垂询民间疾苦和施政得失。百官踔厉奋发，勤政务实，提高了政府办事效率。

李世民鼎力革除"民少吏多"的弊政，减轻人民的负担，使动荡局面逐步稳定下来，出现了闻名于世的"贞观之治"。

社会上夜不闭户、道不拾遗。贞观四年（公元630年），全国判处死刑的囚犯只有二十九人。贞观六年（公元632年），死刑犯增至二百九十人。这一年的岁末，李世民准许他们回家看望亲朋，处理后事，明年秋天再回来接受死刑。贞观七年（公元633年）九月，二百九十个囚犯全部回还，无一逃亡。

贞观期间政治修明，官吏各司其职，人民安居乐业。丝绸之路上的商旅络绎不绝，品种繁多的货物在东西方世界互通有无，丝绸之路成了整个世界的黄金走廊。首都长安和陪都洛阳成为世界性的大都会。

在长安城，经常看到来访的外国元首、朝贡的各国使团，他们往往几十人、数百人，长期吃喝游乐在大江南北，被华夏锦绣河山所折服，长期不愿回国。

还有公派、自费的留学生，各国观光旅游民众，从事商贸活动商人。他们将中国的文化、饮食、商品、手工艺带回国内，发扬光大。如今的唐人街，遍布世界各地。

经过李世民君臣二十三年的努力，社会安定，经济发展，全国统一，各民族和睦相处。

唐太宗李世民是一位有作为的政治家和军事家，他的雄才伟略，文治武功，对中国历史所作出的重大贡献，亘古至今为人颂扬备至。

伟大的无产阶级导师马克思指出："哲学家们只是用不同的方式解释世界，而问题在于改变世界。"

《旧唐书》评价他："文皇帝发迹多奇，聪明神武。拔人物则不私于党，负志业则咸尽其才。"

历史只称颂那些值得称颂的人。

李世民文韬武略，刚柔相济，开创大唐盛世延续近三百年。秦朝、元朝，重武轻文，太刚易折，很快灰飞烟灭。宋朝重文轻武，奢靡之风盛行，经常受异族欺凌，人民流离失所，国家风雨飘摇，在委曲求全中度日。

李世民是值得历史称颂的人。

江山代有才人出，各领风骚数百年。

最好的与最坏的书写了历史，平凡的人享受烟火气，传承文明，赓续血脉。

李治接过了大唐王朝皇位的接力棒。唐高宗李治是唐太宗李世民第九子，其母为长孙皇后，为嫡三子。贞观五年（公元631年）被封为晋王，后因唐太宗的嫡长子皇太子李承乾与嫡次子魏王李泰相继被废。李治捡漏捡了个大宝贝，他于贞观十七年（公元643年）被册立为皇太子。

唐太宗在立李治为太子后，觉得李治性格懦弱，难以担当皇位大任。他想改立李恪。李世民说李恪英明果敢，很像我年轻时。

长孙无忌坚决反对："李治宽仁孝友，一定能以仁爱治天下。"

长孙无忌的建议，出自自己的私心，他并不是为了大唐的长治久安。他要让外甥登基，自己仍然能够呼风唤雨，做朝廷的权臣。李恪不是他的亲戚，不能掌控，自己一定会失去权利和地位。

但是，长孙无忌没有想到，他过分贪婪权力和荣耀，引起李治的不满，不满逐渐演变成怨恨，在政敌许敬宗的协助下，在武则天的怂恿下，外甥将他及其家族发配黔州。

在长安车水马龙的朱雀大街上，尉迟恭目送长孙无忌迈着蹒跚的步伐走出永宁门，他的背影是那么的羸弱、孤独和凄恻。尉迟恭不禁长长地叹息一声："如今他不提'无忌富贵，何与越公'了。"

黔州是瘴疠蛮荒之地，四面环山，进出只有几条羊肠小道。李治说："黔州偏小易制。"将人发配到这个偏僻的小地方，想跑也跑不了。

此时的李治二十多岁，站在太极殿上英姿勃发，伺候父皇时愁白的头发变黑了。

他有空就阅读父亲留给他的帝王秘籍《帝范》，体会那些深奥的涵义。

"非威德无以致远，非慈厚无以怀人。"

"术以神隐为妙，道以光大为功。"

"故明主之任人，如巧匠之制木，直者以为辕，曲者以为轮，长者以为栋梁，短者以为栱角。无曲直长短，各有所施。"

"智者取其谋，愚者取其力，勇者取其威，怯者取其慎。"

"故良匠无弃材，明主无弃士。不以一恶忘其善，勿以小瑕掩其功，割政分机，尽其所有。"

"逆耳之辞难受，顺心之说易从。彼难受者，药石之苦喉也；此易从者，鸩毒之甘口也！明王纳谏，病就苦而能消；暗主从谀，命因甘而致殒。"

"夫取法于上，仅得其中；取法于中，不免为下。"

"成迟败速者，国也；失易得难者，位也。"

……

长孙无忌在黔州的山路上没溜达几个月,李治派人复审他的谋反案,主审官中书舍人袁公瑜心领神会此行的真正任务,他秉承上意,逼迫长孙无忌自缢,让他到阴曹地府喊冤叫屈。

长孙无忌死后,家产被抄没,家人、亲属都被流放岭南为奴婢。

历史让人捉摸不透。

历史又给予人们许多警示,但是,人们熟读历史后,又我行我素,不以为然;有的重蹈覆辙,令人感叹唏嘘。

正如杜牧所言:"秦人不暇自哀,而后人哀之;后人哀之而不鉴之,亦使后人而复哀后人也。"

曾国藩算是个明白人,一直求缺惜福:"花未全开月未圆,半山微醉尽余欢。何须多虑盈亏事,终归小满胜万全。"一生为官清廉,知人善任,推功揽过,以勤补拙,谨言慎行,立德、立功、立言,成就震古铄今,是晚清中兴名臣。

人们赞誉他是中国历史上的"半个圣人"。

还有三个圣人。

曾国藩拥兵而不自重,善权变而又谦退。在位高权重时,自削兵权,消杀羽翼,以释清廷之嫌疑。低调做人,注重家教,做到了善始善终。他的子孙、曾孙,甚至玄孙,出了很多科学家、教育家和社会活动家。

盛时常作衰时想,上场当念下场时。不要将今天的荣耀,变成明天的镣铐。

长孙无忌没有曾国藩的远见,可是曾国藩吸取了他的教训。

魏徵病死后,唐太宗李世民悲伤地说:"以铜为镜,可以正衣冠;以史为镜,可以知兴替;以人为镜,可以明得失。"

即使如李世民这样的伟人,博览群书,深深懂得历史演变教训,却仍然困于人情世故,彷徨于两难的抉择。

李世民因为立储风波,苦恼万分。他曾一度想要自杀。皇太子李承乾和侯君集等人密谋武力逼宫。魏王李泰竟然信誓旦旦地说,让他继任太子,以后当上皇帝,就杀了自己的儿子。他死后,把皇位让给李治。这样违反人性的言论,竟然能说出口。李世民内心感到莫大悲哀。玄武门事变的阴影,又一次笼罩在自己的心头。李世民为了避免骨肉相残,最终选择了老实忠厚的李治。

李治虽然没有赶尽杀绝自己的兄弟,但是他的软弱直接导致了武则天上位,李唐江山一度易主。

国色天香、蛾眉凤目的武则天十四岁入宫,第二年的一个仲夏夜晚,宫廷中弥漫着各种奇花异草的馨香，李世民临幸了她，并赐给了她一个名字——媚娘。她的妩媚中透着孤傲、刚毅与机敏。宫门一入深似海，随后她又度过了十年才人的无聊生涯。

才人，位列后宫第五品。她的前面除皇后外，另设四妃：贵妃、淑妃、德妃、贤妃，正一品；九嫔：昭仪、昭容、昭媛、修仪、修容、修媛、充仪、充容、充媛，正二品；婕妤九人，正三品；美人九人，正四品。

唐太宗李世民病重的时候，负责天子起居晏寝的才人武媚娘与伺候父皇的李治，从眉目传情发展到燃起了激情澎湃的火焰。

李世民在终南山的翠微宫里溘然长逝后，按照唐朝惯例，没有子嗣的武媚娘，到寺院中了却残生。她削发为尼，归宿是长安皇城内的感业寺。在寺中，她写下了《如意娘》：

看朱成碧思纷纷，憔悴支离为忆君。

不信比来长下泪，开箱验取石榴裙。

唐太宗周年忌日，李治前往感业寺行香。当四目相对的时候，李治的眼中闪着晶莹的泪水。永徽二年七月（公元651年），为了打败萧淑妃，王皇后力促已经长成一头乌亮秀发的武媚娘"二进宫"。

从此，后宫上演了挑拨离间、栽赃陷害、血雨腥风的争斗，比小说精彩，比想象离奇。

天生富有谋略计策和政治头脑的武则天胜出。

李治要立武则天做皇后。

褚遂良等大臣们曾经极力反对册立武则天做皇后，一是武则天经事先帝，众所共知，天下耳目，岂可蔽也？为天下所笑，恐海内失望。二是武则天犹如妹喜、妲己、褒姒、骊姬古代四大妖姬，必将导致大唐帝国颓败。褚遂良将官笏放在台阶上，把官帽摘下，叩头撞台阶，血溅丹墀。

李治曾经询问尉迟恭的意见。

尉迟恭笑而不答。李治一定要他实话实说："贞观时期，你们畅所欲言，人人争着上谏言、提良策，如今都闭口不言，即使说，也是一些好好好、哈哈哈，不痛不痒的话。"

尉迟恭嘿嘿一笑："这是皇上的家事，我没什么说的，请陛下三思而后行。"

李治无视顾命大臣们的反对，在自己培植的新势力支持下，颁发《立武昭仪为皇后诏》。这也是李治挑战天子舅父、开国功臣、顾命大臣、首席宰相长孙无忌的权威，彰显并巩固自己的皇权，缔造属于自己的时代。

随后，武则天派人砍掉王皇后和萧淑妃的手足，把她们投进了酒瓮里，"令二妪骨醉"。武则天，后来的武曌，对待内宫情敌和外朝政敌的手段就是赶尽杀绝，绝不能让他们安度晚年。

接着便是"二圣临朝"——李治在前面的龙椅上视事，武则天在后面垂帘听政。朝廷大权全部落入皇后手中。

褚遂良从长沙、桂林一直被贬到越南爱州，最后客死他乡。他的子孙后代被流放到他死的地方。

山西朔州的刘武周未能君临天下，皇帝梦昙花一现。山西文水的武则天可是做了货真价实的十五年皇帝。唐高宗李治去世后，武则天相继废掉两个儿子中宗和睿宗，自己做了皇帝，改国号为"周"，公元690至705年在位，六十七岁登基，八十二岁去世，死后立了无字碑。

武则天为了爬上皇位及巩固自己的统治地位，杀害唐宗室三十四人、朝廷大臣三十六人，李唐宗室几乎被杀尽。她还杀死了自己的一个女儿、两个儿子、四个哥哥、两个姐姐、一个亲外甥女。（《资治通鉴》记载："太后自垂拱以来，任用酷吏，先诛唐宗室贵戚数百人，次及大臣数百家，其刺史、郎将以下，不可胜数。"）

这么高寿的人折腾你，咋一个"苦"字了得。李唐宗室的人们生活在漫漫长夜，一辈子都在刀尖上跳舞。

好人当不了皇帝，只能做一个好人。尤其是一个有病的好人。

历史上的好皇帝，并不是扫地恐伤蝼蚁命、爱惜飞蛾纱罩灯的好人。他们不是每天在做好人好事，他们有时杀人不眨眼，有时看到贫困的百姓流泪。他们是头脑冷静、处事稳健、富有权谋的特殊人才。

至高无上的权力对一个野心勃勃的人有巨大诱惑性。

无论这个人是男人，还是女人。

观点斗争不重要，方向斗争可调和，只有权力斗争才是刀刀见血。

极其残酷，却异常真实。

李治，他不是好人，也不是坏人，而是一个复杂的人。他后悔让武则天参政，自己变成傀儡皇帝。他想收回权力，密令中书侍郎上官仪草诏废后。事情败露，手辣心狠的武则天先下手为强，将上官仪处死。李治将许多简单事情复杂化，唐王朝宫廷内外一度变得风声鹤唳，危机四伏，大臣们噤若寒蝉，人人自危。

而尉迟宝琳置身事外,平静地翻阅着典籍。

宋仁宗时期名将——狄青,也是山西老乡,在查找一部兵书时,有幸拜谒了尉迟宝琳。

尉迟宝琳此时仍在管理图书典籍。看来,清闲的官位,从古至今不曾有人争夺。

最好的,不一定是最合适的;最合适的,才是真正最好的。

狄青看见尉迟宝琳貌古神清,双目澄澈,挂一串珊瑚念珠,手执龙头杖,宛似天神下凡。他问尉迟宝琳身世。尉迟宝琳说,我的父亲乃唐朝尉迟恭,我叫尉迟宝琳。狄青听了万分惊诧,当下估摸尉迟宝琳的岁数,当在三百岁以上,叹为亘古未见的高人。

尉迟宝琳浑身散发的沧桑感,胜过家乡蒿林山上锈迹斑斑的巨石。

狄青请教高寿秘密。尉迟宝琳含笑答道:"养生之道,眉开眼笑;半饥半寒,身安体健;名利权势,顺其自然。"

尉迟宝琳的成功就是用自己的方式度过人生。

心无物欲,即是秋空霁海;坐有琴书,便成石室丹丘。

在那个污浊的世界,能够平安干净度过一生的人,是值得钦佩的。

狄青的一生,备受朝廷猜忌,最后抑郁而终。可见,他遇到了最好的养生大师,也没有学到养生真谛。

尉迟宝琳没有像其他官二代,争权夺利;也没有为报私仇举兵反唐;他争取比仇敌活得长久,用这种方式报复他的对手。

"不自见,故明;不自是,故彰;不自伐,故有功;不自矜;故长;夫唯不争,故天下莫能与之争。"《道德经》

脾气决定性格,性格决定命运。

按照数学等量代换定理,脾气决定命运。

尉迟恭的命运由什么决定?

## 第二十二章
## 鞭断人亡

一

薛仁贵被封为平辽王，镇守代州，抵御北部突厥侵犯。从此，北方一带安宁祥和，百姓岁常丰稔。圣上处决了张士贵父子后，李道宗的宠妃张氏，每日哭哭啼啼要丈夫给她报杀父诛兄之仇。李道宗说薛仁贵劳苦功高，又没有过失。朝廷中大臣尽是他的好友，我怎么上本参奏？

李道宗原想将自己的女儿许配给薛仁贵，可是，薛仁贵不肯休原配夫人柳金花。这一日，张妃又哭诉报仇之事。李道宗说："我已有了主意。假传一道圣旨，让薛仁贵回京。将他邀进王府，他若顺从娶我女儿，便是自家人了。如若不从，我将他灌醉。天明上本，奏他私进长安，闯入王府，有谋反之心。今已擒拿，请皇上发落。如此一了百了，公私两清。"

敌人变成朋友，就比朋友更可靠；朋友变成敌人，比敌人更危险。

张妃家人假扮天使来到代州。薛仁贵接旨后，骑着白龙驹星夜赶往长安。李道宗王府指挥使将薛仁贵接入王府。

李道宗在王府大摆酒宴，薛仁贵推辞不过，只得施礼坐下。酒席中，李道宗提起将女儿许配与他。哪知薛仁贵当下婉言拒绝。李道宗十分尴尬，便转移了话题。趁薛仁贵不注意，朝侍从眨眨眼。那侍从明白李道宗的意思，立即拿上酒瓶给俩人满酒。李道宗满脸堆笑，频频礼让薛仁贵。俩人喝了十几杯，薛仁贵便昏昏沉沉睡去。原来，那侍从给薛仁贵倒的是烈性酒，给李道宗满的是清酒。

李道宗正要命人将薛仁贵绑了，张妃急忙劝道："如若明日薛仁贵酒醒说，接到圣旨回了长安，如何是好？"

"那该如何是好？"李道宗也一下也没了主意。

"把薛仁贵抬到公主闺房，让他浑身是嘴也说不清。天明将他绑了，下入大牢。"张妃附在李道宗耳边，说出自己内心毒计，"你明日上朝参奏他偷回长安，要强娶公主。请万岁发落。"

张妃命两个家奴将薛仁贵抬到公主闺房，锁门而去。公主看到一个醉汉，半夜爬在地上，羞愤不已，走又走不脱，睡又不能睡，感到无脸见人，一气之下撞向房柱，气绝而亡。

李道宗闻报后悔不已，禁不住老泪纵横，最毒不过后娘心啊！

他当即命家将绑了薛仁贵，押入大牢。次日上朝眼含热泪参奏："薛仁贵私回长安，闯入王府。老臣好心摆酒宴招待他。他却强逼公主为妾，老臣回绝了他。不想他竟闯入闺房，将小女强逼。小女誓死不从，在撕扯中，他竟将小女推到房柱上碰死。"

唐高宗龙颜大怒，喝叫殿前侍卫："将逆贼绑出法场斩首示众。"

朝中大臣齐齐跪下，替薛仁贵求情："万岁，不能听信李道宗一面之词就斩了功臣薛仁贵。需让大理寺、刑部和御史台三司会审。"程咬金跪前一步，慷慨陈词："老臣以性命担保，薛仁贵定有冤情。请万岁审理明白后，问斩不迟。"

"就以程千岁所奏，先将薛仁贵押入天牢。五日内三司会审后，如无疑问定斩不饶。"唐高宗说罢拂袖而去。

## 二

文官一句话，武将跑死马。

尉迟恭这几天被派到外地巡察。

在马不停蹄巡察的时候，尉迟恭真正认识了平安时期做官的读书人。

原来，读书人分三类：政客、文人、书呆子。

政客是看着自己脸色说话。

文人是只听你说。

书呆子是你说你的，我说我的。

他们也有共同的劣性：文人相轻，互相看不起；做事前怕狼后怕虎，缺乏魄力；内卑外傲，不能融入民众；夸夸其谈，自以为是；自视清高，过与世无争的日子；阿谀逢迎，暗中拉帮结派，培植势力，谋取更大官位；思想单纯，满脑子仁义礼智信温良恭俭让；玩弄文字游戏，解决不了实际问题。

这一天，通过对州官"德义有闻；清慎明著；公平可称；恪勤匪懈"四个方面的考察，已经是半夜，尉迟恭听完刺史的述职，便在署衙就寝。关公骑着千里追风赤兔马，手捋长髯，在夜空大叫："尉迟将军，快醒！快醒！你的义子——薛仁贵有杀身之祸，火速上京营救。"

尉迟恭翻身坐起，四周一片漆黑，浑身冷汗淋漓。

难怪这几天眼皮乱跳，心乱如麻。

月牙躲藏在云中，稀稀拉拉的几个星星眨着惺忪的眼睛。尉迟恭揣了三块烙饼，骑着乌龙驹匆匆上路。

一轮骄阳雄赳赳地跳上太极宫的屋脊，把自己装扮得明亮璀璨。长安城举着鸟笼的纨绔子弟，互相招呼着，要去午门看热闹。

尉迟恭快马加鞭赶回长安时，薛仁贵已被绑赴法场候斩。他慌忙跑到皇宫门口，请求面见唐高宗，让他刀下留人。

唐高宗避而不见，并下令："再有保救者，与本犯一同处斩。"

尉迟恭的良知是不会因为受到生命威吓而消失的。他的仗义不因富贵而逝去，他的执着不因权势而凋亡。

尉迟恭又在宫门口急遽草就恕罪书，陈述薛仁贵屡立战功，可念其忠心报国，以功抵罪。门里太监不敢接书上奏。他急愤之下，看见自己身挎的"定唐鞭"。这是唐高祖御封钢鞭——上打昏君，下打奸臣。

他转念一想，凭自己神赐的武功和御封的铁鞭，砸烂这宫门，也要进去救出薛仁贵。

千军易得一将难求！

他是在战争中成长起来的第二代战将。他多次平定叛乱，稳固大唐江山，保护百姓安宁。

尉迟恭在马邑打铁时，晚上值曹的六丁神在他睡梦中传授武艺。天不亮，尉迟恭就起来玩命地习练。尉迟恭知道身处乱世，现在不玩命，将来命玩你。

他熟练掌握了三路箭法、六路鞭法、九路槊法。

古代神话小说中有六丁六甲、五方揭谛、四值功曹、一十八位护教伽蓝。六丁神为丁丑神将赵子任、丁卯神将司马卿、丁巳神将崔石卿、丁未神将石叔通、丁酉神将臧文公、丁亥神将张文通。

六丁神传授完武艺后，叮咛尉迟恭牢记："鞭在人在，鞭断人亡。"

尉迟恭挥鞭猛砸朱红色的宫门，门内太监慌忙跑去禀告唐高宗。

唐高宗李治严令不准开门，在宫内大骂尉迟恭不懂礼法，居功自傲，欺君犯上，一定要砍了这黑头。

一片片朱漆剥落，一枚枚铜钉跌下，尉迟恭拼尽全身力气狠命一砸——铁鞭断为两截。

尉迟恭盯着半截铁鞭，猛然想起六丁神的话："鞭在人在，鞭断人亡。"

耳边响起侄子窥基法师告诫自己的警言：人生皆可半，钢鞭不能断。马放半缰稳，酒饮半酣妥。名利半适可，性情半随和。

窥基大师是唐玄奘弟子，唐初著名的佛教大师。他还有一个绰号叫"三车和尚"——出去讲经准备三辆车，一辆载佛经，一辆载酒肉，一辆载家仆妓女。后来，他刻苦修炼，在晨钟暮鼓中触发灵性，痛苦忏悔，把三车遣回去，什么都不要了，从此虔心佛门，精进修行。在大慈恩寺专事译经，尉迟恭经常前去拜佛问禅。窥基以唯识学为重点，学说思想异常丰富，著述甚多，时称百本疏主。在五台山和他的祖籍马邑游历，沿途讲经造疏，从事弘化。

侄儿呀，伯父别的"半"没做到，眼下铁鞭成了一半。

鞭在人在，鞭断人亡。

鞭断人亡——

鞭断人亡……

鞭——断——人——亡——

这个大山一般的汉子，虎目圆睁，眦破眦裂，浑身血脉偾张。

尉迟恭耳边不停地响起六丁神声如洪钟的叮嘱，他双眼一闭，躬身垂首，"嗷"地一声怒吼，挺头撞向紫金门。

"咚"的一声巨响，不啻闷雷突炸。尉迟恭摇晃着扑倒在地。鲜血顺着脸颊流到地上，慢慢渗入方砖中。一群蚂蚁翘起触角，相互传递信息，纷纷跑来啃食殷红色血迹。

半晌听不见动静，一个太监拉开门缝，窥视尉迟恭动向，猛然瞅见尉迟恭怒瞪虎眼直视自己，满脸是血，一动不动爬在那里。

太监撒腿便跑。

比尉迟恭武功高的，打不死他；比尉迟恭武功低的，打不过他；比尉迟恭文化高的，骂不过他；比尉迟恭文化低的，不敢骂他；比尉迟恭智商高的，害不了他；比尉迟恭智商低的，动不了他。迷信的人，求助神鬼，可是神鬼也怕他。尉迟恭只能是自我了断。

唐高宗闻报，在大明宫紫宸殿内来回踱步，口中喃喃自语："何至于此？尉迟老将军何至于此呐？！一辈子劳苦功高，怀瑾握瑜。为了救薛仁贵，舍了自己的老命。看来薛仁贵一案确有冤情。唉……"李治禁不住流下两行热泪。

宫中近臣、太监有的悄悄流泪，有的掩面痛哭。

尉迟恭与常人一样，从哭声中来，在哭声中去。

谁的人生不是悲剧？

不一样的是人生的过程。

李治当即下旨，将薛仁贵押回天牢。让中书、门下两省长官会同御史大夫共同审理，查明缘由，不得刑事逼供屈打成招，朕要亲自过问。

正义和公道或许会迟到，却绝不会旷课。

后来，薛仁贵经过三司会审，无罪释放。

唐高宗在宣政殿布置尉迟恭治丧事宜，诏令朝中文武大臣：

废朝三日。

京官五品以上及朝集使赴宅哭。

册赠司徒、并州都督。

谥曰"忠武"。

赐东园秘器。

给班剑、羽葆、鼓吹。

陪葬昭陵。

"司徒"是正一品的官。

从西周开始，谥号就是国家对逝世功臣的礼仪待遇。谥号"忠武"是古代对文臣武将最高的盖棺定论。危身奉上曰"忠"，威强睿德曰"武"。

尉迟恭的一生是战斗的一生，正直的一生，廉洁的一生，伟大的一生。他无心成为"三立"（立德、立功、立言）的伟人，也无意做"四为"（为天地立心，为生民立命，为往圣继绝学，为万世开太平）的圣贤，但是，他的许多言行成为后世的典范，他的一生取得了彪炳史册的功勋。

他是铁匠的祖师爷；

他是中华门神；

他是民族英雄；

他是历史名人。

可以预言，再过一千年，人们还会记得他。

甚至于千秋万代。

《新唐书》对尉迟恭的评价："敬德之来，李世民以赤心付之，桑荫不徙而大功立。君臣相遇，古人谓之千载，顾不谅哉！"

清朝翰林院检讨陈维崧，在春夜听客弹琵琶时，想起了尉迟恭的一生，作《隋唐评话》——

雨滴梅梢，雪消蕙叶，人春难得今宵暇。

倩他银甲凄清，铁拨纵横，声声迸碎鸳鸯瓦。

依稀长乐夜乌啼，分明溢浦邻船话。

腕下。

多少孤城战马。

一时都作哀湍泻。

今日黑闼营空，尉迟杯冷，落叶浮清灞。

百年青史不胜愁，两行银烛空如画。

营空了，杯冷了，青史让人满腔惆怅……

如果今天重新给凌烟阁排名次，从德能勤绩廉几方面综合考核，尉迟恭应该是第一位。

不过，什么名次已经无足轻重了，多高的职位已经无人关心了。因为，震天撼地的王朝都灰飞烟灭，个人留在发黄史书中的只有几句话。

作为一个人，在历史的长河中，只是一个浪花，一滴水。

半生风雨半身伤，

半句别恨半心凉。

韩寒说过："什么坛到最后也都是祭坛，什么圈到最后也都是花圈。"

正局副局一样结局，正部副部一起散步。

尉迟恭的灵魂飘飘荡荡、摇摇晃晃盘旋在长安城的上空，他俯瞰到禁军和太监手忙脚乱地摆弄自己的身体。一个指挥使在那里大喊大叫，呼喊什么他听不清楚。

我该到哪里去？哪里是自己的归宿？

他望见了层峦叠嶂的黑驼山，青松与苍穹斗碧；眺见了云蒸霞蔚的蒿林山，奇花共丽日争辉。

——回家乡去！

风声嗖嗖，白云从身旁飘过。壮美的山川大地唤醒沉睡的记忆。

高句丽的海滩，相国寺的老夫妇，夏州的沙漠，泾阳的帅旗，玄武门的人头，单雄信的怒目，洛阳的牡丹，宋金刚的勉励，刘武周的激情，火红的铁匠炉……

尉迟恭的灵魂过黄河、跨长城，转瞬间回到了上木角村。家乡的蒿林山依然林木葳蕤。一团白云飘在山顶，好似给山头戴了一顶帽子。松树枝直刺蓝天，戳破了几个窟窿，宇宙的天光倾泻而下。

那里是自己放过牛的山坡。

这儿是自己挖过野菜的田地。

他望见灌木丛里有自己从小喜爱吃的油瓶瓶，夭夭灼灼，熟透的，酡颜涨脸；半生的，青皮带紫。摘了几颗放入口中，酸酸甜甜，清清凉凉，全身霎时爽快舒畅。

碧空崖上水滴泄，胜似阳春雨打苞。

龟背梁花草繁茂，山坡上的羊群犹如白云落在地上，田地里葱茏的莜麦随风飘荡，乡亲们担着清凌凌的井水哼着爬山调走回飘着袅袅炊烟的家里，孩童们的嬉笑声溢满温馨的窑洞。

东头谁家蒸熟了莜面，一股莜香味随微风飘来，好香啊！尉迟恭咽了几口馋涎。

家家户户门上的年画，经日晒雨淋模糊不清，他定睛细看原来是秦琼和自己的画像。

尉迟恭飘进自己的院落，三间石窑依然傲然矗立。窑檐下住着一窝燕子。他手摸铜锁，想起了早逝的父母亲，两颗冰凉的泪水顺腮而下，滴落在脚下的一条黑乌蛇头上，那蛇昂起头，吐出血红的信子，朝他晃了晃脑袋，摇摇摆摆窜入织棘丛中。

尉迟恭从窗缝挤进窑里，熟悉的气味扑面而来，一切都是那么的亲切，那么的温馨，那么的熟悉。父老乡亲们谁也没有打扰家中的一切。他们翘首期盼着家乡的骄子荣归故里。

他在中华大地上修建了几十座庙宇，自己的故乡还是原汁原味。

尉迟恭感到一丝孤寂……

# 后 记

以唐代名将尉迟恭的传奇故事为经，以隋末唐初风云激荡的历史为纬，编织成了《尉迟恭传奇》这本书。书里的故事有史书记载，也有民间传说，还有平鲁及外地同仁的撰述，所有这些描绘出尉迟恭叱咤风云的一生。

平鲁是门神故里。

上木角村是尉迟恭的家乡。

尉迟恭已经成名、成神，成为平鲁人民津津乐道的大英雄。无论哪个时代，都需要英雄。民众喜爱英雄，代代传颂英雄。我有幸采撷到家乡最著名的英雄故事，分享给大家。

尉迟恭的故事，经过一千多年的演播和发展，纷纷扬扬，蔚为大观。每个平鲁人都能给你讲上一段，尉迟恭文化在这里有极其深远的滥觞。

一个人的最高境界，就是去世多年，江湖还在流传他的传奇故事。尉迟恭有幸生在中国历史的巅峰王朝，他的故事便水涨船高。

如果颁布平鲁历史名人排行榜，尉迟恭一定是第一名。

如果评选平鲁形象代言人，尉迟恭一定是首选。

如果挖掘平鲁历史文化资源，尉迟恭文化一定是一座富矿。

在平鲁需要挖煤，更需要挖文化。

一个地方要达到可持续发展，经济和文化，需双轮驱动；要实现腾飞，经济和文化，双翼要有力而均衡。

文化的力量不可小觑。

尉迟恭精神，凝聚着平鲁古老文明，告诉我们从何处来；尉迟恭文化，承载着平鲁繁荣梦想，告诉我们向何处去。

马克思说过："作家当然必须挣钱才能生活、写作，但是他绝不应该为了挣钱而生活、写作。"

为了讲好平鲁故事，也为了家乡文旅事业的发展，我们应该作出自己的贡献。

挖煤的挖煤，挖文化的挖文化。尉迟恭文化是一座挖掘不完的文化富矿，需要我们从不同的角度、不同的层面进行采掘。

我要感谢许多人……

特别要感谢平鲁文联侯翠平主席，她高瞻远瞩地给我选定了写作对象，指出了写作方向，帮助寻找资料，提出创作要求，在我焚膏继晷的书写中不断给予鼓励！

衷心感谢各位领导对我的亲切关怀和大力支持！非常感谢各位老师的写作成果给予我的莫大帮助！

有你们的关照和鼓励，我会笃行不怠。

陈国昀

2024 年 4 月 26 日

**图书在版编目（CIP）数据**

尉迟恭传奇 / 陈国昀著. -- 太原：三晋出版社，2025.4. -- ISBN 978-7-5457-3024-1

Ⅰ．K825.2

中国国家版本馆CIP数据核字第20252WN945号

## 尉迟恭传奇

| 著　　者： | 陈国昀 |
|---|---|
| 责任编辑： | 落馥香 |

| 出　版　者： | 山西出版传媒集团·三晋出版社 |
|---|---|
| 地　　　址： | 太原市建设南路21号 |
| 电　　　话： | 0351-4956036（总编室） |
| | 0351-4922203（印制部） |

| 经　销　者： | 新华书店 |
|---|---|
| 承　印　者： | 山西基因包装印刷科技股份有限公司 |

| 开　　本： | 720mm × 1020mm　　1/16 |
|---|---|
| 印　　张： | 14.125 |
| 字　　数： | 265千字 |
| 版　　次： | 2025年4月　第1版 |
| 印　　次： | 2025年6月　第1次印刷 |
| 书　　号： | ISBN 978-7-5457-3024-1 |
| 定　　价： | 68.00元 |

如有印装质量问题，请与本社发行部联系　电话：0351-4922268